U0054153

大陸經濟法的
理論與實務

陳豐明著

序　言

　　經濟法是指調整經濟關係之經濟法律規範的總稱。早在1755年，法國空想共產主義者摩拉里(Morlly)在他的《自然法典》一書中，首先提出「經濟法」這個名詞，但非指國家立法。1906年德國學者萊特在《世界經濟年鑑》中也使用「經濟法」這一概念。中國為適應市場經濟社會體制下，深化改革、擴大開放的需要，自1978年以來，陸續頒布各種經濟法規，組成一種經濟法群，亦即目前法學界通稱的「經濟法」。

　　經濟法在社會主義現代化建設中占有重要的地位，要實現社會主義現代化，必須健全經濟領域中的社會主義法制，經濟法的基本職能在於配合宏觀調控，促進微觀搞活以及涉外經濟關係的協作調整，經濟法的內容廣泛而複雜，含蓋各種稅務法規及經濟基本各種規定，伴隨著社會主義市場經濟體制的迅速發展，經濟法剛在萌芽，很多理論和實際問題還有待於繼續摸索和探討。（編者在中國大陸從事工作多年，首次將經濟法引入國內，即是因為該科為中國註冊會計師必考項目之一。）

　　本書共分6篇及附錄部分，第1篇將經濟法總論，著重闡述經濟法的理論基礎；第2篇為流轉稅類，主要包括增值稅、消費稅及營業稅；第3篇所得稅類偏重企業所得稅、個人所得稅、外商投資企業和外國企業所得稅；第4篇地方稅類，目前雖有8大類主要精選土地增值稅和印花稅加以詳細介紹；第5篇為其他經濟法規，著重於涉外企業法、涉外經濟合同法、專利法及外匯管理；第6篇為稅收徵收管理，闡述各單位或個人繳納各種稅捐的具體問題俾所遵循。

　　由於編者水平有限，利用公餘編寫，時間極為倉促，書中不足和錯漏之處在所難免，敬請專家學者不吝教正。

陳豐明　謹識於

華東船舶工業學院管理工程學系

══ 目 錄 ══

── 附錄部分 ──

第 I 篇
經濟法總論

●經濟法的理論基礎

第1章　經濟法的理論基礎

經濟法的概念

　　經濟法的概念眾說紛紜，莫衷一是，時至今日，世界各國均未建立爲人所公認的科學含義，但一般說來可分爲狹義和廣義兩種概念。狹義的經濟法係指經濟法律、法規和基本組成一系列的經濟法體系或有機聯繫的統一整體。廣義的經濟法則謂「調整經濟關係的經濟法律規範的總稱。」（註一）

　　經濟法具有特殊的調整對象，亦即調整特定的經濟法律關係和經濟活動或稱縱向經濟關係。（註二）縱向經濟關係有別於橫向經濟關係，前者是指國民經濟管理過程中，領導與被領導間之從屬關係，後者則稱一般的經濟關係和經濟活動。經濟法的調整對象，具體來說可分以下幾種關係：

一、經濟管理關係

　　經濟管理關係是指在國民經濟管理或企業管理中所產生的社會經濟關係，國民經濟管理是國家在「宏觀經濟」（註三）管理中所發生的經濟關係，也就是經濟組織內部的上下組織所發生的隸屬性關係。

二、經濟協作關係

　　經濟協作關係或稱「微觀經濟」（註四）管理關係，亦即「經濟法主體間相互合作中發生的社會關係。」（註五）亦即組織相互之間

的經濟社會關係。

　　中國為力求全面改革經濟體制和適應社會主義市場經濟的需要，對經濟法的調整對象以圖解列述如下：（**註六**）

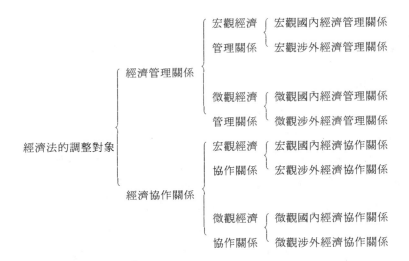

經濟法的特點

　　經濟法具有法律上的基本特點，就其要者概括如下：

一、綜合性

　　經濟法在調整對象上，具有廣泛的綜合性。其主要內容分述如下：

　　1.調整對象：經濟法以特定的經濟關係為調整對象，包含著平等的社會經濟關係、行政管理性的社會經濟關係、勞動的社會經濟關係等3種性質不同的社會經濟關係。（**註七**）

　　2.調整方法：經濟法涉及行政的、民事的、刑事的甚至勞動的調整方法，也就是在國民經濟各個環節之各種法規上體現綜合性

的經濟關係調整。

3.法律規範：經濟法的法律規範見諸中華人民共和國「民法通則」的基本法之中，本身具備程序法和實體法相互關聯之特性，主要有經濟、行政、民事和勞動等4種法律規範。

二、經濟性

經濟法具有直接的經濟性，在經濟法律中，採取獎懲措施，以維護國家和人民的合法經濟權益。因爲「利益的人格化在法律上的反映，就是經濟法。經濟利益之所在，就是經濟法本質規定性的具體表現。」（註八）

經濟法以增進經濟效益爲主要對象，運用經濟槓桿原理，提高國民經濟之穩定成長。

三、指導性

經濟法具備明確的限制和促進兩種特性。政府依據市場供需和經濟任務制定經濟法規，禁止、限制或取締阻礙經濟發展的規定，具有限制的特性。另外政府獎勵與懲罰相結合之調整方法達到促進的作用。

四、技術性

國民經濟的發展與科學技術唇齒相依，從立法著眼點，各種經濟法規必須滲透科學技術爲規範，合理仲裁經濟案件之糾紛。

五、整體性

經濟法是以國民經濟整體利益爲著眼點與歸宿的，在宏觀經濟調控之下，逐步完善經濟法規體系。

經濟法的歷史發展

公元前18世紀末19世紀初葉，古巴比倫王國頒布人類史上第一部完善的成文法典《漢摩拉比法典》對於調整社會經濟秩序，明確規定財產所有權、租賃借貸、契約債務等債權利益。公元前5世紀中葉，古羅馬帝國頒布《十二木表法》專門敘述債務法、占有權法及土地權利法等，到公元前4世紀古印度建立孔雀王朝編輯《摩努法典》也規定賦稅制度及借貸利息收入。

中國在夏商周時代，也出現貢賦及賦稅制度，秦始皇統一中國後，在「秦律」中也制定田律、工律、均工律和金布等調整經濟關係之各種法規。唐朝之「唐律」對於調整經濟關係，舉凡賦役、借貸、壟斷市場價格等商品買賣也作比較詳盡的規定。明朝撰擬「大明律」制定鈔法、鹽法及茶法用以調整經濟關係。

法國空想共產主義者摩拉里在《自然法典》一書，首先提出「經濟法」（Economic Law）這一名詞，德國萊特先生在《世界經濟年鑑》中也有提及。古代封建思想經濟法係以調整特定的經濟關係為中心，是一種奴隸制度的經濟法，所謂「普天之下，莫非王土，率土之濱，莫非王臣。」或「富者田連阡陌，貧者無立錐之地。」隨著資本主義經濟的發展，為限制資本壟斷，維護市場自由競爭，不得不由國家來干預個人的經濟活動，因而制定各種法律和規章，現代經濟法的意義，也就自然形成。

一、資本主義國家經濟法的發展

1640年，英國爆發資產階級革命，宣布廢除封建土地所有制，建立建立資本主義土地私有制，自1650年至1663年間英國發展殖民地市場，頒布「航海條例」，國際貿易倍增，倫敦成為世界各國貿易的樞

紐。1789年法國大革命後，宣布「廢除封建制度的法令」。1793年又頒布「沒收教會土地法令」、「分配公有土地法令」、「糧食法令」「嚴禁囤積壟斷法令」及「全面限價律」等一系列相關的經濟法規，為資本主義國家經濟的發展開拓了寬闊的大道。1914年第一次世界大戰爆發，德國制定「關於限制契約最高價格的通知」。1916年又頒布「確保戰時國民糧食措施令」，成立「帝國穀物局」，隨後又規定「煤炭經濟法」、「卡特爾規章法」、「鉀鹽經濟法」、「防止濫用經濟權力法令」等一系列經濟法體系，其中「煤炭經濟法」是世界上第一個以「經濟法」命名的法規。1929年世界發生經濟大恐慌，美國羅斯福總統實施「新政」，先後頒布一系列經濟法，包括：

1. 金融立法主要有「緊急銀行法」、「存款保險法」、「黃金儲備法」。
2. 工業立法主要有「國家工業復興法」及「公平競爭」規則。
3. 農業立法主要有「農場貸款法」、「農業調整法」、「農作物貸款法」、「農場破產法」、「棉花管理法」、「食糖法」及「烟草管理法」。

第二次世界大戰後，日本陸續制定經濟法律、法令、條例包括「金融法」、「禁止壟斷法」、「經濟統制法」、「農林水產法」、「礦業能源法」等，1981年日本《六法全書》出版，全部立法分成六篇，經濟法單獨列為一篇。

二、社會主義國家經濟法的發展

1917年蘇聯創建第一個社會主義國家「蘇維埃聯邦政府」，由列寧親自起草「土地法令」，成為十月革命後的第一個經濟立法，因而奠定蘇聯土地國有化的基柱。1965年頒布「社會主義國家生產企業條例」，1975年擬訂「關於進一步完善經濟立法措施」的決議，在計劃

經濟方面有較完善的立法可循，對國民經濟的發展及鞏固社會主義的
經濟基礎上也發揮了重要的作用。1943年南斯拉夫建立人民政府後非
常重視經濟立法，1946年進行經濟體制改革，實行「社會所有制」
（註九），擴大「企業自主權」，建立「工人自治制」。爲此而制定
一系列的經濟法規，例如，「聯合勞動法」、「社會計劃法」、「財
政法」、「海運河運法」、「收入分配法」、「稅收法」、「外國人
投資法」、「銀行法」、「社會簿記法」總數多達600個以上。羅馬
尼亞在60年代爲適應經濟體制改革的需要，也陸續頒布「投資法」、
「經濟合同法」、「國民經濟和社會發展計劃法」、「物資供應
法」、「固定資產折舊法」及「勞動報酬法」等等各種經濟法規。
1964年捷克公布《民法典》，同年6月4日頒布《經濟法典》，並於7
月1日生效，這部法典宗旨在於調整國民經濟管理和社會主義組織的
經濟活動中所發生的經濟關係，不僅是社會主義國家首部的經濟法
典，也是世界上對經濟法概念以法定定義第一部的經濟法典。

三、中華人民共和國社會主義經濟法的發展

　　1949年10月1日中華人民共和國成立後，頒布許多具有社會主義
革命和社會主義建設的經濟法規，但從不使用經濟法的概念，1978年
共產黨第十一屆三中全會明確指示健全社會主義經濟法制的重要性，
1981年國務院成立經濟法規研究中心，陸續頒布一系列經濟法規，爲
今後開展經濟法研究奠定了良好的基礎。爲適應社會主義市場經濟發
展的需要，茲將中華人民共和國現行經濟法規分爲4大類：

　　1.會計類。
　　2.財務類。
　　3.稅收類。
　　4.其他經濟法規。

　　會計類主要以企業會計準則為代表，企業財務通則屬於財務類，稅收類包括增值稅、消費稅、營業稅、所得稅等，公司法和經濟合同法等則納入其他經濟法規。中華人民共和國的社會主義經濟法，「隨著經濟體制改革的深入，對外進一步實行開放和社會主義現代化建設的發展，必將生氣蓬勃地繼續向前發展。」（註十）

經濟法的基本原則

　　經濟法的基本原則是經濟管理和經濟活動必須遵循的基本準則，每一個國家有不同的經濟法基本原則，資本主義國家的經濟法體現資產階級的利益，最終鵠的建立在資本私有財產制度，社會主義國家的經濟法係堅持社會主義的道路為依歸。中華人民共和國經濟法的基本原則，主要有以下幾條：

一、鞏固社會主義公有制和其他經濟組織的合法權益

　　社會主義公有財產是發展生產關係和經濟基礎的物質基礎，中華人民共和國，社會主義公有制包括全民所有制和集體所有制兩種形式。社會主義公有制是經濟建設的基礎，全民所有制是國民經濟的主導力量。集體所有制或稱勞動群眾集體所有制，是改善人民物質生活的依託。憲法規定，全民所有制企業依法享有經營管理的自主權，集體所有制則依法享有獨立經濟活動的自主權。全民所有制（國家所有制）經濟和集體所有制經濟兩者關係密切，截長補短，全民所有制經濟屬於整個社會的共同財產，憲法第十二條規定，社會主義的公共財產神聖不可侵犯。集體所有制是工人階級和全體勞動人民的根本利益所在，惟有保護全民所有制和集體所有制才能促進國民經濟的發展。

　　其他經濟組織包括個體經營者和涉外經濟組織等，個體經濟者即城鄉居民從事個體私人經營的勞動者，個體經濟是與社會主義公有制

相聯繫，憲法第十一條規定，國家保護個體經濟的合法權利和利益。在宏觀調控之下，為保障社會主義公有制經濟，個體經濟發揮積極的補充作用。根據憲法第十八條規定，中華人民共和國允許外國的企業和其他組織或者個人，依照中華人民共和國法律的規定在中國投資，和中國的企業或者其他經濟組織進行各種形式的經濟的合作，在中國境內的外國企業和其他外國經濟組織以及中外合資經營企業的合法權益，受中華人民共和國法律的保護。

二、計劃經濟為基礎，市場調節輔助作用

依其憲法第十五條規定：「國家在社會主義公有制基礎上實行計劃經濟，國家透過經濟計劃的綜合平衡和市場調節的輔助作用，保證國民經濟按比例地協調發展。」經濟法在調整國民經濟活動中所發生的各種經濟環節應遵循一條鞭的原則。「在以分工為基礎的社會生產，特別是社會化大生產的條件下，國民經濟的各個部門和企業之間是密切聯繫、互相制約的，不可能孤立地存在。」（註十一）計劃經濟是社會主義經濟的主體。對國民經濟進行實施計劃調節是計劃經濟規律必備條件，要保護計劃調節的順暢運作，應建立科學的計劃管理機構和制度。

企業的生產經營活動，在計劃調節下，必須發揮市場調節的輔助作用，「市場調節是指透過市場機制，根據市場供需關係和價格變化，相應地組織商品生產和流通，運用價值規律的作用，自發地調節社會勞動在各部門的分配。」（註十二）發揮市場調節的輔助作用必須肯定市場調節的重要性和明確劃分市場範圍，並研擬市場調節的規章辦法，以防止市場調節失控而導致對計畫調節之衝擊，經濟法的基本原則必須把宏觀控制和微觀搞活互相聯結，所謂國家在宏觀上要管住、管好，在微觀上要放開搞活，也就是堅持計劃經濟和市場調節相互結合為原則。

三、實行經濟責任制，提高經濟效益

　　所謂經濟責任制是在社會主義計劃經濟指導下，依據政治經濟環境之需求在經濟活動中，明確規定個人的權利與責任，運用科學管理，提高經濟效益。社會主義經濟責任制的基本原則，必須體現下列3個原則：

1. 權、責、利相互結合：權即權利，就是經濟主體在法定的權限內，賦予一定的自主權；責就是責任，即承擔經濟法律責任，經濟主體在相應的範圍內，履行法律的責任；利係指物質利益，經濟主體依法享有合理的利益。權、責、利三者相互關連，密不可分，最終目的在於提高經濟效益。

2. 國家、集體、個人利益相互統一：在社會主義敎條下，國家、集體、勞動者個人三者的經濟利益是一致的。國家利益是人民的整體利益，集體利益是在國家共同利益前提下，人民的局部利益，而人民個人的利益，則是國家利益和集體利益的最終利益。三者利益按照一定分配比例運作，不能爲保全某一方面的利益，而損傷他方的權益，以取得最佳的經濟效益。

3. 職工勞動所得和勞動成果相結合：職工勞動所得與勞動成果相互聯繫，是在經濟責任制下，落實按勞分配原則。經濟責任制首先就是打破職工或企業吃國家大鍋飯的局面，反對平均主義的假平等。「在企業內部擴大工資差距，拉開檔次，以充分體現獎勤罰懶、獎優罰劣、多勞多得、少勞少得，體現出腦力勞動和體力勞動、複雜勞動和簡單勞動、熟練勞動和非熟練勞動、繁重勞重和非繁重勞動之間的差別。（註十三）

　　提高經濟效益是實行經濟責任制的最終目標。中華人民共和國第五屆全國人民代表大會第四次會議通過的「政府工作報告」提出：要

切實改變長期以來在「左」的思想指導下的一套老的做法，眞正從中國實際情況出發，走出一條速度比較實在，經濟效益比較好，人民可以得到更多實惠的新路線。提高經濟效益是這條路線的核心，也是我們考慮一切經濟問題的根本出發點。

註釋

註一：吳少平、王罔求主編，《會計法全書》，新華出版社，1994年，第632頁。

註二：縱向經濟關係或稱隸屬關係。

註三：總體經濟。

註四：個體經濟。

註五：徐學鹿，《經濟法概論》，中國商業出版社，1987年，第32頁。

註六：楊紫烜主編，《經濟法原理》，北京大學出版社，1987年，第11頁。

註七：王家福主編，《經濟法要義》，中國財政經濟出版社，1987年，第9頁。

註八：陳志剛主編，《經濟法學教程》，蘭州大學出版社，1987年，第37頁。

註九：社會所有制是指生產資料既不屬於國家，也不屬於集體或私人，而是屬於整個社會所有。

註十：楊紫烜主編，《經濟法原理》，北京大學出版社，1987年，第33頁。

註十一：同上，第50頁。

註十二：周主源主編，《經濟法概論》，吉林大學出版社，1988年，第61頁。

註十三：同上，第64頁。

第 II 篇
流轉稅類

● 增值稅

● 消費稅

● 營業稅

　　流轉稅俗稱流通稅，係指商品生產銷售收入或銷售數量等流通各環節和非商品的營業收入額為課徵對象之一種稅收。凡是以發生在流通領域內的商品流轉額和非商品流轉額作為課稅對象的稅種，都屬於對流轉稅的課稅。商品流轉稅係指在商品交換過程中，因銷售或購進商品而發生的貨幣金額，稅法規定賣方為納稅人，就是銷售收入額，買方為納稅人就是商品支持金額。非商品流轉額則指不從事商品生產和商品交換，因其經營活動所取的業務或勞務收入金額。中華人民共和國為加快改革開放步伐，建立社會主義市場經濟體制，使企業真正成為自主經營、自負盈虧、自我發展、自我約束的法人實體和市場競爭的主體，自1994年將流轉稅體系或基本結構主要是由增值稅、消費稅和營業稅等3個稅種所組成，使其三稅並立，相互補充。即對商品的生產和交易從工業生產領域轉到商業流通領域普遍調節徵收的增值稅為核心；選擇少數部分消費品實行增值稅和消費稅複式徵收制，或輔以消費稅作為特殊調節；並對不實行增值稅的勞務交易和第三產業也就是對不納入增值稅計徵之非商品勞務、轉讓無形資產或不動產課徵營業稅。

　　流轉稅是現行世界各國普遍實施的一種稅收制度，其特點計分下列數端：

一、徵收稅目廣泛

　　流轉稅的徵收範圍普遍，不僅包括生產銷售的工農業產品，而且對商業、服務業的營業收入也計徵，既包括國內產品課徵，也對出關的境外商品徵收。

二、財政收入穩定

　　稅制的改革和稅種的變化，完善統一稅制，公平稅負並消除多層次的重疊徵稅，可保持國家政策的穩定性和連續性，由於流轉稅以商

品銷售收入或營業收入作為課稅對象,可增加國家財政收入的穩定性和可靠性。

三、稅收和價格密切

流轉稅具有間接稅特性,無論稅種究用價外稅或價內稅的課徵,稅收和價格的關係均較爲密切。

第2章　增值稅

增值稅概述

增值稅是以商品生產經營在流通中各環節的增值因素和附加價值或勞務增值額爲徵稅對象而徵收的一種流轉稅。從學理上加以探討，增值稅是以納稅人的應稅活動的收入額爲計稅依據，然後乘以規定稅率計算稅額，同時又准許當期銷項稅額抵扣當期進項稅額，以其餘額爲應納稅額的一個新興的流轉稅種。

早在1950年代，法國實施增值稅成功以後，世界各國都紛紛仿效推行增值稅。由於增值額或價值量在日常經濟活動中是較難以計算精確的數據，所以推行增值稅成功的國家，均以「稅款抵扣」辦法課徵增值稅。徵收增值稅目的主要有以下幾個特點：

一、稅負公平原則

按商品銷售收入全額徵收的營業稅或貨物稅每當一個生產流通環節，就需依其銷貨收入全額課徵一次流轉稅。因爲沒有稅款抵扣辦法，因此同一品種貨物，倘生產流程少的，則稅負比率輕；如生產流通環節多的，則稅負較重。實行增值稅後，由於生產過程各環節所繳納的稅款得以抵扣，而且稅率是固定不變，所以稅負公平。「各種經濟性質企業生產同一產品的行業，不論生產結構如何，不管是什麼經濟性質的企業都負擔著等量的稅金，平等競爭，優勝劣汰，發揮人的主觀因素，合理組合培育市場經濟步入規範。」（註一）

二、普遍徵收原則

營業稅或產品稅的收入常隨商品流轉環節的增減而增減，實行增值稅後，所有商品生產的經營者，都是增值稅的納稅義務人，對每一種商品的生產經營流程，每經過一個環節都應徵收增值稅，既沒有重複課稅又體現普遍徵收原則「稅收徵管更加嚴密，稅收也不會因商品流通環節變化和企業結構的變化而產生波動，有利於財政收入的穩定增長。」（註二）

三、發展國際貿易

世界各國普遍實施出口退稅制度，有利本國產品以低成本進入國際市場競爭，增值稅納稅人出口貨物，稅率爲零，有利保護貿易政策，增強產品競爭能力，由於先進國家普遍實行增值稅，稅收制度與國際稅務制度接軌，既可維護兩國雙邊經濟貿易利益，又能增強國際貿易合理公平的發展，有利於民族工業的擴展。

徵稅範圍

增值稅的徵稅範圍，是指凡在中華人民共和國境內銷售貨物或者提供加工、修理修配勞務以及進口貨物，均應繳納增值稅。（註三）

一、銷售貨物以及進口貨物

增值稅中所稱貨物，是指有形動產，包括電力、熱力、氣體在內。（註四）土地、房屋和其他建築等不動產則排除在外。銷售貨物則指從購買方取得貨幣、貨物或其他經濟利益等有償轉讓貨物的所有權。

二、提供加工、修理修配勞務

根據中華人民共和國增值稅暫行條例實施細則第二條規定：「加工是指受託加工貨物，即委託方提供原材料及主要材料，受託方按照委託方的要求，製造貨物並收取加工費的業務；修理修配是指受託對損傷和喪失功能的貨物進行修復，使其恢復原狀和功能的業務。」勞務是指來料加工和修理修配業務。提供加工、修理修配勞務是指有償提供加工、修理修配勞務，但單位或個體經營者聘用的員工為本單位或僱主提供加工、修理修配勞務，則不包括在內。（註五）

納稅義務人

增值稅的納稅義務人是指銷售貨物或者提供加工、修理修配勞務的單位和個人及報關進口貨物入境的單位和個人。

一、單位

凡從事銷售貨物及進口貨物或提供應稅勞務的單位，都是增值稅的納稅義務人。包括「國有企業、集體企業、私有企業、股份制企業、其他企業和行政單位、事業單位、軍事單位、社會團體及其他單位。」（註六）

二、個人

一切從事銷售貨物及進口貨物或提供應稅勞務的個人，都是增值稅的納稅義務人，包括個體經營者及其他個人。

三、外商投資企業和外國企業

根據1993年12月29日中華人民共和國第八屆全國人大常委會第五

次會議的決定也應按照增值稅條例徵收增值稅。

四、承租人或承包人

企業承租或承包給他人經營，以承租人或承包人為納稅義務人。

五、一般納稅人

銷售數額較大，且會計核算健全，能夠精確計算銷項稅額、進項稅額和應納稅額的納稅人。

六、小規模納稅人

營業規模較小，年銷售額在人民幣100萬以下，且會計核算又不健全的納稅人。

增值稅的稅率

增值稅的稅率結構為充分體現中性原則，可分為基本稅率、低稅率和零稅率等3個稅率。

一、基本稅率（17%）

- ・銷售貨物
- ・進口貨物
- ・提供加工
- ・修理修配（註七）

二、低稅率（13%）

- ・糧食、食用植物油
- ・自來水、暖氣、冷氣、熱水、煤氣、石油液化氣、天然氣、沼

氣、居民用煤炭製品

・圖書、報紙、雜誌

・飼料、化肥、農藥、農機、農膜

・國務院規定的其他貨物

三、零稅率(0%)（註八）

・出口貨物

應納稅額的計算

一、銷售額

增值稅係採用價外稅（**註九**），實行發票抵扣制度做為增值稅計算依據的銷售額。依據中華人民共和國增值稅暫行條例第六條規定：銷售額為納稅人銷售貨物或應稅勞務向購買方收取的全部價款和價外費用，但不包括收取的銷項稅額。中華人民共和國增值稅暫行條例實施細則第十二條，對於價外費用的解釋是指價外向購買方收取的手續費、補貼、基金、集資費返還利潤、獎勵費、違約金（延期付款利息）、包裝費、包裝物租金、儲備費、優質費、運輸裝卸費、代收款項、代墊款項及其他各種性質的價外收費。但下列項目不包括在內：

1.向購買方收取的銷項稅額。

2.受託加工應徵消費稅的消費品所代收代繳的消費稅。

3.同時符合以下條件的代墊運費。

　・承運部門的運費發票開具給購貨方的

　・納稅人將該項發票轉交給購貨方的

凡價外費用，無論其會計制度如何核算，均應並入銷售額計算應

納稅額。

二、銷項稅額

「納稅人銷售貨物或者應稅勞務，按照銷售額和增值稅稅率的規定，計算並向購買方收取的增值稅額，爲銷項稅額。」（**註十**）銷項稅額的計算公式如下：

銷項稅額＝銷售額×稅率

納稅人是向購買方收取的增值稅額，必須在增值稅專用發票「稅額」一欄中，填寫「銷項稅額」，這樣可體現價外稅的精神。

三、進項稅額

「納稅人購進貨物或者接受應稅勞務，所支付或者負擔的增值稅額爲進項稅額。」（**註十一**）進項稅額的計算公式如下：

進項稅額＝買價×扣除率

關於進項稅額的確定，稅法中有以下5種標準：

1.准予從銷項稅額中抵扣的進項稅額：
- 從銷售方取得的增值稅專用發票上註明的增值稅額
- 從海關取得的完稅憑證上註明的增值稅額
- 購進免稅農業產品准予抵扣的進項稅額，按照買價和10％的扣除率計算

2.不得從銷項稅額中抵扣的進項稅額：
- 購進固定資產
- 用於非應稅項目的購進貨物或者應稅勞務
- 用於免稅項目的購進貨物或者應稅勞務
- 用於集體福利或者個人消費的購進貨物或者應稅勞務

　　・非正常損失的購進貨物

　　・非正常損失的在產品、產成品所耗用的購進貨物或者應稅勞務

3.進貨退出或折讓：納稅人因進貨退出或折讓而收回的增值稅額，應從發生進貨退出或折讓當期的進項稅額中扣減。

4.混合銷售行為：混合銷售行為和兼營的非應稅勞務，依規定應當徵收增值稅的，該混合銷售行為所涉及的非應稅勞務和兼營的非應稅勞務所用購進貨物的進項稅額，符合稅法規定的，准予從銷項稅額中抵扣。

5.免稅項目：納稅人兼營免稅項目或非應稅項目而無法準確劃分不得抵扣的進項稅額的，按下列公式計算：

不得抵扣的進項稅額＝當月全部進項稅額×

$$\frac{當月免稅項目銷售額、非應稅項目營業額合計}{當月全部銷售額、營業額合計}$$

四、應納稅額

　　依據中華人民共和國增值稅暫行條例第四條規定：應納稅額為當期銷項稅額抵扣當期進項稅額後的餘額，也就是納稅人銷售貨物或者提供應稅勞務，實際應交納的增值稅額。應納稅額計算公式可分為下列兩種：

1.一般納稅人：
　　應納稅額＝當期銷項稅額－當期進項稅額
2.進口貨物：
　　組成計稅價格＝關稅完稅價格＋關稅＋消費稅
　　應納稅額＝組成計稅價格×稅率

小規模納稅人增值稅的計算

一、小規模納稅人的劃分標準

小規模納稅人的劃分標準依財政部規定如下：

1. 從事貨物生產或提供應稅勞務的納稅人，以及以從事貨物生產或提供應稅勞務為主，並兼營貨物批發或零售的納稅人，年應徵增值稅銷售額在100萬元以下的。
2. 從事貨物批發或零售的納稅人，年應稅銷售額在180萬元以下的。
3. 年應稅銷售額超過小規模納稅人標準的個人，非企業性單位，不經常發生應稅行為的企業，視同小規模納稅人納稅。

二、徵收率

依據中華人民共和國增值稅暫行條例第十二條的規定：「小規模納稅人銷售貨物或者應稅勞務的徵收率為6%，徵收率的調整由國務院決定。」

三、應納稅額的計算

小規模納稅人銷售貨物或者應稅勞務，實行簡易辦法計算應納稅額，但不得抵扣進項稅額。其應納稅額計算公式如下：

應納稅額＝銷售額×徵收率

增值稅的減免規定

減稅、免稅是指國家對某些納稅義務人或某些徵稅對象的特別狀況給予獎勵、優惠和特別關懷的一種特別規定。減稅方法是針對應納稅額，給予定額減徵或定率減徵和比例減徵之部分免除納稅。免稅方法是對貨物或應稅勞務在本生產環節的某一種稅目，或某一品種予以全部免徵。（註十二）

依據中華人民共和國增值稅暫行條例第十六條規定，下列項目免徵增值稅：

1.農業生產者銷售的自產農業產品。

2.避孕藥品和用具。

3.古舊圖書。

4.直接用於科學研究、科學試驗和教學的進口儀器、設備。

5.外國政府、國際組織無償援助的進口物資和設備。

6.來料加工、來料裝配和補償貿易所需進口的設備。

7.由殘疾人組織直接進口供殘疾人專用的物品。

8.銷售的自己使用過的物品。

納稅人銷售額未達到財政部規定的增值稅起徵點的，免徵增值稅。（註十三）如超過起徵點時，應對其銷售額全部徵稅。增值稅起徵點的適用範圍僅限於個人。依照財政部頒布中華人民共和國增值稅暫行條例實施細則第三十二條規定，增值稅起徵點的幅度規定如下：

1.銷售貨物的起徵點為月銷售額600元～2,000元。

2.銷售應稅勞務的起徵點為月銷售額200元～800元。

3.按次納稅的起徵點為每次（日）銷售額50元～80元。

國家稅務總局直屬分局應在上述規定的幅度內，根據實際情況確定本地區適用的起徵點，並報國家稅務總局備案。

增值稅專用發票的使用管理

增值稅專用發票不僅是納稅人在經濟活動中的重要商事憑證，而且是兼記銷貨方納稅義務和購貨方進項稅額的合法證明。

一、專用發票的使用範圍

「增值稅專用發票只限於增值稅的一般納稅人領購使用，增值稅的小規模納稅人和非增值稅的納稅人不得領購使用。」（註十四）依據國家稅務總局頒發增值稅專用發票使用規定（試行）第二條規定，一般納稅人有下列情形之一者，不得領購使用專用發票。

1. 會計核算不健全，即不能按會計制度和稅務機關的要求，準確核算增值稅的銷項稅額，進項稅額和應納稅額者。
2. 不能向稅務機關準確提供增值稅銷項稅額、進項稅額、應納稅額數據及其他有關增值稅稅務資料者。
3. 有以下行為，經稅務機關責令限期改正而仍未改正者：
   ・私自印製專用發票
   ・向個人或稅務機關以外的單位買取專用發票
   ・借用他人專用發票
   ・向他人提供專用發票
   ・未按規定開具專用發票
   ・未按規定保管專用發票
   ・未按規定申報專用發票的購、用、存情況
   ・未按規定接受稅務機關檢查

4.銷售的貨物全部屬於免稅項目者。

有上列情形的一般納稅人如已領購使用專用發票，稅務機關應收繳其結存的專用發票。

二、專用發票的開具方法

一般納稅人銷售貨物（包括視同銷售貨物在內），應稅勞務，根據增值稅細則規定，應當徵收增值稅的非應稅勞務，必須向購買方開具專用發票。有下列情形不得開具專用發票：

1.向消費者銷售應稅項目。
2.銷售免稅項目。
3.銷售報關出口的貨物，在境外銷售應稅勞務。
4.將貨物用於非應稅項目。
5.將貨物用於集體福利或個人消費。
6.將貨物無償贈送他人。
7.提供非應稅勞務（應當徵收增值稅的除外）、轉讓無形資產或銷售不動產。
　　向小規模納稅人銷售應稅項目，可以不開具專用發票。

三、專用發票開具要求：

專用發票必須按下列要求開具：

1.字跡清楚。
2.不得塗改：如填寫有誤，應另行開具專用發票，並在誤填的專用發票上註明「誤填作廢」四字。如專用發票開具後因購貨方不索取而成為廢票的，也應按填寫有誤辦理。
3.項目填寫齊全。

4.票、物相符，票面金額與實際收取的金額相符。

5.各項內容正確無誤。

6.全部聯次一次填開，上、下聯的內容和金額一致。

7.發票聯和抵扣聯加蓋財務專用章或發票專用章。

8.按照規定的時限開具專用發票。

9.不得開具偽造的專用發票。

10.不得拆本使用專用發票。

11.不得開具票樣與國家稅務總局統一製定的票樣不相符合的專用發票。

開具的專用發票有不符合上列要求者，不得作為扣稅憑證，購買方有權拒收。

四、專用發票各聯次的用途

專用發票的基本聯次統一規定為四聯，各聯次必須按以下規定用途使用：

1.第一聯為存根聯，由銷貨方留存備查。

2.第二聯為發票聯，購貨方作付款的記帳憑證。

3.第三聯為稅款抵扣聯，購貨方作扣稅憑證。

4.第四聯為記帳聯，銷貨方作銷售的記帳憑證。

五、專用發票開具時限

專用發票開具時限規定如下：

1.採用預收貨款、託收承付、委託銀行收款結算方式的，為貨物發出的當天。

2.採用交款提貨結算方式的，為收到貨款的當天。

3.採用賒銷、分期付款結算方式的，爲合同約定的收款日期的當天。

4.將貨物交付他人代銷，爲收到受託人送交的代銷清單的當天。

5.設有兩個以上機構並實行統一核算的納稅人，將貨物從一個機構移送其他機構用於銷售，按規定應當徵收增值稅的，爲貨物移送的當天。

6.將貨物作爲投資提供給其他單位或個體經營者，爲貨物移送的當天。

7.將貨物分配給股東，爲貨物移送的當天。

一般納稅人須按規定時限開具專用發票，不得提前或滯後。

增值稅納稅地點

增值稅納稅地點規定如下：

1.固定業戶應當向其機構所在地主管稅務機關申報納稅。總機構和分支機構不在同一縣（市）的，應當分別向各自所在地主管稅務機關申報納稅；經國家稅務總局或其授權的稅務機關批准，可以由總機構彙總向總機構所在地主管稅務機關申報納稅。

2.固定業戶到外縣（市）銷售貨物的，應當向其機構所在地主管稅務機關，申請開具外出經營活動稅收管理證明，向其機構所在地主管稅務機關申報納稅。未持有其機構所在地主管稅務機關核發的外出經營活動稅收管理證明，到外縣（市）銷售貨物或者應稅勞務的，應當向銷售地主管稅務機關申報納稅；未向銷售地主管稅務機關申報納稅的，由其機構所在地主管稅務機關補徵稅款。

3.非固定業戶銷售貨物或者應稅勞務，應當向銷售地主管稅務機關申報納稅。

4.進口貨物，應當由進口人或者其代理人向報關地海關申報納稅。

5.非固定業戶到外縣（市）銷售貨物或應稅勞務未向銷售地主管稅務機關申報納稅的，由其機構所在地或居住地主管稅務機關補徵稅款。

納稅義務發生時間

增值稅納稅義務發生時間規定如下：

1.銷售貨物或者應稅勞務，為收訖銷售款或者取得索取銷售款憑據的當天。

2.進口貨物，為報關進口的當天。

3.採取直接收款方式銷售貨物，不論貨物是否發出，均為收到銷售額或取得索取銷售額的憑據，並將提貨單交給買方的當天。

4.採取託收承付和委託銀行收款方式銷售貨物，為發出貨物並辦妥託收手續的當天。

5.採取賒銷和分期收款方式銷售貨物，為按合同約定的收款日期的當天。

6.採取預收貨款方式銷售貨物，為貨物發出的當天。

7.委託其他納稅人代銷貨物，為收到代銷單位銷售的代銷清單的當天。

8.銷售應稅勞務，為提供勞務同時收訖銷售額或取得索取銷售額的憑據的當天。

增值稅納稅期限

增值稅的納稅期限分別為1日、3日、5日、10日、15日或者1個月。納稅人的具體納稅期限，由主管稅務機關根據納稅人應納稅額的大小分別核定；不能按照固定期限納稅的，可以按次納稅。

納稅人以1個月為一期納稅的，自期滿之日起10日內申報納稅；以1日、3日、5日、10日或者15日為一期納稅的，自期滿之日起5日內預繳稅款，於次月1日起10日內申報納稅並結清上月應納稅款。

釋例

例1：欣欣貿易有限公司1995年2月份銷售下列產品：

　　1.化肥收入48,000元。

　　2.避孕藥用品收入12,000元。

　　3.農藥收入20,000元。

　　4.修理修配農具收入9,000元。

　　5.飼料收入15,000元。

　　當月外購扣除項目金額為30,000元，請計算該貿易有限公司2月份應納的增值稅稅額。

　　（附註：化肥、農藥、飼料的稅率均為13%，應稅勞務稅率為17%）

解答：應納增值稅稅額：

$$48,000 \times 13\% + 20,000 \times 13\% + 15,000 \times 13\% + 12,000 \times 0\% + 9000 \times 17\% - 30,000 \times 0\% = 12,320（元）$$

例2：某空調器廠1994年2月份不含稅銷售額為501.5萬元，同時當月

有2台空調機用於本廠外賓接待室，計不含稅銷售額3.5萬元；
該企業當期進項稅額合計為74萬元，其中因管理不善，損失兩
台壓縮機的進項稅額為0.5萬元，經查，進項稅額中購進貨物未
註明稅款的專用發票一張，計金額30萬元，該企業已將此筆稅
款4.8萬元計入進項稅額，問該企業當月應繳納增值稅多少？
（註十五）

解答：銷項稅額

　　（501.5＋3.5）×17％＝85.85（萬元）

　　進項稅額

　　74－0.5－4.8＝68.7（萬元）

　　應納稅額

　　85.85－68.7＝17.15（萬元）

註釋

註一：郭宏德，《我國增值稅的引進與發展(二)》，涉外稅務，1994年，第5期，第6頁。

註二：徐海鴻、石剛編輯，《新稅制指導》，經濟管理出版社，1994年，第102頁。

註三：中華人民共和國增值稅暫行條例，第一條。

註四：中華人民共和國增值稅暫行條例實施細則，第二條。

註五：同上，第三條。

註六：同上，第八條。

註七：即應稅勞務。

註八：不但可免繳本環節的稅款，而且可扣除外購貨物所含稅金。

註九：稅金不包含在銷售價格內。

註十：中華人民共和國增值稅暫行條例，第五條。

註十一：同上，第八條。

註十二：免稅與零稅率不同，前者係指對貨物或應稅勞務在本生產環節的應納稅額全部免稅。後者不但對本生產環節全部免稅，而且可以對外購貨物所包括之稅金得以扣除。

註十三：中華人民共和國增值稅暫行條例，第十八條。

註十四：增值稅專用發票使用規定（試行），第一條。

註十五：稅收業務考試標準題庫（鎮江市稅務事務所編，1993年12月）。

第3章 消費稅

消費稅的概念

　　消費稅是對一些法定特殊消費品和消費行為徵收的一種流轉稅，也就是在中華人民共和國境內從事生產、委託加工和進口消費稅暫行條例規定的消費品或稱應稅消費品的單位或個人，就其銷售數量或銷售金額，在某些環節繳納的一個稅種。消費稅的立法宗旨共有4點；調節消費產品結構；正確引導消費方向；抑制超前消費需求；保證國家財政收入。因此消費稅的立法原則在於體現宏觀調控的特性。

　　徵收消費稅的目的，在於促進國家產業政策和保護消費政策以維護國民經濟開展的作用。消費稅是一種特殊調節稅種，徵稅的對象是針對某些特定選擇性的消費品，開徵消費稅的意義在於「寓禁於徵」。消費稅的作用是「國際上通行的調節生產與消費最簡便、最靈活的經濟槓杆。」（註一）

納稅義務人

　　消費稅的納稅人是指「在中華人民共和國境內生產、委託加工和進口消費稅法規定的消費品或應稅消費品的單位和個人，為消費稅的納稅義務人。」（註二）從上述定義，消費稅的納稅義務人可分為3大類：

　　1.在中華人民共和國境內從事應稅消費品生產的單位和個人。

　　2.委託加工應稅消費品的單位和個人。

　　3.從事應稅消費品進口的單位和個人。

　　根據中華人民共和國消費稅暫行條例實施細則第二條規定，所謂「單位」是指國有企業、集體企業、私有企業、股份制企業、其他企業和行政單位、事業單位、軍事單位、社會團體及其他單位。「個人」是指個體經營者及其他個人。「在中華人民共和國境內」是指生產、委託加工和進口屬於應當徵收消費稅的消費品的起運地或所在地在境內。按照「統一稅法、公平稅負、促進競爭」的稅制改革原則，無論中外合資、合作企業或外國企業，凡是從事生產和進口應稅消費品，也應依規定繳納消費稅。

稅目稅率

　　消費稅選擇的應稅產品共設置11個稅目和13個子目，徵稅項目為21個。

一、11個稅目

　　1.烟

　　2.酒及酒精

　　3.化妝品

　　4.護膚護髮品

　　5.貴重首飾及珠寶玉石

　　6.鞭炮、焰火

　　7.汽油

　　8.柴油

9.汽車輪船

10.摩托車

11.小汽車

二、13個子目

1.甲類卷烟

2.乙類卷烟

3.雪茄烟

4.烟絲

5.糧食白酒

6.薯類白酒

7.黃酒

8.啤酒

9.其他酒

10.酒精

11.小轎車

12.越野車

13.小客車

稅目設置主要考慮下列諸因素：

1.對健康危害之消費品

‧烟

‧酒

‧鞭炮、焰火

2.奢侈品

‧化妝品

‧貴重首飾及珠寶玉石

3.高檔消費品

　‧摩托車

　‧小汽車

4.稀有資源

　‧汽油

　‧柴油

5.財政收入之消費品

　‧護膚護髮品

　‧汽車輪船

　　消費稅的稅率可分為比例稅率和固定稅率（定額稅率）兩種，稅率的調整，由國務院確定。

一、比例稅率

1.　3%
　‧小轎車，氣缸容量1,000毫升以下
　‧越野車（四輪驅動），氣缸容量2,400毫升以下
　‧小客車（麵包車），氣缸容量2,000毫升以下

2.　5%
　‧酒精
　‧小轎車，氣缸容量1,000毫升2,200毫升（含1,000毫升）
　‧越野車（四輪驅動），氣缸容量2,400毫升以上（含2,400毫升）
　‧小客車（麵包車），氣缸容量2,000毫升以上（含2,000毫升）

3.　8%
　‧小轎車，氣缸容量在2,200毫升以上的（含2,200毫升）

4.　10%

· 其他酒

· 貴重首飾及珠寶玉石（包括金、銀、珠寶首飾及珠寶玉石）

· 汽車輪船

· 摩托車

5.　15％

· 薯類白酒

· 鞭炮、烟火

6.　17％

· 護膚護髮品

7.　25％

· 糧食白酒

8.　30％

· 烟絲

· 化妝品（包括成套化妝品）

9.　40％

· 乙類卷烟

· 雪茄烟

10.　45％

· 甲類卷烟（包括各種進口卷烟）

二、固定稅率

1.　0.1元

· 柴油（升）

2.　0.2元

· 汽油（升）

3.　220元

· 啤酒（噸）

4. 240元

· 黃酒（噸）

應納稅額的計算

消費稅應納稅額的計算是納稅人計算應納稅額的依據。「消費稅實行從價定率或者從量定額的辦法計算應納稅額。」（註三）因此應納稅額的計算可分應稅消費品的銷售額；應稅消費品的銷售數量。

一、應稅消費品的銷售額

依據中華人民共和國消費稅暫行條例第六條規定：銷售額係指納稅人銷售應稅消費品向購買方收取的全部價款和價外費用。銷售額不包括應向購貨方收取的增值稅稅款，因爲消費稅是價內稅，如果納稅人應稅消費品的銷售額中未扣除增值稅稅款或者因不得開具增值稅專用發票而發生價款和增值稅稅款合並收取的，在計算消費稅時，應當換算爲不含增值稅稅款的銷售額。其換算公式爲：

應稅消費品的銷售額＝含增值稅的銷售額÷（1＋增值稅稅率或

徵收率）

價外費用是指價外收取的基金、集資費、返還利潤、補貼、違約金（延期付款利息）和手續費、包裝費、儲備費、優質費、運輸裝卸費、代收款項、代墊款項以及其他各種性質的價外收費。但下列款項不包括在內：

1.承運部門的運費發票開具給購貨方的。

2.納稅人將該項發票轉交給購貨方的。

　　其他價外費用，無論是否屬於納稅人的收入，均應並入銷售額計算徵稅。（**註四**）

　　納稅人銷售應稅消費品，以外匯計算銷售額的，應當按外匯市場價格折合成人民幣計算應納稅額。其銷售額的人民幣折合率可以選擇結算的當天或者當月1日的國家外匯牌價（原則上為中間價）。納稅人應在事先確定採取何種折合率，確定後1年內不得變更。

　　依據中華人民共和國消費稅暫行條例實施細則第十三條規定：實行從價定率辦法計算應納稅額的應稅消費品連同包裝銷售的，無論包裝是否單獨計價，也不論在會計上如何核算，均應並入應稅消費品的銷售額中徵收消費稅。如果包裝物不作價，隨同產品銷售，而是收取押金，此項押金則不應並入應稅消費品的銷售額中徵稅。但對因逾期未收回的包裝物不再退還的和已收取1年以上的押金，應並入應稅消費品的銷售額，按照應稅消費品的適用稅率徵收消費稅。

　　對既作價隨同應稅消費品銷售，又另外收取押金的包裝物的押金，凡納稅人在規定的期限內不予退還的，均應並入應稅消費品的銷售額，按照應稅消費品的適用稅率徵收消費稅。

　　實行從價定率辦法計算的應納稅額＝銷售額×稅率

二、應稅消費品的銷售數量

　　銷售數量（**註五**）是指應稅消費品的數量，具體為：

1.銷售應稅消費品的，為應稅消費品的銷售數量。

2.自產自用應稅消費品的，為應稅消費品的移送使用數量。

3.委託加工應稅消費品的，為納稅人收回的應稅消費品數量。

4.進口的應稅消費品，為海關核定的應稅消費品進口徵稅數量。

　　實行從量定額辦法計算應納稅額的應稅消費品，計量單位的啤

酒、黃酒、汽油和柴油係以噸做爲實際銷售量計量的。因此在計稅前必須將噸換算爲升，其計量單位的換算標準如下：

啤酒1噸＝988升

黃酒1噸＝962升

汽油1噸＝1,388升

柴油1噸＝1,176升

實行從量定額辦法計算的應納稅額＝銷售數量×單位稅額

消費稅的減免規定

根據中華人民共和國消費稅暫行條例第十一條規定，對納稅人出口應稅消費品免徵消費稅；國務院另有規定的除外，出口應稅消費品的免稅辦法，由國家稅務總局規定。該條文所稱「國務院另有規定」係指「國家限制出口的應稅消費品」。（註六）例如，麝香或原油等。免稅可實行在生產環節直機免稅的辦法外，也可採行在生產環節先徵稅，俟出口後再予退稅。

依據中華人民共和國消費稅暫行條例第二十三條規定，出口的應稅消費品辦理退稅後，發生退關或國外退貨進口時予以免稅的，報關出口者須及時向其所在地主管稅務機關申報補繳已退的消費稅稅款。

納稅人直接出口的應稅消費品辦理免稅後，發生退關或國外退貨，進口時已予以免稅的，經所在地主管稅務機關批准，可暫不辦理補稅，待其轉爲國內銷售時，再向其主管稅務機關申報補繳消費稅。

納稅人銷售應稅消費品如因質量等原因由購買者退回時，經所在地主管稅務機關審核批准後，可退還已徵收的消費稅稅款（註七）。

納稅環節

消費稅的納稅環節，是指「應稅消費品在流轉過程中應當繳納消費稅稅款的環節」。（註八）消費稅的納稅環節共有4個：銷售環節；提貨環節；移送使用環節；進口環節。

一、銷售環節

「納稅人生產的應稅消費品，於銷售時納稅。」（註九）應稅消費品是指有償轉讓應稅消費品的所有權，即以從受讓方取得貨幣、貨物、勞務或其他經濟利益為條件轉讓的應稅消費品。

二、提貨環節

委託加工的應稅消費品，由受託方在向委託方交貨時代收代繳稅款。稅法規定委託加工的應稅消費品，是指由委託方提供原料和主要材料，受託方只收取加工費和代墊部分輔助材料加工的應稅消費品。受託方乃是法定的代收代繳義務人。所以委託方於提貨環節時，受託方應代收代繳稅額。

三、移送使用環節

納稅人自產自用的應稅消費品，用於連續生產非應稅消費品和在建工程，生產福利和其他方面的，於移送使用環節納稅。自產自用係指納稅人生產了應稅消費品後，不是用於直接對外銷售，而是用於自己連續生產應稅消費品或用於其他方面。

四、進口環節

稅法規定，進口的應稅消費品於報關進口時納稅，也就是進口報

關者於報關進口環節時，向海關繳納消費稅。

納稅地點

消費稅的納稅地點可分述如下：

1. 納稅人銷售的應稅消費品，以及自產自用的應稅消費品，應當向納稅人核算地主管稅務機關申報納稅。
2. 委託加工的應稅消費品，由受託方向所在地主管稅務機關解繳消費稅稅款。
3. 進口應稅消費品，由進口或其代理人向報關地海關申報納稅。
4. 納稅人到外縣市銷售或委託外縣市代銷自產應稅消費品的，於應稅消費品銷售後，回納稅人核算地或所在地繳納消費稅。
5. 納稅人的總機構與分支機構不在同一縣市的，應在生產應稅消費品的分支機構所在地繳納消費稅。但經國家稅務總局及所屬稅務分局批准，納稅人分支機構應納消費稅稅款，也可由總機構彙總向總機構所在地主管稅務機關繳納。

納稅時限

一、納稅義務發生時間

1. 納稅人銷售的應稅消費品。
   - 納稅人採取賒銷和分期收款結算方式的，為銷售合同規定的收款日期的當天
   - 納稅人採取預收貨款結算方式的，為發出應稅消費品的當天

　　　・納稅人採取託收承付和委託銀行收款方式銷售的應稅消費
　　　　品，爲發出應稅消費品並辦委託收手續的當天
　　　・納稅人採取其他結算方式的，爲收訖銷售款或者取得索取銷
　　　　售款的憑據的當天
　2.納稅人自產自用的應稅消費品，爲移送使用的當天。
　3.納稅人委託加工的應稅消費品，爲納稅人提貨的當天。
　4.納稅人進口的應稅消費品，爲報關進口的當天。

二、納稅期限

　1.消費稅的納稅期限分別爲1日、3日、5日、10日、15日或者1個
　　月。
　2.納稅人以1個月爲一期納稅的，自期滿之日起10日內申報納
　　稅，以1日、3日、5日、10日或者15日爲一期納稅的，自期滿
　　之日起5日內預繳稅款，於次月1日起10日內申報納稅並結算上
　　月應納稅款。
　3.納稅人進口應稅消費品，應當自海關填發稅款繳納證爲次日起
　　7日內繳納稅款。

釋例

例一：舒伯特機車公司捐助某市舉辦機車越野車大賽共20輛，每輛市
　　　場價格爲6,000元，稅法規定無償捐贈不具備增值稅專用發票
　　　簽發條件，故該價格爲價款和增值稅稅款合併價），請計算該
　　　公司應納消費稅稅額。（註：機車之稅率爲10％）

解答：1.換算不含增值稅稅款的銷售額

　　　6000×20÷（1＋17%）

　　　＝102,564（元）

　　2.應納消費稅

　　　102,564×10%

　　　＝10,256.4（元）

例二：夢麗絲化妝品公司生產「愛美」牌化妝品，本月份共計銷售了
　　　1,000套，每套價格為60元，稅法規定，成套化妝品之消費稅
　　　稅率為30%，試計算該月份應納消費稅稅額。

解答：1.應納稅額＝銷售額×稅率

　　　2.該月份應納消費稅稅額為：

　　　60×1,000×30%＝18,000（元）

註釋

註一：劉志城、韓英杰主編，《中國新稅制全書》，中國物價出版社，
　　　1994年，第78頁。

註二：中華人民共和國消費稅暫行條例，第一條。

註三：同上，第五條。

註四：中華人民共和國消費稅暫行條例實施細則，第十四條。

註五：同上，第九條。

註六：同上，第二十二條。

註七：同上，第二十四條。

註八：劉志城、韓英杰主編，《中國新稅制全書》，中國物價出版社，
　　　1994年，第88頁。

註九：中華人民共和國消費稅暫行條例，第四條。

第4章 營業稅

營業稅的概念

　　營業稅是對某些經營行為徵收的一種稅，也就是在中華人民共和國境內提供應稅勞務、轉讓無形資產或者銷售不動產業務的營業收入為課稅對象的一種流轉稅。

　　營業稅的徵稅對象，主要是非商品流轉額，又稱「應稅勞務」。實行價內稅的徵收方式，就其性質來說乃屬於一種轉嫁稅。

　　應稅勞務是指屬於「交通運輸業、建築業、金融保險業、郵電通信業、文化體育業、娛樂業、服務業稅目徵收範圍的勞務」。（註一）加工修理修配業務則不屬於應稅勞務範圍。轉讓無形資產係指「轉讓土地使用權、專利權、非專利技術、商標權、著作權和商譽」。（註二）銷售不動產專指房屋建築及其土地上之附著物而言。由於銷售不動產是一種交易行為，而不動產又是非增值稅應稅貨物，按照公平稅負及普通納稅原則，應納入營業稅的範圍徵稅。稅法規定提供應稅勞務、轉讓無形資產或者銷售不動產，均指有償提供應稅勞務、有償轉讓無形資產或者有償轉讓不動產所有權的行為，但單位或個體、經營者聘用的員工為本單位或雇主提供應稅勞務，則不包括在內。（註三）

納稅義務人

營業稅的納稅人決定於其徵收範圍,銷售營業稅法規定的應稅勞務的單位和個人,為營業稅的納稅人,也就是在中華人民共和國境內提供應稅勞務,轉讓無形資產或者銷售不動產的單位和個人,為營業稅的納稅人。

營業稅的納稅人概括為下列幾項:

一、單位

國有企業、集體企業、私有企業、股份制企業、其他企業和行政單位、事業單位、軍事單位、社會團體以及其他單位。

二、個人

個體工商戶及其他有經營行為的個人。

三、承租人或承包人

企業租賃或承包給他人經營的,以承租人或承包人為納稅人。

四、外商投資企業和外國企業

凡從事營業稅法規定的應稅勞務、轉讓無形資產或者銷售不動產業務的外商投資企業和外國企業都是營業稅的納稅義務人。

稅目稅率

營業稅的稅目稅率按照經營業務,劃分具體徵稅項目並採用比例稅率徵收,稅目稅率的調整,由國務院決定。

一、稅目

營業稅稅目的徵收範圍雖包括應稅勞務、轉讓無形資產和銷售不動產等3大類，但詳細內容可分為9大類：

1. 交通運輸業：陸路運輸、水路運輸、航空運輸、管道運輸、裝卸搬運。
2. 建築業：建築、安裝、修繕、裝飾及其他工程作業。
3. 金融保險業：金融、保險、典當。
4. 郵電通信業：郵電、郵政、集郵、郵滙、報刊發行、電報、電傳、電話安裝。
5. 文化體育業：藝術表演、體育比賽、播映、公園、文化活動。
6. 娛樂業：歌廳、舞廳、卡拉OK、歌舞廳、音樂茶座、桌球、高爾夫球、保齡球、遊藝。
7. 服務業：代理業、旅店業、飲食業、旅遊業、倉儲業、租賃業、廣告業、其他服務業。
8. 轉讓無形資產：轉讓土地使用權、專利權、非專利權技術、商標權、著作權、商譽。
9. 銷售不動產：銷售建築物及其他土地附著物。

二、稅率

營業稅稅率除娛樂業稅率為5%～20%的彈性稅率外，可分為3%和5%的兩個稅率。

1. 3%
   · 交通運輸業、建築業、郵電通信業、文化體育業

2.　5%

　・金融保險業、服務業、轉讓無形資產、銷售不動產

3.　5%～20%

　・娛樂業

依據中華人民共和國營業稅暫行條例第三條規定：納稅人兼有不同稅目應稅行為的，應當分別核算不同稅目的營業額、轉讓額、銷售額；未分別核算營業額的，從高適用稅率。

應納稅額的計算

營業稅應納稅額的計算公式如下：

應納稅額＝營業額×稅率

應納稅額必須以人民幣計算，納稅人若以外匯結算營業額者，應當按外匯市場價格折合為人民幣計算。營業稅應納稅額的計算依據可分為下列3方面：

一、全額計稅

依據中華人民共和國營業稅暫行條例第五條規定，納稅人的營業額提供應稅勞務、轉讓無形資產或者銷售不動產向對方收取的全部價款和價外費用。所稱價外費用，「包括向對方收取的手續費、基金、集資費、代收款項、代墊款項及其他各種性質的價外收費。」（**註四**）凡價外費用，不管會計制度規定如何作帳，都必須合併納入營業額計算應納稅額。營業稅以營業收入額做為應納稅額的計算依據，營業收入額中包括「從購買方收取的全部價款，但不得從中扣除任何經營成本和費用」。（**註五**）

二、差額計稅

為體現稅法公平稅負、合理負擔及鼓勵經濟發展的原則之下，稅法除規定以營業收入額作為計稅之依據外，也對下列具體情況作出特別之規定：

1. 交通運輸業：交通運輸業乃指納稅人從事各種運輸業務，實際取得的營業收入額，運輸企業自境內載運或運輸旅客以及貨物出境，在境外改由其他運輸企業承運乘客或者載運的貨物，以全程運費減去付給該承運企業的運費後的餘額為計稅的依據。

2. 建築業：納稅人從事建築、修繕、裝飾工程作業，其營業額包括工程所用原材料及其他物資和動力的價款在內。總承包人將工程分包或者轉包給他人的，以工程的全部承包額減去付給分包人或者轉包人的價款後的餘額為營業額。

3. 金融保險業：轉貸業務，以貸款利息減去借款利息後的餘額為營業額，依據中華人民共和國營業稅暫行條例實施細則第二十條規定所稱轉貸業務，是指將借入的資金貸與他人使用的業務。將吸收的單位、個人的存款或者自有資本金貸與他人使用的業務，不屬於轉貸業務。

   保險業實行分保險的，初保業務以全部保費收入減去付給分保人的保費後的餘額為營業額。

4. 文化體育業：單位或個人進行演出，以全部票價收入或者包場收入減去付給提供演出場所的單位、演出公司或者經紀人的費用後的餘額為營業額。

5. 旅遊業：在境內旅遊以全部收費減去為旅遊者付給其他單位的食宿和交通費用後的餘額為營業額，到境外旅遊改由其他旅遊企業接團的，以全程旅遊費減去付給該接團企業的旅遊費後的

餘額爲營業額。

6. 外匯、有價證券、期貨買賣業：賣出價減去買入價後的餘額爲
營業額。

三、稅務機關核定營業額

納稅人提供應稅勞務、轉讓無形資產或銷售不動產價格明顯偏低
而無正當理由，主管稅務機關有權按下列順序核定其營業額：**(註六)**

1. 按納稅人當月提供的同類應稅勞務或者銷售的同類不動產的平
均價格核定。

2. 按納稅人最近時期提供的同類應稅勞務或者銷售的同類不動產
的平均價格核定。

3. 按下列公式核定計稅價格：

計稅價格＝營業成本或工程成本×（1＋成本利潤率）÷（1－
營業稅稅率）

上列公式中的成本利潤率，由省、自治區、直轄市人民政府所屬
稅務機關確定。

營業稅的起徵點

營業稅起徵點的適用範圍限於個人，營業額未達到起徵點的納稅
人，免徵營業稅。營業稅起徵點的幅度規定如下：**（註七）**

按期納稅的起徵點爲月營業額200元～800元；

按次納稅的起徵點爲每次（日）營業額50元；

納稅人營業額達到起徵點的，應按營業額全額計算應納稅額。
省、自治區、直轄市人民政府所屬稅務機關應在規定的幅度內，根據

實際情況確定本地區適用的起徵點，並報國家稅務總局備案。

營業稅的減免規定

營業稅的減稅、免稅項目由國務院規定，任何地區、部門均不得規定減稅、免稅項目。

下列項免徵營業稅：

1. 托兒所、幼兒園、養老院、殘疾人福利機構提供的育養服務、婚姻介紹、殯葬服務。
2. 殘疾人員個人提供的勞務。
3. 醫院、診所和其他醫療機構提供的醫療服務。
4. 學校和其他教育機構提供的教育勞務，學生勤工儉學提供的勞務。
5. 農業機耕、排灌、病蟲害防治、植保、農牧保險以及相關技術培訓業務，家禽、牲畜、水生動物的配種和疾病防治。
6. 紀念館、博物館、文化館、美術館、展覽館、書畫院、圖書館、文物保護單位舉辦文化活動的門票收入，宗教場所舉辦文化、宗教活動的門票收入。
7. 立法機關、司法機關、行政機關的收費，同時具備下列條件的，不徵收營業稅：
   - 國務院、省級人民政府或其所屬財政、物價部門以正式文件允許收費，而且收費標準符合文件規定的
   - 所收費用由立法機關、司法機關、行政機關自己直接收取的

納稅人兼營減稅、免稅項目的，應當單獨核算減稅免稅項目的營業額；未單獨核算營業額的，不得減稅、免稅。

納稅義務的時限

營業稅的納稅義務發生時間和納稅期限，分爲下列幾種情況：

一、納稅義務發生時間

「營業稅的納稅義務發生時間，爲納稅人收訖營業收入款項或者取得索取營業收入款項憑據的當天」。（註八）依據中華人民共和國營業稅暫行條例實施細則第二十八條規定：納稅人轉讓土地使用權或者銷售不動產採用預收款方式的，其納稅義務發生時間爲收到預收款的當天。納稅人自建行爲的納稅義務發生時間，爲其銷售自建建築物，並收訖營業額或者取得索取營業額的憑據的當天。納稅人將不動產無償贈與他人，其納稅義務發生時間爲不動產所有權轉移的當天。

二、納稅期限

營業稅的納稅期限，分別爲5日、10日、15日或者1個月。納稅人的具體納稅期限，由主管稅務機關根據納稅人應納稅額的大小分別核定；不能按照固定期限納稅的，可以按次納稅。

納稅人以1個月爲一期納稅的，自期滿之日起10日內申報納稅；以5日、10日或者15日爲一期納稅的，自期滿之日起5日內預繳稅款，於次月1日起10日內申報納稅並結清上月應納稅款。

「金融業（不包括典當業）的納稅期限爲一個季度，保險業的納稅期限爲1個月。」（註九）

營業稅的納稅地點

根據中華人民共和國營業稅暫行條例第十二條規定，營業稅納稅

地點如下：

1. 納稅人提供應稅勞務，應當向應稅勞務發生地主管稅務機關申報納稅。納稅人從事運輸業務，應當向其機關所在地主管稅務機關申報納稅。

2. 納稅人轉讓土地使用權，應當向土地所在地主管稅務機關申報納稅。納稅人轉讓其他無形資產，應當向其機構所在地主管稅務機關申報納稅。

3. 納稅人銷售不動產，應當向不動產所在地主管稅務機關申報納稅。

4. 納稅人提供的應稅勞務發生在外縣（市），應向勞務發生地主管稅務機關申報納稅而未申報納稅的，由其機關所在地或者居住地主管稅務機關補徵稅款。（**註十**）

5. 納稅人承包的工程跨省、自治區、直轄市的，向其機構所在地主管稅務機關申報納稅。（**註十一**）

6. 納稅人在本省、自治區、直轄市範圍內發生應稅行為，其納稅地點需要調整的，由省、自治區、直轄市人民政府所屬稅務機關確定。（**註十二**）

釋例

例一：神州旅行社組織旅遊團到韓國旅遊，在境外改由韓國旅遊企業接待，其全程旅遊費為15,000元／人次，該旅遊團共有50人次；神州旅行社付給韓國旅遊企業旅遊費7,000元／人次，共計350,000元。請計算神州旅行社應納營業稅稅額，稅法規定交通運輸業營業稅稅率為3%。（**註十三**）

解答：1.應納稅額計算公式爲：

應納稅額＝營業稅×稅率

2.神州旅行社的營業額爲：

15,000×50－350,000＝400,000（元）

3.神州旅行社應納營業稅稅額爲：

400,000×3%＝12,000（元）

例二：某汽車運輸公司當期取得貨運收入200萬元，客運收入100萬元；下設的裝卸隊取得搬運收入10萬元，問該公司應繳納多少營業稅，依稅法規定交通運輸業營業稅率爲3%（**註十四**）

解答：應納稅額

(200＋100＋10)×3%＝9.3（萬元）

註釋

註一：中華人民共和國營業稅暫行條例實施細則，第二條。

註二：劉志城、韓英杰主編，《中國新稅制全書》，中國物價出版社，1994年，第107頁。

註三：有償包括取得貨幣、貨物或其他經濟利益。

註四：中華人民共和國營業稅暫行條例實施細則，第十四條。

註五：徐海鴻、石剛編輯，《新稅制指導》，經濟管理出版社，1994年，第178頁。

註六：中華人民共和國營業稅暫行條例實施細則，第十五條。

註七：同上，第二十七條。

註八：中華人民共和國營業稅暫行條例，第九條。

註九：中華人民共和國營業稅暫行條例實施細則，第三十三條

註十：同上，第三十條。

註十一：同上，第三十一條。

註十二：同上，第三十二條。

註十三：註冊會計師全國同考同步應試指導及全真模擬試卷，企業管理出版社，1994年，第255頁。

註十四：鎮江市稅務事務所編，《稅收業務考試標準題庫》，1993年，第11頁。

第 III 篇
所得稅類

●企業所得稅

●外商投資企業和外國企業所得稅

●個人所得稅

　　所得稅是國家對法人或個人的所得所課徵的一類稅收。所得係指法人或個人在一定期間內的營業勞務、投資或把財產、權利供他人使用而獲得的連續性收入中，扣減爲取得這些收入所需用後的餘額。一般說來，所得可分爲3大類：

一、營業所得

　　從事工業、商業、服務業等經營的所得。

二、投資所得

　　股息、紅利、財產租賃或轉讓以及特許權使用所得。

三、勞務的所得

　　工資、薪金和勞務報酬所得。

　　中華人民共和國爲適應社會主義市場經濟體制的要求，將企業所得稅（內資企業所得稅）、外商和外國投資企業所得稅和個人所得稅等3個稅種構成整個新的所得稅體系。

第5章 企業所得稅

企業所得稅的概念

企業所得稅或稱公司所得稅，亦稱內資企業所得稅。依據中華人民共和國企業所得稅暫行條例第一條規定，中華人民共和國境內的企業，除外商投資企業和外國企業，應當就其生產、經營所得和其他所得依法繳納企業所得稅。所以企業所得稅就是中華人民共和國對其境內的公司或內資企業的生產經營所得和其他所得所徵收的一種稅收。

企業所得稅主要是由國營企業、集體企業和私營企業所得稅等演變而成，是「改革和統一」規範的內資企業所得稅種。根據租稅「公平稅負及促進競爭」的原則，整合稅率、稅基、優惠和課稅的體制，理順國家和企業之間的分配關係，提供公平合理的稅收機制、創造市場經濟有利環境，培植公司企業股份制的正常經營。

納稅義務人

企業所得稅的納稅義務人適用於下列實行獨立經濟核算的企業或者組織，但不適用於外商投資企業和外國企業。

1. 國有企業。
2. 集體企業。
3. 私營企業。

4.聯營企業。

5.股份制企業。

6.有生產、經營所得和其他所得的其他組織。

所稱國有企業、集體企業、私營企業、聯營企業、股份制企業，是指按國家有關規定註冊、登記的各類企業。生產經營所得係指從事物質生產製造、交通運輸、商品流通、建築通訊、金融保險、勞務服務，以及經中華人民共和國國務院財政主管部門確認的其他營利事業取得的所得。其他所得則指股息、利息、租金、轉讓各類資產、特許權使用費以及營業外收益等所得。依據中華人民共和國企業所得稅暫行條例實施細則第三條第2項規定，所稱有生產、經營所得和其他所得的其他組織，是指經國家有關部門批准，依法註冊、登記的事業單位、社會團體等組織。

按稅法規定，凡實行獨立核算的內資企業，都是企業所得稅的納稅義務人。獨立核算企業必須具備下列5個要件：

1.在工商行政管理部門辦理工商登記。

2.有權與其他單位簽訂合同。

3.在銀行開設結算帳戶。

4.獨立建立帳簿，編製財務會計報表。

5.獨立計算盈虧。

應納稅所得額

納稅人每一納稅年度的收入總額減去准予扣除項目後的餘額爲應納稅所得額。其計算公式如下：

應納稅所得額＝收入總額－准予扣除項目金額

一、收入總額

納稅人的收入總額包括下列7項：

1. 生產、經營收入：納稅人從事主營業務活動取得的收入，包括商品（產品）銷售收入、勞務服務收入、營運收入、工程價款結算收入、工業性作業收入以及其他業務收入。
2. 財產轉讓收入：納稅人有償轉讓各類財產取得的收入，包括轉讓固定資產、有價證券、股權以及其他財產而取得的收入。
3. 利息收入：納稅人購買各種債券等有價證券的利息，外單位欠款付給的利息以及其他利息收入。
4. 租賃收入：納稅人出租固定資產、包裝物以及其他財產而取得的租金收入。
5. 特許權使用費收入：納稅人提供或者轉讓專利權、非專利技術、商標權、著作權以及其他特許權的使用權而取得的收入。
6. 股息收入：納稅人對外投資入股分得的股利、紅利收入。
7. 其他收入：上述各項收入之外的一切收入，包括固定資產盤盈收入、罰款收入，因債權人緣故確實無法支付的應付款項、物資及現金的溢餘收入、教育費附加返還款、包裝物押金收入以及其他收入。

二、准予扣除項目金額

「計算應納稅所得額時准予扣除的項目，是指與納稅人取得收入有關的成本、費用和損失。」（註一）

1. 成本：即生產、經營成本，是指納稅人為生產、經營商品和提供勞務等所發生的各項直接費用和各項間接費用。

2. 費用：即納稅人爲生產經營商品和提供勞務等所發生的銷售
（經營）費用、管理費用和財務費用。

3. 損失：即納稅人生產、經營過程中的各項營業外支出，已發生
的經營虧損和投資損失以及其他損失。

三、標準扣除項目金額

下列項目，按照規定的範圍、標準扣除：

1. 納稅人在生產、經營期間向金融機構借款的利息支出，按照實
際發生數扣除；向非金融機構借款的利息支出，不高於按照金
融機構同類、同期貸款利率計算的數額以內的部分准予扣除。

2. 納稅人支付給職工的工資，按照計稅工資扣除。計稅工資的具
體標準，在財政部規定的範圍內，由省、自治區、直轄市人民
政府規定，報財政部備案。

3. 納稅人的職工工會經費、職工福利費、職工教育經費，分別按
照計稅工資總額的2%、14%、1.5%計算扣除。

4. 納稅人用於公益、救濟性的捐贈，在年度應納稅所得額3%以
內的部分准予扣除。

四、其他扣除項目金額

1. 納稅人按財政部的規定支出的與生產、經營有關的業務招待
費，由納稅人提供確實記錄或單據，經核准准予扣除。

2. 納稅人按國家有關規定上繳的各類保險基金和統籌基金，包
括：職工養老基金、待業保險基金等，經稅務機關審核後，在
規定的比例內扣除。

3. 納稅人參加財產保險和運輸保險，按照規定繳納的保險費用准

予扣除,保險公司給予納稅人的無賠款優待,應計入當年應納稅所得額。納稅人按國家規定爲特殊工種職工支付的法定人身安全保險費,准予在計算應納稅所得額時按實扣除。

4. 納稅人根據生產經營需要租入固定資產所支付的租賃費的扣除分別按下列規定處理:

　　・以經營租賃方式租入固定資產而發生的租賃費可以據實扣除

　　・融資租賃發生的租賃費不得直接扣除;承租方支付的手續費及安裝交付使用後支付的利息等,可在支付時直接扣除

5. 納稅人按財政部的規定提取的壞帳準備金和商品削價準備金,准予在計算應納稅所得額時扣除。不建立壞帳準備金的納稅人,發生的壞帳損失,經報主管稅務機關核定後按當期實際發生數額扣除。

6. 納稅人轉讓各類固定資產發生的費用允許扣除。

7. 納稅人當期發生的固定資產和流動資產盤虧,毀損淨損失,由其提供清查盤存資料,經主管稅務機關審核後准予扣除。

8. 納稅人在生產、經營期間發生的外國貨幣存、借和以外國貨幣結算的往來款項增減變動時,由於匯率變動而與記帳本位幣折合發生的匯兌損益,計入當期所得或在當期扣除。

9. 納稅人按規定支付給總機構的與本企業生產、經營有關的管理費,須提供總機構出具的管理費匯集範圍,定額、分配依據和方法等證明文件,經主管稅務機關審核後准予扣除。

五、不得扣除項目金額

在計算應納稅所得額時,下列項目不得扣除:(**註二**)

1. 資本性支出。

2. 無形資產受讓、開發支出。

3.違法經營的罰款和被沒收財物的損失。

4.各項稅收的滯納金、罰金和罰款。

5.自然災害或者意外事故損失有賠償的部分。

6.超過國家規定允許扣除的公益、救濟性的捐贈以及非公益、救濟性的損贈。

7.各種贊助支出。

8.與取得收入無關的其他各項支出。

六、虧損彌補

「納稅人發生年度虧損的,可以用下一納稅年度的所得彌補;下一納稅年度的所得不足彌補的,可以逐年延續彌補,但是延續彌補期最長不得超過5年。」(註三)

所謂連續彌補5年,這5年期間不論盈虧,是否有利可補,均計算年度,一旦超過5年,此虧損就失去了彌補的意義。在此格外注意的是自虧損年度的下一個年度起連續5年內不間斷地計算。又虧損應連續遞延彌補,不得累積虧損,也不可間隔彌補。

稅率

「納稅人應納稅額,按應納稅所得額計算,稅率為33%。」(註四)企業所得稅的納稅義務人,舉凡國有企業、集體企業、股份制企業或私營企業一律適用33%的比例稅率,「為發展社會主義市場經濟、促進企業之間公平競爭創造了良好的條件」。(註五)依稅法規定,根據企業應納所得額稅之大小分別設置兩個優惠稅率:

1.　18%稅率

・每年應納稅所得額在3萬元或3萬元以下者

2.　27%稅率

・每年應納稅所得額在3萬元以上至10萬元者

・每年應納稅所得額在10萬元以上者，一律按33%之稅率徵收

資產的稅務處理

納稅人的資產包括固定資產、無形資產、遞延資產和流動資產等。

一、固定資產

固定資產的意義（註六）

使用期限超過1年的房屋、建築物、機器、機械、運輸工具以及其他與生產、經營有關的設備、器具、工具等。不屬於生產、經營主要設備的物品、單位價值在2,000元以上，並且使用期限超過2年的，也應當作爲固定資產。

固定資產的計價

固定資產的計價，按下列原則處理：

1.建設單位交來完工的固定資產，根據建設單位交付使用的財產清册中所確定的價值計價。

2.自製、自建的固定資產在竣工使用時按實際發生的成本計價。

3.購入的固定資產，按購入價加上發生的包裝費、運輸費、安裝費及繳納的稅金後的價值計價，從國外引進的設備按設備的買價加上進口環節的稅金、國內運雜費安裝費等後的價值計價。

4.以融資租賃方式租入的固定資產，按照租賃協議或者合同確定的價款加上運輸費、途中保險費、安裝調試費以及投入使用前發生的利息支出和滙兌損益等後的價值計價。

5. 接受贈與的固定資產，按發票所列金額加上由企業負擔的運輸費、保險費、安裝調試費等確定；無所附發票的，按同類設備的市價確定。

6. 盤盈的固定資產，按同類固定資產的重置完全價值計價。

7. 接受投資的固定資產，應當按該資產折舊程度，以合同、協議確定的合理價格或者評估確認的價格確定。

8. 在原有固定資產基礎上進行改擴建的，按照固定資產的原價，加上擴建發生的支出，減去改擴建過程中發生的固定資產變價收入後的餘額確定。

固定資產的折舊

固定資產的折舊，按下列規定處理：

1. 下列固定資產應當提取折舊：
   - 房屋、建築物
   - 在用的機器設備、運輸車輛、器具、工具
   - 季節性停用和大修理停用的機器設備
   - 以經營租賃方式租出的固定資產
   - 以融資租賃方式租入的固定資產
   - 財政部規定的其他應當計提折舊的固定資產

2. 下列固定資產不得提取折舊：
   - 土地
   - 房屋、建築以外未使用，不需用以封存的固定資產
   - 以經營租賃方式租入的固定資產
   - 以提足折舊繼續使用的固定資產
   - 按照規定提取維簡費的固定資產
   - 已在成本中一次性列支而形成的固定資產
   - 破產、關停企業的固定資產

・財政部規定的其他不得計提折舊的固定資產

・提前報廢的固定資產，不得計提折舊

提取折舊的依據

1. 納稅人的固定資產，應當從投入使用月份的次月起計提折舊；停止使用的固定資產，應當從停止使用月份的次月起，停止計提折舊。

2. 固定資產在計算折舊前，應當估計殘值，從固定資產原價中減除，殘值比例在原價的5%以內，由企業自行確定；由於情況特殊，需調整殘值比例的，應報主管稅務機關備案。

折舊的計算方法

1. 企業財會制度應採取直線方法（平均方法）。

2. 電子生產企業、船舶工業企業、汽車製造企業、化工生產企業、醫藥生產企業或經財政部批准的特殊行業，可採行雙倍餘額遞減法或年數總和法。

折舊的使用年限

1. 房屋、建築物為20年，折舊率為5%。

2. 火車、輪船、機器、機械和其他生產設備為10年，折舊率為10%。

3. 電子設備和火車、輪船以外的運輸工具，以及與生產、經營有關的器具，工具、家具等為5年，折舊率為20%。

二、無形資產

無形資產的意義（註七）

納稅人長期使用但是沒有實物形態的資產，包括專利權、商標權、著作權、土地使用權、非專利技術、商譽等。

無形資產的計價

無形資產按照取得時的實際成本計價，應區別確定：

1. 投資者作為資本金或者合作條件投入的無形資產，按照評估確認或者合同、協議約定的金額計價。
2. 購入的無形資產，按照實際支付的價款計價。
3. 自行開發並且依法申請取得的無形資產，按照開發過程中實際支出計價。
4. 接受捐贈的無形資產，按照發票帳單所列金額或者同類無形資產的市價計價。

提取攤銷的方法和依據

1. 無形資產應當採取直線法攤銷。
2. 受讓或投資的無形資產，法律和合同或者企業申請書分別規定有效期限和受益期限的，按法定有效期限與合同或企業申請書的規定的受益年限孰短原則攤銷。
3. 法律沒有規定使用年限的，按照合同或者企業申請書受益年限攤銷。
4. 法律和合同或者企業申請書沒有規定使用年限的，或者自行開發的無形資產，攤銷期限不得少於10年。

三、遞延資產

遞延資產的意義（註八）

不能全部計入當年損益，應當在以後年度內分期攤銷的各項費用，包括開辦費、租入固定資產的改良支出等。

遞延資產的扣除

　　企業在籌建期發生的開辦費，應當從開始生產、經營月的次月起，在不短於5年的期限內分期扣除。所稱籌建期是指從企業被批准籌建之日起至開始生產、經營（包括試生產、試營業）之目的期間，開辦費是指企業在籌建期發生的費用，包括人員工資、辦公費、培訓費、差旅費、印刷費、註冊登記費以及不計入固定無形資產和無形資產成本的滙兌損益和利息等支出。

四、流動資產

流動資產的意義（註九）

　　可以在1年內或者超過1年的一個營業周期內變現或者運用的資產，包括現金及各種存款、存貨、應收及預付款項等。

流動資產的計價

1. 納稅人的商品、材料、產成品、半成品等存貨的計算，應當以實際成本為準。
2. 納稅人各項存貨的發生和領用，其實際成本價計算方法，可以在先進先出法、後進先出法、加權平均法、移動平均法等方法中任選一種。
3. 計價方法一經選用，不得隨意改變，確實需要改變計價方法的，應當在下一納稅年度開始前報主管稅務機關備案。

稅額扣除

　　納稅人來源於中國境外的所得在境外實際繳納的所得稅稅款，不包括減免稅或納稅後又得到補償以及由他人代為承擔的稅款。納稅人的境外所得，扣除為取得該項所得攤計的成本、費用以及損失，得出

應納稅所得額，據以計算的應納稅額，該應納稅額即為扣除限額，應
當分國（地區）不分項計算，其計算公式如下：

境外所得稅稅款扣除限額＝境內、境外所得按稅法計算的

$$應納稅總額 \times \frac{來源於某外國的所得額}{境內、境外所得稅額}$$

納稅人來源於境外所得在境外實際繳納的稅款，低於稅法規定計
算的扣除限額，可以從應納稅額中按實扣除；超過扣除限額的，其超
過部分不得在本年度的應納稅額中扣除，也不得列為費用支出，但可
用以後年度稅額扣除的餘額補扣，補扣期限最長不得超過5年。納稅
人從其他企業分回的已經繳納所得稅的利潤，其已繳納的稅額可以在
計算本企業所得稅時予以調整。

徵收管理

一、納稅地點

企業所得稅由納稅人向其所在地主管稅務機關繳納，其所在地是
指納稅人的實際經營管理所在地，鐵路營運、民航運輸、郵電通信業
等，由其負責經營管理與控制的機構繳納。

二、納稅期限

企業所得稅的納稅年度，是指自西元1月1日起至12月31日止。納
稅人在一個納稅年度的中間開業，或者由於合併、關閉等原因，使該
納稅年度的實際經營期不足12個月的，應當以其實際經營期為一個納
稅年度，繳納企業所得稅，按年計算、分月或者分季預繳。月份或者
季度終了後15日內預繳，年度終了後4個月內彙算清繳，多退少補。

　　納稅人預繳所得稅時，應當按納稅期限的實際數預繳，按實際數預繳有困難的，可以按上一年度應納稅所得額的1/12或1/4，或者經當地稅務機關認可的其他方法分期預繳所得稅，預繳方法一經確定，不得隨意改變，對境外投資所得可在年終彙算清繳。（註十）

釋例

例一：某企業1994年實現產品銷售收入7,000,000元，取得其他業務收入100,000元，股息收入2,000元，同期，產品銷售成本4,100,000元，產品銷售稅金為119,000元，各項費用為395,000元，營業外支出為15,000元，請計算當年應納所得稅額。（註十一）

解答：1.當年收入總額

　　7,000,000＋100,000＋2,000

　　＝7,102,000（元）

　　2.當年准予扣除項目金額

　　4,100,000＋119,000＋395,000＋15,000

　　＝4,629,000（元）

　　3.當年應納稅所得額

　　7,102,000－4,629,000

　　＝2,473,000（元）

　　4.當年應納稅所得額

　　2,473,000×33%

　　＝816,090（元）

例二：某企業年度境外所得60萬元，在境外實際繳納所得稅18萬元，境內應納稅所得額為90萬元，請計算該企業在彙總納稅時應繳多少所得稅？（註十二）

解答：1.應納稅額

$$（90＋60）×33\%$$

$$＝150×33\%$$

$$＝49.5（萬元）$$

2.境外抵扣稅額

$$49.5×\frac{60}{150}$$

$$＝19.8（萬元）$$

3.實際繳納稅額

$$49.5－18$$

$$＝31.5（萬元）$$

4.境外實際納稅小於抵扣稅額，按實際稅額扣除。

註釋

註一：中華人民共和國企業所得稅暫行條例，第六條。

註二：同上，第七條。

註三：同上，第十一條。

註四：同上，第三條。

註五：財政部註冊會計師全國考試委員會辦公室編，《經濟法》，東北財
　　　經大學出版社，1994年，第69頁。

註六：中華人民共和國企業所得稅暫行條例實施細則，第二十九條。

註七：同上。

註八：同上。

註九：同上。

註十：中華人民共和國企業所得稅暫行條例實施細則，第四十六條。

註十一：財政部註冊會計師全國考試委員會辦公室編，《CPA習題集》，
　　　　遼寧人民出版社，1994年，第248頁。

註十二：鎮江市稅務事務所編，《鎮江市合格辦稅人員稅收業務考試標準
　　　　題庫》，1993年，第12頁。

第6章　外商投資企業和外國企業所得稅

外商投資企業和外國企業所得稅的概念

外商投資企業和外國企業所得稅簡稱涉外企業所得稅，或稱外資企業所得稅，是指在中國境內設立的中外合資經營企業，中外合作經營企業和外資企業的生產、經營所得和其他所得以及外國企業在中國境內的生產、經營所得和其他所得所繳納的所得稅。

外商投資企業和外國企業所得稅的立法原則可概括為以下3個原則：（註一）

1. 有利於貫徹落實對外開放和實施沿海地區經濟發展戰略的方針政策，改善投資環境，促進對外經濟技術合作的發展。

2. 在維護國家權益的基礎上，繼續實行稅率從低、優惠從寬、手續從簡的原則，使稅收優惠措施能夠更好地按照中國的產業政策和鼓勵投資的重點引導外資投向。

3. 從中國的實際出發參照國防徵收的一些有益作法，把稅法的連續性、穩定性和適應性結合起來。從整體來說，外商投資企業和外國企業所得稅係以不增加稅負，也不減少稅收為立法原則而制定的。

納稅義務人和徵稅對象

一、納稅義務人

納稅義務人或稱納稅人，係一種賦稅的主體，外商投資企業和外國企業所得稅的納稅義務人可以分爲兩部分：

1. 在中國境內設立的外商投資企業（外商資本投入的企業），包括中外合資經營企業、中外合作經營企業和外資企業。
2. 外國企業係指在中國境內設立機構、場所、從事生產、經營和雖未設立機構、場所，而有來源於中國境內所得的外國公司、企業和其他經濟組織，亦即包括按國外法律設立機構和外國公司之分支機構。

二、徵稅對象

所得稅是以所得爲徵稅對象的稅收。外商投資企業和外國企業所得稅的徵稅對象，是以在中國境內的外商投資企業和外國企業的生產、經營所得和其他所得爲徵稅的對象。依據中華人民共和國外商投資企業和外國企業所得稅法實施細則第二條規定；所說的生產、經營所得，是指從事製造業、採掘業、交通運輸業、建築安裝業、農業、林業、畜牧業、漁業、水利業、商業、金融業、服務業、勘探開發作業以及其他行業的生產、經營所得。其他所得，是指「利潤（股息）利息、租金、轉讓財產收益，提供或者轉讓專利權、專有技術、商標權、著作權收益以及營業外收益等所得。

稅率

外商投資企業和外國企業所得稅法，實行稅負適當從低的原則，並區別不同的納稅人和徵稅對象，採取了不同的比例稅率。依據中華人民共和國外商投資企業和外國企業所得稅法第五條規定：外商投資企業的企業所得稅和外國企業就其在中國境內設立的從事生產、經營的機構、場所的所得應納的企業所得稅，按應納稅的所得額計算，稅率為30％；地方所得稅，按應納稅的所得額計算，稅率為3％，也就是說，徵稅對象，規定了兩個比例稅率：一是30％的比例稅率，另加地方所得稅率3％，合計33％。適用33％比例稅率乃指外商投資企業和外國企業的生產、經營所得和其他所得。

「外國企業在中國境內未設立機構、場所，而有取得的來源於中國境內的利潤、利息、租金、特許權使用費和其他所得，或者雖設立機構、場所，但上述所得與其機構、場所沒有實際聯繫的，都應當繳納20％的所得稅。」（註二）適用20％的比例稅率係指投資所得，又稱預提所得稅。

應納稅所得額的計算

一、應納稅所得額

「外商投資企業和外國企業在中國境內設立的從事生產、經營的機構、場所每一納稅年度的收入總額，減除成本、費用以及損失後的餘額，為應納稅的所得額。」（註三）依據稅法條例包括兩種意義：一種是應納稅所得額區分為年度計算；一種是准許扣除為取得所得發生的成本、費用以及損失，做為應納稅的所得額的純益性。

二、計算公式

對應納稅所得額的計算公式，可分為下列3種不同情況：

1.製造業：

本期生產成本＝本期生產耗用的直接材料＋直接工資＋製造費用

本期產品成本＝本期生產成本＋期初半成品、在產品盤存－期末半成品、在產品盤存

產品銷售成本＝本期產品成本＋期初產品盤存－期末產品盤存

產品銷售淨額＝產品銷售總額－（銷貨退回＋銷貨折讓）

產品銷售利潤＝產品銷售淨額－產品銷售成本－產品銷售稅金－（銷售費用＋管理費用＋財務費用）

應納稅所得額＝產品銷售利潤＋其他業務利潤＋營業外收入－營業外支出

2.商業：

銷售淨額＝銷貨總額－（銷貨退回＋銷貨折讓）

銷貨成本＝期初商品盤存＋〔本期進貨－（進貨退出＋進貨折讓）＋進貨費用〕－期末商品盤存

銷貨利潤＝銷貨淨額－銷貨成本－銷貨稅金－（銷貨費用＋管理費用＋財務費用）

應納稅所得額＝銷貨利潤＋其他業務利潤＋營業外收入－營業外支出

3.服務業：

業務收入淨額＝業務收入總額－（業務收入稅金＋業務支出＋管理費用＋財務費用）

應納稅所得額＝業務收入淨額＋營業外收入－營業外支出

三、不得列爲成本、費用和損失的項目

在計算應納稅所得額時，下列各項不得列爲成本、費用和損失：

1. 固定資產的購置、建造支出。
2. 無形資產的受讓、開發支出。
3. 資本的利息。
4. 各項所得稅稅款。
5. 違法經營的罰款和被沒收財物的損失。
6. 各項稅收的滯納金和罰款。
7. 自然災害或者意外事故損失有賠償的部分。
8. 用於中國境內公益、救濟性質以外的捐贈。
9. 支付給總機構的特許權使用費。
10. 與生產、經營業務無關的其他支出。

四、准予列支的項目

1. 管理費：外國企業在中國境內設立的機構、場所，向其總機構支付的同本機構、場所生產、經營有關的合理的管理費，應當提供總機構出具的管理費彙集範圍、總額、分攤依據和方法的證明文件，並附有註冊會計師的查證報告，經當地稅務機關審核同意後准予列支。
2. 借款利息：「企業發生與生產、經營有關的合理的借款利息，應當提供借款付息的證明文件，經當地稅務機關審核同意後，准予列支。」（註四）
3. 交際費：企業發生與生產、經營有關的交際應酬費，應當有確實的記錄或者單據，分別在下列限度內准予作爲費用列支：

．全年銷貨淨額在1,500萬元以下的不得超過銷貨淨額的5‰；全年銷貨淨額超過1,500萬元的部分，不得超過該部分銷貨淨額的3‰

．全年業務收入總額在500萬元以下的，不得超過業務收入總的10‰；全年業務收入總額超過500萬元的部分，不得超過該部分業務收入總額的5‰

4.職工的工資和福利費：「企業支付給職工的工資和福利費，應當報送其支付標準和所依據的文件及有關資料，經當地稅務機關審核同意後，准予列支。」（註五）

5.壞帳準備：從事信貸、租賃等業務的企業，可以根據實際需要，報經當地稅務機關批准，逐年按年末放款餘額（不包括銀行間拆借），或者年末應收帳款、應收票據等應收款項的餘額，計提不超過3%的壞帳準備，從該年度應納稅所得額中扣除。

6.股息、利息、租金、特許權使用費：外國企業在中國境內設立的機構、場所取得發生在中國境外的與該機構、場所有實際聯繫的利潤（股息）、利息、租金、特許權使用費和其他所得已在境外繳納的所得稅稅款，可以作為費用扣除。

稅收優惠

一、減免稅優惠

限定地區和產業項目實行減低稅率

1.減按15%的稅率徵稅：在沿海、經濟開放區和經濟特區、經濟技術開發區所在城市的老市區設立的從事下列項目的生產性外商投資企業：

‧技術密集、知識密集型的項目

‧外商投資在3,000萬美元以上，回收投資時間長的項目

‧能源、交通、港口建設的項目

2. 減按24%的稅率徵稅：設在沿海經濟開放區的生產性外商投資
企業。

限定行業和項目實行定期減免稅

1. 對生產性外商投資企業經營期在10年以上的，從開始獲利的年
度起，第1年和第2年免徵企業所得稅，第3年至第5年減半徵收
企業所得稅。

2. 對外商投資舉辦的產品出口企業，在按照稅法規定免徵、減徵
所得稅期滿後，凡當年出口產品產值達到當年企業產品產值
70%以上的，可以按照稅法規定的稅率減半徵收企業所得稅。
減半後的稅率低於10%的，按10%的稅率徵收企業所得稅。

3. 外商投資舉辦的先進技術企業，依照稅法規定免徵、減徵企業
所得稅期滿後仍為先進技術企業的，可以按照稅法規定的稅率
延長3年減半徵收企業所得稅，減半後的稅率低於10%的，按
10%的稅率徵收企業所得稅。

二、再投資退稅

1. 對外國投資者從合營企業分得的利潤在中國內地再投資，經營
期不少於5年的，可以退還再投資部分已納企業所得稅稅款的
40%。

2. 外國投資者從企業分得的利潤，在中國內地再投資舉辦，擴建
產品出口企業或者先進技術企業，經營期不少於5年的，全部
退還其再投資部分已納所得稅稅款。

退稅額＝再投資額÷（1－原實際適用的企業所得稅稅率＋地方
所得稅稅率）×原實際適用的企業所得稅稅率×退稅率

三、彌補虧損

「外商投資企業和外國企業在中國境內設立的從事生產經營的機
構、場所發生年度虧損，可以用下一納稅年度的所得彌補，下一納稅
年度的所得不足彌補的，可以逐年延續彌補，但最長不得超過5
年。」（註六）

稅收徵管

一、辦理變更和註銷稅務登記

企業在辦理工商登記後30日內，應當向當地稅務機關辦理稅務登
記。外商投資企業在中國境外設立或者撤銷分支機構時，應當在設立
或者撤銷之日起30日內，向當地稅務機關辦理稅務登記、變更登記或
者註銷登記。

二、納稅時間

「繳納企業所得稅和地方所得稅，按年計算，分季預繳，季度終
了後15日內預繳；年度終了後5個月內彙算清繳，多退少補。」（註
七）依據中華人民共和國外商投資企業和外國企業所得稅法第九十四
條規定，分季預繳所得稅時，應當按季度的實際利潤額預繳，按季度
實際利潤額預繳有困難的，可以按上一年度應納稅所得額的1/4或者
經當地稅務機關認可的其他方法分季預繳所得稅。

外商投資企業在納稅年度內無論損益，應當按照稅法規定在季度

終了後15日內，年度終了後4個月內，向當地稅務機關報送所得稅申
報表和會計決算報表。企業在年度中間合併、分立、終止時，應當在
停止生產、經營之日起60日內，向當地稅務機關辦理當期所得稅彙算
清繳，多退少補。

釋例

例一：中外合資經營企業金馬玩具有限公司，適用的企業所得稅稅率
　　　為30%，地方所得稅予以免徵；該公司1984年1月1日開業，經
　　　營期12年。1984年至1992年的經營情況如下表：

單位：百元

年度	1984	1985	1986	1987	1988	1989	1990	1991	1992
盈虧	35	－10	45	30	－60	25	30	15	40

　　　請計算：該公司生產經營9年共繳納了多少企業所得稅稅款？
　　　（註八）

解答：9年間共繳納企業所得稅稅款：

$$(45＋30－10)\times 30\% \times 50\% ＋(25＋30＋15＋40－60)\times 30\%$$
$$＝9.75＋15$$
$$＝24.75（萬元）$$

例二：某合資企業1993年產品銷售利潤80萬元，其他業務利潤5萬
　　　元，營業外收入2萬元，營業外支出3萬元，一至三季度已預繳
　　　所得稅18萬元，預繳地方所得稅1.8萬元，試計算該企業年終
　　　彙算清繳時應繳的所得稅和地方所得稅。（註九）

解答：1.全年應納稅所得額

80＋5＋2－3＝84（萬元）

2.全年應納稅所得稅

84×30%＝25.2（萬元）

全年應納地方所得稅

84×3%＝2.52（萬元）

3.彙算清繳應納所得稅

25.2－18＝7.2（萬元）

彙算清繳應納地方所得稅

2.52－1.8＝0.72（萬元）

註釋

註一：劉志城、韓英杰主編，《中國新稅制全書》，中國物價出版社，1994年，第182頁。

註二：中華人民共和國外商投資企業和外國企業所得稅法，第十九條。

註三：中華人民共和國外商投資企業和外國企業所得稅法，第四條。

註四：中華人民共和國外商投資企業和外國企業所得稅法實施細則，第二十一條。

註五：同上，第二十四條。

註六：財政部註冊會計師全國考試委員會辦公室編，《經濟法》，東北大學財經大學出版社，1994年，第92頁。

註七：中華人民共和國外商投資企業和外國企業所得稅法，第十五條。

註八：《註冊會計師全國考試同步應試指導及全真模擬試卷》，企業管理出版社，1994年，第268頁。

註九：財政部註冊會計師考試委員會辦公室編，《習題集》，遼寧人民出版社，1994年，第251頁。

第7章　個人所得稅

個人所得稅概述

　　個人所得稅是對個人取得的各項應稅所得徵收的一種收益稅，也就是對個人包括外籍人員和華僑、港、澳、台同胞賺得的工資、薪金、勞務報酬等項所得，按照稅法規定徵收的一種稅，詳細的說是對「中國公民和在中國境內居住滿1年的外籍人員，取得的來自中國境內外的個人所得以及在中國境內居住不滿1年的外籍人員取得的來自中國境內的個人所得徵收的一種稅。」（註一）

納稅義務人

　　個人所得稅是以取得各項應納稅所得的人為納稅義務人，凡是中國公民、外籍人員、個體工商戶、華僑、港、澳、台同胞都確定為個人所得稅的納稅義務人。依據中華人民共和國個人所得稅法第一條規定，在中國境內有住所，或者無住所而在境內居住滿1年的個人，從中國境內和境外取得的所得，應依照個人所得稅法規定繳納個人所得稅。所稱在「中國境內有住所」，是指因戶籍、家庭、經濟利益關係而在中國境內習慣性居住的。「在境內居住滿1年」，則指在一個納稅年度中在中國境內居住365日，臨時離境的不扣減日數。「臨時離境」，係謂在一個納稅年度中一次不超過30日或者多次累計不超過90日的離境。「從中國境內取得的所得」，是指來源於中國境內的所

得；「中國境外取得的所得」則稱來源於中國境外的所得。

下列所得不論支付地點是否在中國境內，均為來源於中國境內的所得：

1. 因任職、受僱、履約等而在中國境內提供勞務取得的所得。
2. 將財產出租給承租人在中國境內使用而取得的所得。
3. 轉讓中國境內的建築物、土地使用權等財產，或者在中國境內轉讓其他財產取得的所得。
4. 許可各種特許權在中國境內使用而取得的所得。
5. 從中國境內的公司、企業以及其他經濟組織或者個人取得的利息、股息、紅利所得。

在中國境內無住所，但是居住1年以上5年以下的個人，其來源於中國境外的所得，經主管稅務機關批准，可以只就由中國境內公司、企業以及其他經濟組織或者個人支付的部分繳納個人所得稅；居住超過5年的個人，從第6年起，應當就其來源於中國境外的全部所得繳納個人所得稅。

在中國境內無住所，但是在一個納稅年度中，在中國境內連續或者累計居住不超過90日的個人，其來源於中國境內的所得，由境外僱主支付並且不由該僱主在中國境內的機構、場所負擔的部分，免於繳納個人所得稅。

徵稅對象

個人所得稅的徵稅對象是指「應該繳納個人所得稅的個人所得項目。」（註二）下列各項個人所得，應納個人所得稅：

1. 工資、薪金所得：個人因任職或受僱而取得工資、薪金、獎金、

年終加薪、勞動分紅、津貼及與任職或受僱有關的其他所得。

2.個體工商戶的生產、經營所得：

- 個體工商戶從事工業、手工業、建築業、交通運輸業、商業、飲食業、服務業、修理業以及其他行業生產、經營取得的所得
- 個人經政府有關部門批准，取得執照、從事辦學、醫療、諮詢以及其他有償服務活動取得的所得
- 其他個人從事個體工商業生產、經營取得的所得
- 上述個體工商戶和個人取得的與生產、經營有關的各項應納稅所得

3.對企事業單位的承包經營、承租經營所得：個人承包經營、承租經營以及轉包、轉租取得的所得，包括個人按月或者按次取得的工資、薪金性質的所得。

4.勞務報酬所得：個人從事設計、裝潢、安裝、製圖、化驗、測試、醫療、法律、會計、諮詢、講學、新聞、廣播、翻譯、審稿、書畫、雕刻、影視、錄音、錄影、演出、表演、廣告、展覽、技術服務、介紹服務、經紀服務、代辦服務以及其他勞務取得的所得。

5.稿酬所得：個人因其作品以圖書、報刊形式出版、發表而取得的所得。

6.特許權使用費所得：個人提供專刊權、商標權、著作權、非專利技術以及其他特許權的使用權取得的所得；提供著作權的使用權取得的所得，不包括稿酬所得。

7.利息、股息、紅利所得：個人擁有債權、股權而取得的利息、股息、紅利所得。

8.財產租賃所得：個人出租建築物、土地使用權、機器設備、車船以及其他財產取得的所得。

9.財產轉讓所得：個人轉讓有價證券、股權、建築物、土地使用權、機器設備、車船以及其他財產取得的所得。

10.偶然所得：個人得獎、中獎、中彩及其他偶然性質的所得。

11.經國務院財政部門確定徵稅的其他所得。

稅率

個人所得稅按列舉課稅對象，分別計算個人所得稅應納稅額的法定比率。

1.工資、薪金所得，適用5%～45%的9級超額累進稅率，全月應納稅所得額是以每月收入額減除費用800元後的餘額，或者再減除附加減除費用後的等額納稅。

個人所得稅稅率表一
（工資、薪金所得適用）

級數	全月應納所得額	稅率(%)	速算扣除數
1	不超過500元	5	0
2	超過500元～2,000元的部分	10	25
3	超過2,000元～5,000元的部分	15	125
4	超過5,000元～20,000元的部分	20	375
5	超過20,000元～40,000元的部分	25	1,375
6	超過40,000元～60,000元的部分	30	3,375
7	超過60,000元～80,000元的部分	35	6,375
8	超過80,000元～100,000元的部分	40	10,375
9	超過100,000元的部分	45	15,375

（註：本表所稱全月應納稅所得額是依照稅法規定，以每月收入額減除費用800元後的餘額或者再減除附加減除費用後的等額。）

2.個體工商戶的生產、經營所得和對企事業、單位的承包經營、
　承租經營所得，適用5%～35%的超額累進稅率。

個人所得稅稅率表二
（個體工商戶的生產經營所得和對企事業單位的承包經營、
　　承租經營所得適用）

級數	全月應納稅所得額	稅率（％）
1	不超過5,000元	5
2	超過5,000元～10,000元的部分	10
3	超過10,000元～30,000元的部分	20
4	超過30,000元～50,000元的部分	30
5	超過50,000元的部分	35

（註：本表所稱全年應納稅所得額是指依照稅法的規定，以每一納稅
　　年度的收入總額減除成本、費用以及損失後的餘額。）

3.稿酬所得，適用比例稅率，稅率為20%，並按應納稅額減徵
　30%。（註三）
4.「勞務報酬所得，適用比例稅率，稅率為20%，對勞務報酬所
　得收入畸高的，可以實行加成徵收，具體辦法由國務院規
　定。」（註四）
5.「特許權使用費所得、利息、股息、紅利所得、財產租賃所
　得、財產轉讓所得、偶然所得和其他所得，適用比例稅率，稅
　率為20%。」（註五）

應納稅所得額的計算

　　個人所得稅的應納稅所得額的計算，「需按不同應稅項目分項計
算，以某項應稅項目的收入額減去稅法規定的該項費用減除標準後的

餘額為該項應納稅所得額。」（註六）

一、工資、薪金所得應納稅額的計算

　　每月收入額減除費用800元後的餘額，為應納稅所得額。其計算公式為：

　　應稅所得額＝每月收入總額－800元

　　對在中國境內無住所，而在中國境內取得所得和在中國境內有住所，而在中國境外取得所得的納稅人，依附加減除費用標準，再減除3,200元，其計算公式如下：

　　應納稅所得額＝每月收入總額－800元－3,200元

二、個體工商戶的生產、經營所得、應納稅額的計算

　　每一納稅年度的收入總額減除成本、費用以及損失的餘額，為應納稅所得額。其計算公式如下：

　　應納稅所得額＝每納稅年度收入總額－成本－費用－損失費用

三、承包或承租經營所得應納稅額的計算

　　每一納稅年度的收入總額，減除必要費用後的餘額，為應納稅所得額。其計算公式如下：

　　應納稅所得額＝每一納稅年度收入總額－800元×月份總數

四、勞務報酬所得、稿酬所得、特許權使用費所得、財產租賃所得應納稅額的計算

　　每次收入不超過4,000元的，減除費用800元；4,000元以上的，減

除20%的費用，其餘額爲應納稅所得額。其計算公式如下：

1.每次收入不超過4,000元：

應納稅所得額＝每次收入總額－800元

2.每次收入超過4,000元：

應納稅所得額＝每次收入總額－（20%×每次收入總額）

五、財產轉讓所得應納稅額的計算

轉讓財產的收入額減除財產原值和合理費用後的餘額，爲應納稅所得額。其計算公式如下：

應納稅所得額＝一次轉讓財產的收入總額－財產原值－合理費用

六、利息、股息、紅利所得、偶然所得和其他所得

每次收入額爲應納稅所得額，其計算公式如下：

應納稅所得額＝每次收入總額。

個人所得稅減免稅優惠

一、免納個人所得稅

依據中華人民共和國個人所得稅法第四條規定，下列各項個人所得，免納個人所得稅：

1.省級人民政府、國務院部委和中國人民解放軍，軍以上單位以及外國組織、國際組織頒發的科學、教育、技術、文化、衛

生、體育、環境保護某方面的獎金。

2.儲蓄存款利息、國債和國家發行的金融債券利息。

3.按照國家統一規定發給的補貼、津貼。

4.福利費、撫恤金、救濟金。

5.保險賠款。

6.軍人的轉業費、復員費。

7.按照國家統一規定發給幹部、職工的安家費、退職費、退休工資、離休工資、離休生活補助費。

8.依照中國有關法律規定應予免稅的各國駐華使館、領事館的外交代表、領事官員和其他人員的所得。

9.中國政府另加的國際公約、簽訂的協議中規定免稅的所得。

10.經國務院財政部門批准免稅的所得。

二、減徵個人所得稅

有下列情形之一的，經批准可以減徵個人所得稅：（註七）

1.殘疾、孤老人員和先烈遺屬的所得。

2.因嚴重自然災害造成重大損失的。

3.其他經國務院財政部門批准減稅的。

個人所得稅的徵收管理

一、納稅申報

依據中華人民共和國個人所得稅法第八條規定：個人所得稅，以所得人為納稅義務人，以支付所得的單位或者個人為扣繳義務人。在

兩處以上取得工資、薪金所得和沒有扣繳義務人的，納稅義務人應當自行申報納稅。

自行申報的納稅義務人，應當向取得所得的當地主管稅務機關申報納稅。從中國境外取得所得以及在中國境內二處或者二處以上取得所得的，可以由納稅義務人選擇一地申報納稅；納稅義務人變更申報納稅地點的，應當經原主管稅務機關批准。（註八）

二、納稅期限

1. 工資、薪金所得：按月計徵，由扣繳義務人或者納稅義務人在次月7日內繳入國庫，並向稅務機關報送納稅申報表。特定行業的工資、薪金所得應納的稅款，可以實行按年計算，分月預繳的方式計徵，具體辦法由國務院規定。

2. 個體工商戶生產、經營所得：按年計算分月預繳，由納稅義務人在次月7日內預繳年度終了後3個月內彙算清繳多退少補。

3. 勞務報酬、稿酬、特許權使用費、財產租賃、利息、股息、紅利和偶然等所得：扣繳義務人每月所扣的稅款，或因沒有扣繳義務人，由納稅人自行申報的每月應納的稅款，都應當在次月7日內繳入國庫，並向稅務機關報送納稅申報表。

4. 承包經營、承租經營所得：按年計算，由納稅義務人在年度終了後30日內繳入國庫，並向稅務機關報送納稅申報表。納稅義務人在年度終了後30日內繳入國庫，並向稅務機關報送納稅申報表。納稅義務人在1年內分次取得承包經營、承租經營所得的，應當在取得每次所得後的7日內預繳，年度終了後3個月內彙算清繳，多退少補。

5. 境外所得：納稅義務人，應當在年度終了後30日內，將應納的稅款繳入國庫，並向稅務機關報送納稅申報表。

釋例

例一：某個體工商業戶生產銷售塑膠製品，1994年銷售收入35萬元，
生產成本24.5萬元，各項費用7.5萬元，鎮養老院捐贈1萬元，
這一年應納個人所得稅多少？（**註九**）

解答：某個體工商業戶當年應納稅所得額：

$$35-24.5-7.5-1=2（萬元）$$

本年應納所得稅額：

$$5,000×5\%+5,000×10\%+10,000×20\%$$
$$=2,075（元）$$

例二：某外籍專家應聘在中國境內某公司工作，當月取得工資、薪金
所得30,000元，請計算其當月應納個人所得稅額。（**註十**）

解答：1.當月應納稅所得額

$$3,000-800-3,200=26,000（元）$$

2.按9級超額累進稅率計算

第1級：$500×5\%=25（元）$

第2級：$1,500×10\%=150（元）$

第3級：$3,000×15\%=450（元）$

第4級：$15,000×20\%=3,000（元）$

第5級：$6,000×25\%=1,500（元）$

3.當月應納個人所得稅稅款

$$25+150+450+3,000+1,500=5,125（元）$$

註釋

註一：鎮江市稅務局編，《涉外稅收指南（二）》，1994年，第11頁。

註二：徐海鴻、石剛編，《新稅制指導》，經濟管理出版社，1994年，第221頁。

註三：中華人民共和國個人所得稅法，第三條，第三款。

註四：同上，第四款。

註五：同上，第五款。

註六：財政部註冊會計師全國考試委員會辦公室編，《經濟法》，東北財經大學出版社，1994年，第102頁。

註七：中華人民共和國個人所得稅法，第五條。

註八：中華人民共和國個人所得稅法實施條例，第三十五條。

註九：鎮江市稅務事務所編，《稅收業務考試標準題庫》，1993年，第15頁。

註十：《註冊會計師全國統一考試習題集》，遼寧人民出版社，1994年，第253頁。

第 IV 篇
地方稅類

● 土地增值稅

● 印花稅

　　地方稅是由地方政府立法機關立法或稅收管理權和收入支配權歸地方政府的一類稅收，也是依照稅收管理和收入歸屬權限為標準的一種稅收分類。

　　地方稅管理權限一般可分為3種類型：

1. 稅收立法權，地方政府有權核定開徵、停徵、加徵或減徵的地方稅。
2. 稅收立法權雖然屬於中央政府，但地方政府有時在某一定點，具有較大的管理權限。
3. 立法權限和管理權限歸屬中央政府，而地方政府僅負責徵收管理權限。

　　中華人民共和國地方稅目前有土地增值稅、房產稅、車船稅、城鄉維護建設稅、城鎮土地使用稅、屠宰稅、遺產稅、印花稅等8大類，本書精選土地增值稅、及印花稅詳細介紹如第8章和第9章。

第8章　土地增值稅

土地增值稅的意義

　　土地增值稅是對轉讓房地產所取得的土地增值額所開徵的一種地方稅。「具有調節土地級差收入與促進合理開發，使用土地的作用。」（註一）

　　中華人民共和國開徵土地增值稅，具備3大目的：

一、抑制投機炒賣

　　土地增值稅係以轉讓房地產收入的增值額做為納稅標準，依增值額多寡計稅，可抑制房地產的投機炒賣地皮現象的發生，防止國有土地收益的流失，並鼓勵對國有土地的開發建設。

二、增加財政收入

　　房地產業具備高附加價值產業，從國家財政收入觀點而言，開徵土地增值稅無疑是一種新的稅源。

三、分稅財政體制

　　為改革地方稅制在房地產的交易環節，對其增值部分徵稅符合總體稅制，有利於分稅制度財政體制的精神。

納稅義務人

　　土地增值稅的納稅義務人，是指有償轉讓中華人民共和國國有土地使用權及地上的建築物和其附著物產權（轉讓房地產）並取得收入的單位和個人。

　　土地增值稅中「地上建築物、其他附著物」，係指建於地上的一切建築物、構築物，地上地下的各種附屬設施及附著於該土地上的不能移動，一經移動即遭損壞的種植物、養殖物及其他物品。單位包括機關團體、軍事單位、企事業單位、外商投資企業、外國企業及外國機構。個人則包括個體工商戶及國內其他有轉讓的房地產行為的個人、華僑、港、澳、台同胞及外國公民等。

徵稅範圍

　　土地增值稅的徵收範圍可分下列3點說明：

1. 轉讓國有土地使用權：「納稅人在有償取得國有土地使用權後經開發，並未興建建築物就將該土地全部或部分轉讓出去。」（註二）
2. 不轉讓土地使用權：僅轉讓地上的建築物及其附屬物。
3. 將建築物及其附屬物連同所占土地的使用權一起轉讓。

可扣除的項目

　　土地增值稅的扣除項目，依其不同轉讓方式可分為下列3大項目：

一、單純轉讓土地使用權

擁有土地使用權人,將未附有建築物和其他附著物的土地使用權出售給買受人。

1. 取得土地使用權所支付的金額:納稅人在有償取得國有土地使用權時已支付的出讓金。
2. 開發土地的成本、費用:納稅人已經支付的土地徵用及拆遷補償費用及對土地進行平整、通水、通電、通路等費用。(註三)
3. 銷售稅金:出售房地產時所支付的營業稅、城鄉維護建設稅、教育費附加等。

二、建造商品房連同土地使用權出售

納稅人取得土地使用權後建造商品房,並將建造的商品房連同其使用範圍內的土地使用權銷售給買售人。

1. 取得土地使用權所支付的金額。
2. 新建房及配套設施的成本費用,新建商品房本身的成本、費用以及室內外配套設施的成本與費用。
3. 銷售稅金。

三、轉讓其他房地產

1. 取得土地使用權所支付的金額。
2. 舊房及建築物的評估價格,舊房及建築物出售時,由房地產管理部門或仲介機構所評定的價值。
3. 銷售稅金。

稅率

　　土地增值稅實行4級超額累進稅率，分別爲30%、40%、50%和60%。

1.增值額未超過扣除項目金額50%的部分，稅率爲30%。
2.增值額超過扣除項目金額50%，未超過扣除項目金額100%的部分，稅率爲40%。
3.增值額超過扣除項目金額100%，未超過扣除項目金額200%的部分，稅率爲50%。
4.增值額超過扣除項目金額200%的部分，稅率爲60%。

　　土地增值稅稅額計算公式如下：

　　土地增值額＝出售房地產的總收入—扣除項目金額
　　應納稅額＝土地增值額×適用稅率。

　　有下列情形之一的，免徵土地增值稅（**註四**）：

1.納稅人建造普通標準住宅（**註五**）出售，增值額未超過扣除項目金額20%。
2.因國家建設需要依法徵用而收回的房地產。

徵收管理

　　「土地增值稅由稅務機關徵收。土地管理部門、房產管理部門應當向稅務機關提供有關資料，並協助稅務機關依法徵收土地增值稅。」（**註六**）納稅人未繳納土地增值稅的，土地管理部門、房產管

理部門不得辦理有關的權屬變更手續。

　　依據中華人民共和國土地增值稅暫行條例第十條規定，納稅人應當自轉讓房地產合同簽訂之日起7日內向房地產所在地主管稅務機關辦理納稅申報，並在稅務機關核定的期限內繳納土地增值稅。

釋例

例一：某房地產開發公司轉讓一塊已開發的土地，取得收入5,000萬元，已知這塊地支付的土地使用權出讓金爲1,000萬元，開發這塊地的成本費用爲300萬元，支付與轉讓土地有關的稅金爲280萬元，請計算應納土地增值稅額。（註七）

解答：1.計算扣除項目金額：

　　　1,000＋300＋280＝1,580（萬元）

　　　2.計算增值額：

　　　5,000－1,580＝3,420（萬元）

　　　3.計算應納土地增值稅額：

　　　第一級：1,580×50%×30%＝237（萬元）

　　　第二級：1,580×50%×40%＝316（萬元）

　　　第三級：1,580×50%＝790（萬元）

　　　第四級：260×60%＝156（萬元）

　　　應納稅額＝237＋316＋790＋156＝1,499（萬元）

例二：某單位出售房地產的收入爲300萬元，其扣除項目金額爲150萬元，請計算應納土地增值稅稅額（註八）

解答：1.應納土地增值稅

　　　300－150＝150（萬元）

2.增值稅與扣除項目之比 $\dfrac{150}{150}=100\%$

3.適用稅率分別為30%、40%

4.應納稅額：

　　$75\times30\%+75\times40\%=52.5$（萬元）

註釋

註一：鎮江市稅務事務所編，《稅收業務考試標準題庫》，1993年，第52頁。

註二：集體土地需先由國家徵用後才能轉讓。

註三：財政部註冊會計師全國考試委員會辦公室編，《經濟法》，東北財經大學出版社，1994年，第113頁。

註四：中華人民共和國土地增值稅暫行條列，第八條。

註五：指一般居住用住宅。

註六：中華人民共和國土地增值稅暫行條例，第十一條。

註七：財政部註冊會計師考試委員會辦公室編，《註冊會計師習題集》，遼寧人民出版社，1994年，第255頁。

註八：鎮江市稅務事務所編，《稅收業務考試標準題庫》，1993年，第16頁。

第9章　印花稅

印花稅的概念

　　印花稅是在經濟活動中對書立，領受應稅的憑證徵收的一種稅。「徵稅對象為稅法列舉的各類經濟合同、產權轉移書據、營業帳簿和權利許可證照等。」（註一）印花稅的納稅人是在中國境內書立，領受稅法所列舉憑證的單位和個人，包括立合同人、立帳簿人、立據人和領受人。單位和個人是指國內各類企業、事業、機關、團體、部隊以及中外合資企業、合作企業、外資企業、外國公司企業和其他經濟組織及其在華機構等單位和個人。下列憑證為應納稅憑證：

一、合同或者具有合同性質的憑證

　　購銷、加工承攬、建設工程承包、財產租賃、貨物運輸、倉儲保管、借款、財產保險、技術等合同或憑證。

二、產權轉移書據

　　單位和個人產權的買賣、繼承、贈與、交換、分割等所立的書據，包括財產所有權、版權、商標專用權、專利權、專有技術使用權等轉移所書立的轉移書據。

三、營業帳簿

　　單位或者個人所記載生產經營活動的財務會計核算帳簿。

四、權利許可證照

　　包括房屋產權證、工商營業執照、商標註冊專利證、土地使用證等證照。

五、經財政部確定徵稅的其他憑證

稅率

　　印花稅採用比例稅率和定額稅率兩種。印花稅按照應稅憑證的不同性質，共分為13個項目，比例稅率共有5個：千分之一、萬分之五、萬分之三、萬分之零點五、萬分之零點三。定額稅率為每件5元。

一、比例稅率：

　　對載有金額的憑證舉凡各類合同、資金帳簿等，都採用比例稅率。

　　1.千分之一稅率：財產租賃合同、倉儲保管合同。
　　2.萬分之五稅率：加工承攬合同、建設工程勘察設計合同、貨物運輸合同、產權轉移書據，記載資金的帳簿。
　　3.萬分之三稅率：購銷合同、建築安裝工程承包合同、技術合同。
　　4.萬分之零點五稅率：借款合同。
　　5.萬分之零點三稅率（**註二**）：財產保險合同。

二、定額稅率

　　對無法計算金額的憑證，舉凡各種權利許可證照，或是雖載有金

額但計稅不合理的憑證,例如其他帳簿等採用定額稅率,定額稅率每件為5元,適用於營業帳簿和權利許可證照。

依照中華人民共和國印花稅暫行條例第三條規定,應納稅額不足壹角的免納印花稅,應納稅額在壹角以上的,其稅額尾數不滿伍分的不計,滿伍分的按壹角計算繳納。

印花稅的免稅規定

下列憑證為免納印花稅

1. 已繳納印花稅的憑證的副本或者抄本。憑證的正式簽署本已按規定繳納了印花稅,其副本或者抄本對外不發生權利義務關係,僅備存查的免貼印花。(註三)
2. 財產所有人將財產贈給政府、社會福利單位、學校所立的書據。所稱社會福利單位是指撫養孤老傷殘的社會福利單位。
3. 經財政部批准免稅的其他憑證:
   - 國家指定的收購部門與村民委員會、農民個人書立的農副產品收購合同
   - 無息、貼息貸款合同
   - 外國政府或者國際金融機構向中國政府及國家金融機構提供優惠貸款所書立的合同

印花稅的繳納方法

一、自行貼花的繳納方法

印花稅實行由納稅人根據稅法規定自行計算應納稅額,自行購買

印花稅票，並自行貼花、銷花的納稅辦法，印花稅在應稅憑證的書立或領受時貼花納稅。同一憑證，由兩方或者兩方以上當事人簽訂並各執一份的，應當由各方就所執的一份各自全額貼花，已貼花的憑證，修改後所載金額增加的，其增加部分應當補貼印花稅票。

二、滙貼或彙繳的納稅辦法

同一種類應納稅憑證，需頻繁貼花的，應向當地稅務機關申請按期彙總繳納印花稅。稅務機關對核准彙總繳納印花稅的單位，應發給彙繳許可證。彙總繳納的限期，限額由當地稅務機關確定，但最長期限不得超過1個月，彙總繳納印花稅的憑証，納稅人應將同類應稅憑證編號裝訂成冊，並將印花稅票或繳款書的一聯黏貼附冊後，蓋章註銷，保存備查。

三、委託代徵

「凡通過國家有關部門發放、鑒證、公證或仲裁的應稅憑證，可由稅務機關委託這些部門代徵。」（註四）

印花稅的違法處分

印花稅的違法處分，包括經濟處分和法律制裁。

1. 在應納稅憑證上未貼或者少貼印花稅票的，稅務機關除責令其補貼印花稅票外，可處以應補貼印花稅票金額20倍以下的罰款。
2. 印花稅票應當黏貼在應納稅憑證上，並由納稅人在每枚稅票的騎縫處蓋戳註銷或者劃銷，而未註銷或者劃銷，稅務機關可處以未註銷或者劃銷印花稅票額金額10倍以下的罰款。

3.已貼用的印花稅票再重用者，稅務機關可處以重用印花稅票金額30倍以下的罰款。

4.偽造印花稅票的，由稅務機關提請司法機關依法追究刑事責任。

5.凡彙總繳納印花稅的單位，對彙總憑證不按規定加蓋稅務機關指定的彙繳戳記、編號、裝訂成冊的，酌情處以5,000元以下的罰款，情節嚴重的撤銷彙繳許可證。

6.納稅人沒有按規定期限保存納稅憑證的，酌情處以5,000元以下罰款。

釋例

例一：某單位有購銷合同20份，合計購銷金額800萬元，請計算應納印花稅多少元，稅率3元／萬。（**註五**）

解答：應納印花稅：

$$800 \times 3 = 2,400(元)$$

例二：某單位向銀行借款100萬元，稅率0.5元／萬，請計算應納印花稅多少元？（**註六**）

解答：應納印花稅：

$$100 \times 0.5 = 50(元)。$$

註釋

註一：徐海鴻、石剛編，《新稅制指導》，經濟管理出版社，1994年，第286頁。

註二：1990年7月1日起將財產保險合同改按保險費金額計稅，適用萬分之一的稅率。

註三：以副本或者抄本視同正本使用的，應另貼印花。

註四：徐海鴻、石剛編，《新稅制指導》，經濟管理出版社，1994年，第298頁。

註五：鎮江市稅務事務所編，《稅收業務考試標準題庫》，1993年，第19頁。

註六：同上。

第 Ⅴ 篇
其他經濟法規

● 涉外企業法

● 涉外經濟合同法

● 專利法

● 外滙管理法

　　其他經濟法規包括企業法、涉外企業法（中華人民共和國中外合資經營企業法）、經濟合同法、涉外經濟合同法（中華人民共和國涉外經濟合同法）、專利法、外匯管理暫行條例、固有資產評估管理辦法、反不正當競爭法、禁止向企業攤派暫行條例及借款合同條例等。本書僅就涉外企業法、涉外經濟合同法、專利法及外匯管理暫行條例詳述如第10章、第11章、第12章和第13章。

第10章　涉外企業法

涉外企業法的概念

　　涉外企業法或稱中華人民共和國中外合資經營企業法。依據該法第一條規定：中華人民共和國爲了擴大國際經濟合作和技術交流，允許外國公司、企業和其他經濟組織或個人，按照平等互利的原則，經中國政府批准，在中華人民共和國境內，和中國的公司、企業或其他經營組織共同舉辦合營企業。所稱合營企業(JOINT VENTURE)，是指共同負擔風險之意思，也就是共負盈虧、共擔風險。

　　涉外企業或稱合營企業是指「外國公司、企業、其他經濟組織或個人（包括港、澳、台灣同胞和華僑的投資），按照平等互利的原則，經中國政府批准，和中國的公司、企業或其他經濟組織共同舉辦的企業。管理機構設在中華人民共和國境內，是中華人民共和國法人。」（**註一**）涉外企業法是爲利用外資，引進外國的先進技術設備，促進經濟發展，調整經濟和社會關係的法律規範，故又稱中外合資經營企業法。

設立與登記

　　涉外企業的設立一般要經審批與登記兩個步驟。在中國境內設立合營企業，必須經中華人民共和國對外經濟貿易部或其委託機構審批，發給批准證書，然後辦理設立程序，最後領取營業執照。

一、審批

　　根據中華人民共和國中外合資經營企業法實施條例第八條規定：在中國境內設立合營企業，必須經中華人民共和國對外經濟貿易部審查批准。批准後，由對外經濟貿易部發給批准證書。凡具備下列條件的，對外經濟貿易部得委託有關的省、自治區、直轄市人民政府或國務院有關部、局審批：

1.投資總額在國務院規定的金額內，中國合營者的資金來源已落實的。
2.不需要國家增撥原材料，不影響燃料、動力、交通運輸、外貿出口配額等的全國平衡的。
　　受託機構批准設立合營企業後，應報對外經濟貿易部備案，並由對外經濟貿易部發給批准證書。

二、設立程序

　　設立合營企業按下列程序辦理：（註二）

1.由中國合營者向企業主管部門呈報擬，與外國合營者設立合營企業的項目建議書和初步可行性研究報告。該建議書與初步可行性研究報告，經企業主管部門審查同意並轉報審批機構批准後，合營各方才能進行以可行性研究為中心的各項工作，在此基礎上商簽合營企業協議、合同、章程。
2.申請設立合營企業，由中國合營者負責向審批機構報送下列正式文件：
　　・設立合營企業的申請書
　　・合營各方共同編製的可行性研究報告

- 由合營各方授權代表簽署的合營企業協議、合同和章程
- 由合營各方委派的合營企業董事長、副董事長、董事人選名單
- 中國合營者的企業主管部門和合營企業所在地的省、自治區，直轄市人民政府對設立該合營企業簽署的意見

審批機構接到全部文件之日起，3個月內決定批准與否，申請者應在收到批准證書後1個月內，憑批准證書向工商行政管理局辦理登記手續。

三、簽發營業執照

合營企業的營業執照簽發日期，即為該合營企業的成立日期，亦即企業法人成立之日。

註冊資本與出資方式

合營企業的組織形式為有限責任公司。

一、投資總額

投資總額是按照合營企業合同、章程規定的生產規模需要投入的基本建設資金和生產流動資金的總和。一般含蓋自有資金和借貸資金兩部分。

二、註冊資本

依據中華人民共和國中外合資經營企業法實施條例第二十一條規定：合營企業的註冊資本，是指為設立合營企業在登記管理機構登記的資本總額，應為合營各方認繳的出資額之和。「合營企業在合營期

內不得減少其註册資本。」（**註三**）註册資本增加、轉讓或以其他方式處置，應由董事會會議通過，並報原審批機構批准，向原登記管理機構辦理變更登記手續。在合營企業的註册資本中，外國合營者的投資比例一般不低於25％，也不限於50％，但不得達到100％。

三、出資方式

合營企業各方可以現金、實物、工業產權或場地使用權等進行投資。

1. 現金：合營者可以用貨幣出資，外國合營者以外幣出資，應按繳款當日中華人民共和國國家外匯管理局公布的外匯牌價折算人民幣或套算成約定的外幣。中國合營者出資的人民幣如需折合外幣，應按繳款當日國家外匯管理局公布的外匯牌價折算。

2. 實物：所謂實物是指原料、材料、燃料、機器設備和建築物等。外國合營者如以技術和設備投資，必須確實是適合中國需要的先進技術和設備，如果有意以落後的技術和設備進行欺騙，造成損失的，應賠償損失。

3. 工業產權：工業產權是指專有技術或專利權。依據中華人民共和國中外合資經營企業法實施條例第二十八條規定：作為外國合營者出資的工業產權或專有技術，必須符合下列條件之一：
   ・能生產中國急需的新產品或出口適銷產品的
   ・能顯著改進現有產品的性能、質量、提高生產效率的
   ・能顯著節約原材料、燃料、動力的
   外國合營者以工業產權或專有技術作為出資，應提交該工業產權或專有技術的有關資料，包括專利證書或商標註册證書複製件、有效狀況及技術特性、實用價值、作價的計算根據、與中國合營者簽訂的作價協議等有關文件，作為合營合同的附件。

4.場地使用權:「中國合營者的投資可包括為合營企業經營期間提供的場地使用權。」(註四)合資企業對投資的場地只有使用權,沒有所有權,場地使用權作為投資額時,應由中國政府決定,如果場地使用權未作為中國合營者投資的一部分,合營企業應向中國政府繳納使用費。

組織機構

合營企業的內部組織機構,主要由董事會、經營管理機構和工會等3部分所組成。

一、董事會

合營企業係實行董事會領導下的總經理負責制,「董事會是合營企業的最高權力機構,決定合營企業的一切重大問題。」(註五)董事會成員不得少於3人,董事名額的分配由合營各方參照出資比例協商確定。董事由合營各方委派,董事長由中國合營者委派,副董事長由外國合營者委派。董事的任期為4年,經合營各方繼續委派可以連任。「董事長是合營企業的法定代表,董事長不能履行職責時,應授權副董事長或其他董事代表合營企業。董事會和職權乃是討論決定合營企業的一切重大問題。下列事項須由出席董事會會議的董事一致通過方可作出決議:

1.合營企業章程的修改。
2.合營企業的中止、解散。
3.合營企業註冊資本的增加、轉讓。
4.合營企業與其他經濟組織的合併。

　　董事會的會議每年至少召開一次，由董事長負責召集並主持。董事長不能召集時，由董事長委託副董事長或其他董事負責召集並主持董事會會議，經1/3以上董事提議，可由董事長召開董事會臨時會議。董事會會議應有2/3以上董事出席方能舉行，董事不能出席，可出具委託書委託他人代表其出席和表決。

二、經營管理機構

　　經營管理機構設置總經理1人，副總經理若干人，總經理、副總經理由合營企業董事會聘請，可以由中國公民擔任，也可以由外國公民擔任。經董事會聘請董事長、副董事長或董事可以兼任總經理或副總經理。總經理執行董事會會議的各項決議，組織領導合營企業的日常經營管理工作，在董事會授權範圍內，總經理對外代表合營企業，對內任免下屬人員，行使董事會授予的其他職權。總經理處理重要問題時，應同副總經理協商。總經理或副總經理不得兼任其他經濟組織的總經理或副總經理，不得參與其他經濟組織對本企業的商業競爭。「總經理、副總經理及其他高級管理人員有營私舞弊或嚴重失職行為的，經董事會決議可以隨時解聘。」（**註六**）

三、工會

　　合營企業職工有權按照「中華人民共和國工會法」和「中國工會章程」的規定，建立基層工會組織，並展開工會活動。「合營企業工會是職工利益的代表，有權代表職工和合營企業簽訂勞動合同，並監督合同的執行。」（**註七**）合營企業董事會會議討論合營企業的發展規劃、生產經營活動等重大事項時，工會的代表有權列席會議，反映職工的意見和要求，在董事會會議研究決定有關職工獎懲、工資制度、生活福利、勞動保護和保險等問題時，工會的代表有權列席會議，董事會應聽取工會的意見，取得工會的合作。

合營企業工會的基本任務是：依法維護職工的民主權利和物質利益；協助合營企業安排和合理使用福利、獎勵基金；組織職工學習政治、業務、科學、技術和業務知識、開展文藝、體育活動；教育職工遵守勞動紀律、努力完成企業的各項經濟任務。

合營企業應積極支持本企業工會的工作。合營企業應按照「中國工會法」的規定為工會組織提供必要的房屋和設備，用於辦公、會議、舉辦職工集體福利、文化、體育事業，合營企業每月按企業職工實際工資總額的2%撥交工會經費，由本企業工會按照中華全國總工會制度的有關工會經費管理辦法使用。

繳納稅款

「合營企業應按照中華人民共和國有關法律的規定，繳納各種稅款。」(註八)合營企業進口下列物資免徵關稅和增值稅：

1. 按照合同規定作為外國合營者出資的機器設備、零部件和其他物料。
2. 合營企業以投資總額內的資金進口的機器設備、零部件和其他物料。
3. 經審批機構批准，合營企業以增加資本所進口的國內不能保證生產供應的機器設備、零部件和其他物料。
4. 合營企業為生產出口產品，從國外進口的原材料、輔料元器件、零部件和包裝物料。

上述免稅進口物資，經批准在中國國內轉賣或轉用於在中國國內銷售的產品，應照章納稅或補稅。

合營企業生產的出口產品，除國家限制出口的以外，經中華人民共和國財政部批准，可免徵增值稅。合營企業生產的內銷產品，在開

辦初期納稅有困難的，可以申請在一定期限內減徵或免徵增值稅。

外匯管理

　　合營企業憑中華人民共和國國家工商行政管理局發給的營業執照，在中國銀行或指定的其他銀行開立外幣存款帳戶和人民幣存款帳戶，由開戶銀行監督收付。合營企業的一切外匯收入，都必須存入其開戶銀行的外匯存款帳戶；一切外匯支出，從其外匯存款帳戶中支付，存款利率按中國銀行公布的利率執行。合營企業的外匯收支一般應保持平衡，根據批准的合營企業的可行性研究報告、合同、產品以內銷為主而外匯不能平衡的，由有關省、自治區、直轄市人民政府或國務院主管部門在留成外匯中調劑解決，不能解決的，由對外經濟貿易部會和中華人民共和國國家計劃委員會審批後，納入計劃解決。合營企業根據經營業務的需要，可以按「中國銀行辦理中外合資經營企業貸款暫行辦法」向中國銀行申請外匯貸款和人民幣貸款。對合營企業的貸款利率按中國銀行公布的利率執行。

利潤分配

　　合營企業所得的利潤，按照合營各方註冊資本的比例進行分配。依據中華人民共和國中外合資經營企業法第七條規定：合營企業獲得的毛利潤，按中華人民共和國稅法規定繳納合營企業所得稅後，扣除合營企業章程規定的儲備基金、職工獎勵及福利基金、企業發展基金、淨利潤根據合營各方註冊資本的比例進行分配。合營企業依照國家有關稅收的法律和行政法規的規定，可以享受減稅、免稅的優惠待遇。外國合營者將分得的淨利潤用於在中國境內再投資時，可申請退還已繳納的部分所得稅。

假如以前年度發生虧損，在尚未彌補前不得分配利潤。如果以前年度尚未分配的剩餘利潤，可以累積到本年度利潤分配時合計發放。

期限、解散和清算

一、合營企業的期限

「合營企業的合營期限，根據不同行業和項目的具體情況，由合營各方協商決定。一般項目的合營期限原則上為10年至30年。投資大、建設周期長、資金利潤低的項目，合營期限也可以在30年以上。」（註九）根據中華人民共和國中外合資經營企業法實施條例第一百零一條規定：合營企業的合營期限，由合營各方在合營企業協議、合同、章程中作出規定。合營期限從合營企業營業執照簽發之日起算。合營各方如同意延長合營期限，應在合營期滿前6個月，向審批機構報送由合營各方授權代表簽署的延長合營期限的申請書。審批機構應在接到申請書之日起1個月內予以批覆。合營企業批准延長合營期限後，應按照「中華人民共和國中外合資經營企業登記管理辦法」的規定，辦理變更登記手續。

二、合營企業的解散

依據中華人民共和國中外合資經營企業法實施條例第一百零二條規定，合營企業在下列情況下解散：

1. 合營期限屆滿。
2. 企業發生嚴重虧損，無力繼續經營。
3. 合營一方不履行合營企業協議、合同、章程規定的義務，致使企業無法繼續經營。

4.因自然災害、戰爭等不可抗力遭受嚴重損失、無法繼續經營。

5.合營企業未達到其經營目的，同時又無發展前途。

6.合營企業合同，章程所規定的其他解散原因已經出現。

本條第2項、第3項、第4項、第5項及第6項情況發生，應由董事會提出解散申請書，報審批機構批准。在本條第3項情況下，不履行合營企業協議、合同、章程規定的義務一方，應對合營企業由此造成的損失負賠償責任。

三、合營企業的清算

「合營企業宣告解散時，董事會應提出清算的程序、原則和清算委員會人選，報企業主管部門審核並監督清算。」（**註十**）

清算委員會的成員一般應在合營企業的董事中選任。董事不能擔任或不適合擔任清算委員會成員時，合營企業可能聘請在中國註冊的會計師、律師擔任，審批機構認為必要時，可以派人進行監督，清算費用和清算委員會成員的酬勞應從合營企業現在財產中優先支付。清算委員會的任務是對合營企業的財產、債權、債務進行全面清查，編製資產負債表和財產目錄，提出財產作價和計算依據，制定清算方案，提請董事會會議通過後執行。清算期間、清算委員會代表該合營企業起訴和應訴。

合營企業以其全部資產對其債務承擔責任，合營企業清償債務後的剩餘財產按照合營各方的出資比例進行分配。清算結束後，由清算委員會提出清算結束報告，提請董事會會議通過後，報告原審批機構，並向原登記管理機構辦理註銷登記手續，繳銷營業執照。合營企業解散後，各項帳冊及文件應由中國合營者保存。

爭議的仲裁

　　合營各方如在解釋或履行合營企業協議、合同、章程時發生爭議，應儘量透過友好協商或調解解決。如經過協商或調解無效，則提請仲裁或司法解決。合營各方根據有關仲裁的書面協議，提請仲裁，可以在中國國際貿易促進委員會對外經濟貿易仲裁委員會仲裁，按該會的仲裁程序規則進行。如當事各方同意，也可以在被訴一方所在國或第三國的仲裁機構仲裁，按該機構的仲裁程序規則進行。如合營各方之間沒有仲裁的書面協議，發生爭議的任何一方都可以依法向中國人民法院起訴。

註釋

註一：南京大學法律系經濟法教研室編，《經濟法教程》，南京大學出版
　　　社，1987年，第438頁。

註二：中華人民共和國中外合資經營企業法實施條例，第九條。

註三：同上，第二十二條。

註四：中華人民共和國中外合資經營企業法，第五條。

註五：中華人民共和國中外合資經營企業法實施條例，第三十三條。

註六：同上，第四十一條。

註七：同上，第九十六條。

註八：同上，第六十九條。

註九：同上，第一百條。

註十：同上，第一百零三條。

第11章　涉外經濟合同法

涉外經濟合同的概念

　　涉外經濟合同，是指中華人民共和國的企業或者其他經濟組織和外國的企業或其他經濟組織與個人之間，爲實現一定的經濟目的，明確相互權利和義務關係的協議。涉外經濟合同的必要條件爲法人，當事人一方爲中國法人，另一方則爲外國的法人。所涉及的經濟關係爲中國法人和外國法人之間所發生的國際經濟貿易關係。

　　涉外經濟合同的基本原則可分爲下列3大項：

一、平等互利、協商一致原則

　　「訂立合同，應當依據平等互利、協商一致的原則。」（註一）平等互利是雙方建立商品貨幣的經濟關係基礎上。協商一致是貫徹有效履行的必要條件。依據中國人民共和國涉外經濟合同法第十條規定，採取欺詐或者脅迫手段訂立的合同無效。

二、主權原則

　　主權原則或稱獨立自主的原則。「訂立合同，必須遵守中華人民共和國法律，並不得損害中華人民共和國的社會公共利益。」（註二）凡是違反中華人民共和國法律或者社會公共利益的合同均屬無效，倘違反中華人民共和國法律或者社會公共利益的，經當事人協商同意予以取消或者改正後，不影響合同的效力。

三、適用國際慣例

　　依據中華人民共和國涉外經濟合同法第五條規定：合同當事人可以選擇處理合同爭議所適用的法律。當事人沒有選擇的，適用與合同有最密切聯繫的國家的法律。在中華人民共和國境內履行的中外合資經營企業合同、中外合作經營企業合同、中外合作勘探開發自然資源合同，適用中華人民共和國法律。中華人民共和國法律來作規定的，可以適用國際慣例。「中華人民共和國締結或者參加的與合同有關的國際條約和中華人民共和國法律有不同規定的，適用該國際條約的規定。但是，中華人民共和國聲明保留的條款除外。」（**註三**）

涉外經濟合同的訂立

一、基本成立條件

　　當事人就合同條款以書面形式達成協議並簽字，即為合同成立。「合同當事人的資格，中方限於公司、企業或其他經濟組織等法人。政府機構或者個人不具有訂立涉外合同當事人的資格。」（**註四**）所有涉外經濟合同的達成協議都是以「要約」、「承諾」或「意思表示」達成一致為共同成立條件。

二、特別成立條件

1.透過信件電報、電傳達成協議，一方當事人要求簽訂確認書的，簽訂確認書時，方為合同成立。英、美、法系國家採用發信原則即承諾人發出承諾時即行生效，而大陸法系則採取受信原則，即以收到承諾時生效。中國乃採取受信原則。

2.中華人民共和國法律、行政法規規定應當由國家批准的合同，
　獲得批准時，方為合同成立。

在涉外經濟合同中有些項目條款是對中國的國民經濟有長遠影響的，應該由法定部門依法審批後，該合同方為有效。

三、具備條款

「合同訂明的附件是合同的組成部分。」（**註五**）涉外合同具備一般條款和特別條款兩部分。

1.一般條款
　‧合同當事人的名稱或者姓名、國籍、主營業所或者住所
　‧合同簽訂的日期、地點
　‧合同的類型和合同標的的種類、範圍
　‧合同標的的技術條件、質量、標準、規格、數量
　‧履行的期限、地點和方式
　‧價格條件、支付金額、支付方式和各種附帶的費用
　‧合同能否轉讓或者合同轉讓的條件
　‧違反合同的賠償和其他責任
　‧合同發生爭議時的解決方法
　‧合同使用的文字及其效力

2.特別條款
　‧履行標的承擔風險的界限和約定對標的保險範圍
　‧合同的有效期限延長和提前終止
　‧擔保範圍承擔責任

涉外經濟合同的履行、轉讓、變更、解除和終止

一、履行

依據中華人民共和國涉外經濟合同法第十六條規定：合同依法成立即具有法律約束力。當事人應當履行合同約定的義務，任何一方不得擅自變更或者解除合同。

二、轉讓

「當事人一方將合同權利和義務的全部或者部分轉讓給第三者的，應當取得另一方的同意。」（**註六**）

三、變更

經當事人協商同意後，合同可以變更。合同變更是指「在合同成立之後對合同內容所進行的各種變化，主要包括對合同條款的任何程度的擴大或限制，以及合同條款的增加或減少。」（**註七**）

四、解除

有下列情形之一的，當事人一方有權通知另一方解除合同：

1.另一方違反合同，以致嚴重影響訂立合同所期望的經濟利益。
2.另一方在合同約定的期限內沒有履行合同，在被允許推遲履行的合理期限內仍未履行。
3.發生不可抗力事件，致使合同的全部義務不能履行。
4.合同約定的解除合同的條件已經出現。

五、終止

有下列情形之一的，合同即告終止：

1.合同已按約定條件得到履行。
2.仲裁機構裁決或者法院判決終止合同。
3.雙方協商同意終止合同。

違反涉外經濟合同的責任

一、承擔違約責任的依據

當事人一方不履行合同或者履行合同義務不符合約定條件，即違反合同的，另一方有權要求賠償損失或者採取其他合理的補救措施。採取其他補救措施後，尚不能完全彌補另一方受到的損失的，另一方仍然有權要求賠償損失。

二、承擔違約責任的內容

1.當事人一方沒有另一方不能履行合同的確切證據，中止履行合同的，應當負違反合同的責任。
2.當事人一方不履行合同或者履行合同義務不符合約定條件，即違反合同的，另一方有權要求賠償損失或者採取其他合理的補救措施。採取其他補救措施後，尚不能完全彌補另一方受到的損失的，另一方仍然有權要求賠償損失。
3.當事人一方違反合同的賠償責任，應當相當於另一方因此所受到的損失，但是不能超過違反合同一方訂立合同時應當預見到

的因違反合同可能造成的損失。

4.當事人雙方都違反合同的，應當各自承擔相應的責任。

5.當事人一方未按期支付合同規定的應付金額或者與合同有關的
　其他應付金額的，另一方有權收取遲延支付金額的利息，計算
　利息的辦法可以在合同中約定。

三、支付違約金

當事人可以在合同中約定，一方違反合同時，向另一方支付一定
數額的違約金；也可以約定對於違反合同而產生的損失賠償額的計算
方法。合同中約定的違約金，視為違反合同的損失賠償。但是，約定
的違約金過分高於或者低於違反合同所造成的損失的，當事人可以請
求仲裁機構或者法院予以適當減少或者增加。

四、免責要件

依據中華人民共和國涉外經濟合同法第二十四條規定：當事人因
不可抗力事件不能履行合同的全部或者部分義務的，免除其全部或者
部分責任。當事人一方因不可抗力事件不能按合同約定的期限履行
的，在事件的後果影響持續的期間內，免除其遲延履行的責任。不可
抗力事件是指當事人在訂立合同時不能預見，對其發生和後果不能避
免，不能克服的事件。不可抗力事件的範圍，可以在合同中約定。

當事人一方因不可抗力事件不能履行合同的全部或者部分義務
的，應當及時通知另一方，以減輕可能給另一方造成的損失，並應在
合理期間內提供有關機構出具的證明。

註釋

註一：中華人民共和國涉外經濟合同法第三條。

註二：同上，第四條。

註三：同上，第六條。

註四：徐學鹿編，《經濟法概論》，中國商業出版社，1987年，第623頁。

註五：中華人民共和國涉外經濟合同法第八條。

註六：同上，第二十六條。

註七：楊紫烜編，《經濟法原理》，北京大學出版社，1987年，第399頁。

第12章　專利法

專利法的概念

專利法是以保護發明創造為手段，調整發明創造的所有權和發明創造的利用權，進而促進社會的科學技術和生產發展為目的所運作的各種社會關係的法律。專利是一種智慧的結晶，專利法是「調整申請、審批、取得和使用發明創造專利而發生的社會關係的法律規範的總稱」。（註一）

專利法所稱的發明創造是指發明、實用新型和外觀設計等3種專利。

一、發明專利

發明是一種技術範疇，係發明人的智力結晶，專利法所稱的發明是指「對產品、方法或者改進所提出的新的技術方案。」（註二）專利是一種專有的權利，即「獲得專利權的發明人在法定有效期間內對其發明享有製造、使用和銷售的壟斷權利，非經權利人同意，任何人不准享有這種權利，否則就是侵權行為，侵權者要承擔法律責任。」（註三）發明專利是國家授予專利權人對其發明創造在法定期限內所享有的專有權利。

二、實用新型專利

實用新型或稱小專利亦稱小發明，係指「對機器、設備、裝置、

用具或器件的形狀或其結合提出的合於實用的新方案。」（註四）專利法所稱的實用新型是指對產品的形狀、構造或者其結合所提出的適於實用的新的技術方案。

三、外觀設計專利

專利法所稱的外觀設計是指對產品的形狀、圖案、色彩或者其結合所作出的富有美感，並適於工業上應用的新設計。外觀設計與發明和實用新型的主要差異在於「外觀設計只涉及商品的外表，而不涉及其製造技術。一種外觀設計只能用於一類產品上，即專利權的保護只限於這一類產品的範圍。」（註五）

授予專利權的條件

中華人民共和國專利法對於發明專利或實用新型專利與外觀設計專利應授予專利權的必備條件有所區別：

一、發明專利或實用新型專利必備條件

專利法規定，「授予專利權的發明和實用新型，應當具備新穎性、創造性和實用性。」（註六）

1.新穎性：新穎性是指一項發明或實用新型是創新的、前所未有的，也就是在申請日以前沒有同樣的發明或者實用新型在國內外出版物上公開發表過，在國內公開使用過或者以其他方式為公眾所知，也沒有同樣的發明或者實用新型，由他人向專利局提出過申請並且記載在申請日以後，公布的專利申請文件中。

2.創造性：創造性是指申請專利的發明或實用新型與現有技術互為比較下更為先進。也就是和申請日以前已有的技術相比，該

發明有突出的實質性特點和顯著的進步,該實用新型有實質性特點和進步。實質性特點和技術進步必須同時具備,方合乎發明或實用新型創造性的要求。

3. 實用性:實用性是指發明或實用新型能在工業上使用的本質特性。稅法規定實用性,是指該發明或者實用新型能夠製造或者使用,並且能夠產生積極效果。所稱能夠產生積極效果是指「發明或實用新型的製造或使用,可能會產生更好的經濟、技術和社會效果。」(註七)

專利的申請

一、發明或實用新型專利的申請

申請發明或者實用新型專利的,應當提交請求書、說明書及其摘要和權利要求書等文件一式兩份向專利局申請。請求書應當寫明發明或者實用新型的名稱,發明人或者設計人的姓名、申請人姓名或者名稱、地址以及其他事項。所稱其他事項是指:

1. 申請人的國籍。
2. 申請人是企業或者其他組織的,其總部所在的國家。
3. 申請人委託專利代理機構的,專利代理機構的名稱、地址和專利代理人的姓名。
4. 申請人是單位的,代表人的姓名。
5. 要求優先權的,應當註明的有關事項。
6. 申請人的簽字或者蓋章。
7. 申請文件清單。
8. 附加文件清單。

　　說明書應當對發明或者實用新型作出清楚、完整的說明，以所屬技術領域的技術人員能夠實現爲準；必要的時候，應當有附圖。摘要應當簡要說明發明或者實用新型的技術要點。權利要求書應當以說明書爲依據，說明要求專利保護的範圍。

二、外觀設計專利的申請

　　申請外觀設計專利的，應當提交請求書以及該外觀設計的圖片或者照片等文件，並且應當寫明使用該外觀設計的產品及其所屬的類別。「外觀設計的圖片或者照片，不得小於3厘米×8厘米，也不得大於19厘米×27厘米。」（註八）申請人可以就每件外觀設計提交不同角度、不同側面或者不同狀態的圖片或者照片，以清楚地顯示請求保護的對象，每幅圖片或者照片應當寫明外觀設計的角度、側面和狀態，並且在圖片或者照片背面的左、右上方分別標上順序編號和申請人的姓名或者名稱。請求保護色彩的外觀設計專利申請，應當提交彩色或黑白的圖片或者照片各一份，並且在黑白的圖片或者照片上註明請求保護的色彩。

　　專利局認爲必要時，可以要求外觀設計專利申請人提交使用外觀設計的產品樣品或者模型。樣品或者模型的體積不得超過30厘米×30厘米×30厘米，重量不得超過15公斤。易腐、易損或者危險品不得作爲樣品或者模型提交。

三、申請日的確定

　　專利局收到專利申請文件之日爲申請日。如果申請文件是郵寄的，以寄出的郵戳日爲申請日。外國申請人就同一發明或者實用新型在外國第一次提出專利出申請之日起12個月內，或者就同一外觀設計在外國第一次提出專利申請出之日起6個月內，又在中國提出申請的，依照其所屬國和中國簽訂的協議或者共同參加的國際條約，或者

依照相互承認優先權的原則，可以享有優先權，即以其在外國第一次提出申請之日爲申請日。

四、申請人的資格

職務發明創造，申請專利的權利屬於得以使發明創造完成的單位；非職務發明創造，申請專利的權利屬於發明人或者設計人。專利權的所有人和持有人統稱爲專利權人。專利申請權可以依法轉讓。兩個以上的申請人分別就同樣的發明創造申請專利的，專利權授予最先申請的人。兩個以上單位協作或者一個單位接受其他單位委託的研究、設計任務所完成的發明創造，申請專利的權利屬於完成或者共同完成的單位；申請被批准後，專利權歸申請的單位所有或者持有。

專利申請的審查和批准

一、發明專利申請的審查和批准

1. 初步審查：專利局收到發明專利申請後，經初步審查認爲符合專利法要求的，自申請日起18個月內予以公布。

2. 實質審查：發明專利申請日起3年內，專利局可以根據申請人隨時提出的請求，對其申請進行實質審查，專利局認爲必要的時候，可以自行對發明專利申請進行實質審查。專利局對發明專利申請進行實質審查後，認爲不符合專利法規定的，應通告申請人，要求其在指定的期限內陳述意見，或者對其申請進行修改，專利局仍然認爲不符合規定的，應當予以駁回。

3. 公告和異議：發明專利申請經實質審查沒有發現駁回理由的，專利局應當作出審定，予以公告並通知申請人。自公告之日起

3個月內，任何人都可以提出異議，專利局應當將異議的副本送交申請人，申請人應當在收到異議副本之日起3個月內提出書面答覆；無正當理由逾期不提出書面答覆的，該申請即被視為撤回。

4.複審：申請人對專利局駁回申請的決定不服的，可以在收到通知之日起3個月內，向專利複審委員會請求複審。專利複審委員會複審後，作出決定並通知申請人。

5.起訴：發明專利的申請人對專利複審委員會駁回複審請求的決定不服的，可以在收到通知之日起3個月內向人民法院起訴。

6.批准：對專利申請無異議或者經審查異議不成立的，專利局應當作出授予專利權的決定，發給專利證書，並將有關事項予以登記和公告。

二、實用新型和外觀設計的審查和批准

對實用新型和外觀設計的專利申請，採取異議式的登記制度，不進行實質審查，即行公告並通知申請人。自公告日起3個月內，任何人都可提出異議；申請人應對異議提出書面答覆，沒有正當理由或逾期不答覆者，該申請即被駁回，如果申請人對被駁回的申請有不服的，可收到通知之日起3個月內向專利複審委員會申請複審，複審委員會對申請人關於實用新型和外觀設計的複審請求所作出的決定為終局決定，申請人不可向人民法院起訴。如果對申請無異議或異議不成立的，專利局應批准專利權發給專利證書，並予登記和公告。

專利權的期限、終止和無效

一、專利權的期限

「發明專利權的期限為15年,自申請日起計算。實用新型和外觀設計專利權的期限為5年,自申請日起計算,期滿前專利權人可以申請續展3年。」(註九)專利權的保護期限,世界各國長短不盡一致,例如,法國和美國的專利權期限從提出申請之日起20年,日本專利權的保護期限雖然從公布之日起15年,但從申請之日起不超過20年,以較長者為準。中華人民共和國為適應世界潮流,對專利權的保護期限擬作調整為:「發明專利權的期限為20年,實用新型專利權和外觀設計專利權的期限為10年,均自申請日起計算。」(註十)

二、專利權的終止

1. 自行終止:專利權的有效期限屆滿,專利權自行終止,任何人都可隨意使用。
2. 屆滿前終止:有下列情形之一的,專利權在期限屆滿前終止:
   - 沒有按照規定繳納年費的
   - 專利權人以書面聲明放棄其專利權的
   - 專利權人死亡而又無合法繼承人

三、專利權的宣告無效

專利權被授予後,任何單位或者個人認為該專利權的授予不符合專利法有關規定的,都可以請求專利複審委員會宣告該專利權無效。

專利複審委員會對宣告專利權無效的請求進行審查,作出決定,

並通知請求人和專利權人。宣告專利權無效的決定，由專利局登記和公告。

專利權人的權利和義務

一、專利權人的權利

1. 專利產品的獨占權：所謂專利產品的獨占權係指發明專利權人所享有的自行製造、使用和銷售該項專利產品的權利。
   - 製造專利權產品。專利權人以生產經營為目的，自行投資製造產品，任何人不得仿造或擅自製造專利產品，否則均屬侵權行為
   - 使用專利產品。專利產品以營利為目的而投入市場使用，未經專利權人許可擅自使用即構成侵權行為
   - 銷售專利產品。專利權人有獨占市場銷售其專利產品的權利，所謂銷售僅限一次銷售的商業行為，如果是轉銷行為則不屬於銷售專利權產品的控制範疇

2. 方法專利的獨占權：方法專利是指操作流程而言，主要包括單純的使用方法和製造產品的方法而言。若有侵犯方法專利時，無需舉證即可推定侵犯行為，但被告者可舉出反證以澄清其使用方法不是原告所發明的方法專利。

3. 轉讓發明專利權：專利是一種無形資產，專利權人有許可第三者實施其專利權的權利。一般以「許可證合同」轉讓其發明專利權。許可證合同可分為下列4種：
   - 獨占許可證合同。「專利權人在某一地區內只可以允許一個許可人，且專利權人自己也不能在該地域內實施其專利。」

（註十一）

- 普通許可證合同。專利權人在某一地域允許多個受讓方，使用其專利權
- 獨家許可證合同。專利權人在某一地域享有排他使用其專利權，也就是只許可獨家使用
- 可轉讓許可證合同。「受讓方在指定地域內，有將專利使用權轉讓給第三者的權利，故又稱分售許可證合同。」（註十二）

二、專利權人的義務

1. 實施取得專利的發明：依據中華人民共和國專利法第五十一條規定：專利權人負有自己在中國製造其專利產品，使用專利方法或者許可他人在中國製造其專利產品，使用其專利方法的義務。

2. 保證公開發明創造：保證公開發明創造是專利權人向社會大眾公開的義務，倘若取得專利權人不在規定期限內實施專利，政府可採取強制許可措施，允許第三人使用該專利。

3. 按期繳納年費：專利權人應當自被授予專利權的當年開始繳納年費，沒有按照規定繳納年費的，專利權即告終止。未按期繳納年費，可有6個月的寬限期，但須補繳滯納金，否則專利即告終止。

4. 註明專利標記：在專利製造產品或包裝上標明自己發明創造專利的標記，藉資證明受到專利權的保護。

註釋

註一：南京大學法律系經濟法教研室編，《經濟法教程》，南京大學出版社，1989年，第338頁。

註二：中華人民共和國專利法實施細則，第二條。

註三：陳志剛編，《經濟法學教程》，蘭州大學出版社，1987年，第275頁。

註四：王家福編，《經濟法要義》，中國財政經濟出版社，1988年，第362頁。

註五：徐學鹿編，《經濟法概論》，中國商業出版社，1987年，第521頁。

註六：中華人民共和國專利法，第二十二條。

註七：財政部註冊會計師全國考試委員會辦公室編，《經濟法》，東北財經大學出版社，1994年，第274頁。

註八：中華人民共和國專利法實施細則，第二十七條。

註九：中華人民共和國專利法，第四十五條。

註十：財政部註冊會計師全國考試委員會辦公室編，《經濟法》，東北財經大學出版社，1994年，第282頁。

註十一：南京大學法律系經濟法教研室編，《經濟法教程》，南京大學出版社，1989年，第363頁。

註十二：陳志剛編，《經濟法學教程》，蘭州大學出版社，1987年，第302頁。

第13章　外匯管理法

外匯和外匯管理

一、外匯的意義

外匯是指以外國貨幣表示的用於國際結算的各種支付手段，主要包括下列4大類：

1. 外國貨幣：鈔票、鑄幣等。
2. 外幣有價證券：政府公債、國庫券、公司債券、股票、息票等。
3. 外幣支付憑證：票據、銀行存款憑證、郵政儲蓄憑證等。
4. 其他外匯資金。

二、外匯管理的意義

「外匯管理或稱外匯管制，是指一個國家或者地區為了平衡外匯收支，對其境內的本國單位和個人，外國單位和個人的外匯收支活動，採取一定限制措施的一種管理制度。」（註一）中華人民共和國對外匯實行由國家集中管理、統一經營的方針。所謂集中管理是指一切外匯均由國家管理。中華人民共和國管理外匯的機關為國家外匯管理總局及其分局。所稱統一經營則指國際間之匯兌、外匯買賣或外幣之存放款等外匯業務，統一由外匯專業銀行經營。中華人民共和國經

營外匯業務的專業銀行為中國銀行。非經國家外匯管理總局批准，其他任何金融機構都不得經營外匯業務。

中華人民共和國的外匯管理正由嚴格的外匯管理體制走向收支兩條線原則，所謂收支兩條線是指「除經外匯管理部門批准之外，一切外匯收入必須及時向指定的外匯銀行結匯，一切外匯支出必須持國家認可的有效憑證，用人民幣到外匯指定銀行辦理兌付。」（註二）在中華人民共和國境內，禁止外幣流通、使用、質押、禁止私自買賣外匯，禁止以任何形式進行套匯、逃匯。

對國家單位和集體經濟組織的外匯管理

一、外匯收入管理

依據1993年12月28日中國人民銀行發布「中國人民銀行關於進一步改革外匯管理體制的公告，從1994年1月1日起實行外匯收入結匯制，取消外匯分成。

1.外匯收入結匯制：外匯收入結匯制是指中華人民共和國境內所有企事業單位、機關和社會團體的各類外匯收入必須及時調回中國境內，並須按銀行掛牌匯率，全部結售給外匯指定銀行。
應當結匯的外匯收入如下列所述：
・出口或轉口貨物及其他交易行為取得的外匯收入
・交通運輸、郵電、旅遊、保險等業提供服務和政府機構往來取得的外匯收入
・銀行經營外匯業務應上繳的外匯淨收入，中國境外勞務承包和中國境外投資應調回中國境內的外匯利潤
・外匯管理部門規定的其他應結售的外匯收入

2.現匯帳戶管理制：所謂現匯帳戶管理制是指除外匯收入結匯範
圍之外的一些外匯收入。下列項目的外匯收入，國家允許在外
匯指定銀行開立現匯帳戶而不必向銀行結售。
- ・境外法人或自然人作為投資匯入的外匯
- ・境外借款和發行債券、股票取得的外匯
- ・勞務承包公司境外工程合同期內調入境內的工程往來款項
- ・經批准具有特定用途的捐贈外匯
- ・外國駐華使領館、國際組織及其他境外法人駐華機構的外匯
- ・個人所有的外匯

二、外匯支出管理

中華人民共和國為進一步改革外匯管理體制，從1994年1月1日起
實行銀行售匯制，允許人民幣在經常項目下有條件可兌換。

1.銀行售匯制：所謂銀行售匯制是指中華人民共和國境內企事業
單位、機關和社會團體在對外支付用匯時，可持外匯指定國家
認可的有效憑證，用人民幣到外匯指定銀行辦理兌付。國家認
可的有效憑證主要如下列述：
- ・實行配額或進口控制的貨物進口，持有關部門頒發的配額、
許可證或進口證明以及相應的進口合同
- ・實行自動登記制的貨物進口，持登記證明和相應的進口合同
- ・符合國家進口管理規定的貨物進口，持進口合同和中國境外
金融機構的支付通知書
- ・非貿易項下的經營性支付，持支付協議或合同和境外金融、
非金融機構的支付通知書
2.非經營性用匯管理：非經營性用匯，例如，對中國境外投資、
貸款或捐贈的匯出，則實行審批制度。

‧駐外機構。「國家駐外機構必須按照國家批准的計劃使用外
匯。」（註三）
‧臨時用匯。臨時派往外國和港、澳等地區的代表團、工作
組，必須分別按照各該專項計劃使用外匯。公畢回國，必須
將剩餘的外匯及時調回，經核銷後，賣給外匯指定銀行如中
國銀行等，除非經國家外匯管理總局或者分局批准外，不得
存放外匯於中國境外

對個人的外匯管理

自從1993年12月28日中國人民銀行發布「中國人民銀行關於進一
步改革外匯管理體制的公告」後，允許個人持有外匯現鈔或在外匯指
定銀行開立外匯現匯帳戶，「實行存取自由、存款有息、本金和利息
均支付外幣、為儲戶保密的原則。」（註四）依據中華人民共和國外
匯管理暫行條例第十四條規定，居住在中國境內的中國人、外國僑民
和無國籍人存放在中國境內的外匯，允許個人持有。「派赴外國或者
港、澳等地區的工作人員、學習人員公畢返國，如匯入或者攜入屬於
個人所有的外匯，允許全部留存。」（註五）來中國的外國人、短期
回國的華僑、回鄉的港澳同胞、應聘在中國境內機構工作的外籍專
家、技術人員、職工以及外籍留學生、實習生等，由外國或者香港等
地區匯入或者攜入的外匯，可以自由保存，可以賣給或者存入中國銀
行或者外匯指定銀行，也可以匯出或者攜出境外。居住在中國境內的
中國人，外國僑民和無國籍人，如需購買外匯，匯出或者攜出境外，
可以向當地外匯管理分局申請，經批准後，由中國銀行或外匯指定銀
行賣給。

對外國駐華機構及其人員的外匯管理

依據外匯管理暫行條例和國家外匯管理總局公布的對外國駐華機構及其人員的外匯管理施行細則，主要有以下兩條規定：

1. 各國駐華外交代表機構、領事機構、商務機構、駐華的國際組織機構和民間機構、外交官、領事館及各該機構所屬常駐人員，由外國或者港、澳等地區匯入或者攜入的外匯，可以自行保存，可以賣給或者存入中國銀行或者外匯指定銀行，也可以匯出或者攜出境外。凡與中國訂有支付協定的國家，其駐華機構或人員匯入的記帳外匯，只限提取人民幣。

2. 各國駐華外交代表機構、領事機構，收取中國公民以人民幣交付的簽證費、認證費，如要求兌成外匯，必須經國家外匯管理局或者分局批准。駐華機構及其人員由外國或港、澳等地區攜入的或者在中國境內購買的各種物品、設備、用具等如果出售，所得的人民幣款項，中國銀行或外匯指定銀行不予供應。

對僑資企業、外資企業、中外合資經營企業及其人員的外匯管理

一、外匯收入管理

僑資企業、外資企業、中外合資經營企業的一切外匯收入，都必須存入中國銀行或者外匯指定銀行。根據中華人民共和國中外合資經營企業法實施條例第七十四條規定，合營企業憑中華人民共和國國家工商行政管理局發給的營業執照，在中國銀行或者指定的其他銀行開立外幣存款帳戶和人民幣存款帳戶，由開戶銀行監督收付。合營企業

的一外匯收入，都必須存入其開戶銀行的外匯存款帳戶。

二、外匯支出管理

　　僑資企業、外資企業、中外合資經營企業的一切外匯支出，從其外匯存款帳戶中支付。依據中華人民共和國外匯管理暫行條例第二十四條規定，僑資企業、外資企業、中外合資經營企業的外國合營者依法納稅後的純利潤和其他正當收益，可以向中國銀行或外匯指定銀行申請從企業的外匯存款帳戶中匯出。前款企業、外國合營者，如將外匯資本轉移到中國境外，應當向國家外匯管理總局或者分局申請，從企業的外匯存款帳戶中匯出。僑資企業、外資企業、中外合資經營企業中的外籍職工和港、澳職工依法納稅後，匯出或者攜出外匯以不超過其本人工資等正當淨收益的50%為限。

對外匯、貴金屬和外匯票證等進出國境的管理

　　攜帶外匯、貴金屬、貴金屬製品進入中國國境，數量不受限制，但是必須向入境地海關申報。攜帶或者復帶外匯出境，海關憑原入境時的申報單放行。攜帶或者復帶貴金屬、貴金屬製品出境，海關區別情況按照國家規定或者按照原入境時的申報單放行。

　　攜帶人民幣旅行支票、旅行信用證等人民幣外匯票證，入境時，海關憑申報單放行；出境時，海關憑原入境時的申報單放行。居住在中國境內的中國人，持有境外的債券、股票、房地契以及與處理境外債權、遺產、房地產和其他外匯資產有關的各種證書、契約，非經國家外匯管理總局或者分局批准，不得攜帶、託帶或者郵寄出境。居住在中國境內的中國人、外國僑民和無國籍人所持有的人民幣支票、匯票、存摺、存單等人民幣有價憑證，不得攜帶、託帶或者郵寄出境。

違反外匯管理處罰

一、套匯行為

「套匯是指在中國境內的單位和個人，採取各種方式私自向第二者或第三者用人民幣或者物資換取外匯或外匯收益的行為。換出外匯一方為套出外匯方，換回外匯一方為套入外匯方。」（註六）依據違反外匯管理處罰施行細則第二條規定，下列行為都屬於套匯：

1. 除經國家外匯管理局及其分局批准或者國家另有規定者外，以人民幣償付應當以外匯支付的進口貨款或者其他款項的。

2. 境內機構以人民幣為駐外機構、外國駐華機構、僑資企業、外資企業、中外合資經營企業、短期入境個人支付其在國內的各種費用，由對方付給外匯，沒有賣給國家的。

3. 駐外機構使用其在中國境內的人民幣為他人支付各種費用，由對方付給外匯的。

4. 外國駐華機構、僑資企業、外資企業、中外合資經營企業及其人員，以人民幣為他人支付各種費用，而由他人以外匯或者其他相類似的形式償還的。

5. 未經管匯機關批准，派往外國或者港、澳等地區的代表團、工作組及其人員，將出國經費或者從事各項業務活動所得購買物品或者移作他用，以人民幣償還的。

6. 境內機構以出口收入或者其他收入的外匯抵償進口物品費用或其他支出的。

二、套匯處罰

1. 套入方所得外匯尚未使用的，責令其限期調回，強制收兌；套入方所得外匯已被使用，責令其補交等值的外匯，強制收兌或者扣減相應的外匯額度；套入方所得外匯已被使用而無外匯歸還的，補交所購物品的國內外差價；以上並可另按套匯金額處以10％～30％的罰款。
2. 對套出外匯方，根據情節輕重，按套匯金額處以10％～30％的罰款。

三、逃匯行爲

「逃匯是指中國境內的機構、企業或者個人違反中國外匯管理規定，把應該賣給國家的外匯私自保存，使用或者存放境外的行爲。」（註七）

下列行爲，都屬於逃匯：

1. 未經管匯機關批准，境內機構將收入的外匯私自保存、使用、存放境外的。
2. 違反「對僑資機構、外資企業、中外合資經營企業外匯管理施行細則」的規定，將收入的外匯存放境外的。
3. 境內機構、僑資企業、外資企業、中外合資經營企業以低報出口貨價、佣金等手段少報外匯收入，或者以高級價進口貨價、費用、佣金等手段多報外匯支出，將隱匿的外匯私自保存或者存放境外的。
4. 駐外機構以及在境外設立的中外合資經營企業的中方投資者，不按國家規定將應當調回的利潤留在當地營運或移作他用的。

5.除經管匯機關批准，派往外國或者港、澳等地區的代表團、工
作組及其人員不按各該專項計劃使用外匯，將出國經費或者從
事各項業務活動所得外匯存放境外或者移作他用的。

四、逃匯處罰

1.逃匯所得外匯尚未使用的，責令違法者或者其主管部門限期調
回，強制收兌或者沒收全部或者部分外匯，並可另按逃匯金額
處以10%～50%的罰款。
2.逃匯所得外匯已被使用的，責令其補交等值的外匯，強制收兌
或者予以沒收，並可另按逃匯金額處以10%～50%的罰款。
3.逃匯所得外匯已被使用而無外匯歸還的，按逃匯金額處以30%
以上，等值以下的罰款，或者沒收非法所得，或罰、沒並處。

五、擾亂金融行為

「擾亂金融是指違反國家規定，經營金融業務或者從事貨幣交易
的行為。」（註八）下列行為，都屬於擾亂金融：

1.未經國家外匯管理局批准經營外匯業務，或者超越批准經營範
圍擴大外匯業務的。
2.未經國務院或者國務院授權機關批准，境內機構在國內外發行
具有外匯價值的有價證券，接受外國或者港、澳等地區的銀
行、企業貸款的。
3.除經管匯機關批准，境內機構以外匯計價結算、借貸、轉讓、
質押或者以外幣流通使用的。
4.私自買賣外匯、變相買賣外匯或者超過國家外匯管理局規定價

格買賣外匯以及倒買倒賣外匯的。

六、擾亂金融處罰

1. 對犯有第1項違法行為者，分別責令其停止經營外匯業務、停止超越批准經營範圍的外匯業務、沒收非法所得、處以非法經營額等值以下的罰款或者罰、沒並處。

2. 對犯有第2項違法行為者，不准其發行新的債券或者接受新的貸款，並可按其債券或者貸款金額處以20%以下的罰款。

3. 對犯有第3項、第4項違法行為者，強制收兌違法外匯沒收非法所得，或者處以違法外匯等值以下的罰款，或者罰、沒並處。

註釋

註一：財政部註冊會計師全國考試委員會辦公室編，《經濟法》，東北財
　　　經大學出版社，1994年，第288頁。

註二：同上，第288頁。

註三：中華人民共和國外匯管理暫行條例，第十一條。

註四：財政部註冊會計師全國考試委員會辦公室編，《經濟法》，東北財
　　　經大學出版社，1994年，第292頁。

註五：中華人民共和國外匯管理暫行條例，第十六條。

註六：財政部註冊會計師全國考試委員會辦公室編，《經濟法》，東北財
　　　經大學出版社，1994年，第296頁。

註七：王家福主編，《經濟法要義》，中國財政經濟出版社，1988年，第
　　　673頁。

註八：財政部註冊會計師全國考試委員會辦公室編，《經濟法》，東北財
　　　經大學出版社，1994年，第298頁。

第 VI 篇
税收徵收管理

● 税收徵收管理法

第14章　稅收徵收管理法

適用範圍

　　中華人民共和國爲了加強稅收徵收管理、保障國家稅收收入、保護納稅人的合法權益，制定稅收徵收管理法，其適用範圍是依法由稅務機關徵收的各種稅收的徵收管理。稅收的開徵、停徵以及減稅、免稅、退稅、補稅，均應依照法律的規定執行，法律授權國務院規定的，依照國務院制定的徵稅法規執行。稅收徵收管理法簡稱稅收徵管法。稅收徵管法中所說國務院稅務主管部門，是指財政部國家稅務總局而言。中華人民共和國稅收徵收管理法實施細則第三條規定，稅務機關有權拒絕執行與稅收法律、行政法規相牴觸的決定，並向上級稅務機關報告。農業稅、牧業稅、耕地占用稅、契稅的徵收管理，參照稅收徵收管理法有關規定執行。至於關稅、船舶噸稅及海關代徵稅收的徵收管理，則依照法律、行政法規的有關規定執行。

稅務管理

　　稅務管理或稱稅收管理，是指「稅收行政機關（稅務機關）執行稅法的規定而實施的各種活動。」（註一）其主要內容包括：稅務登記、帳簿、憑證管理和納稅申報。

一、稅務登記

　　稅務登記或稱「納稅登記」是納稅人將有關開業、變動、歇業或生產經營的範圍發生變化向稅務機關實行法定登記的一種管理制度，凡經國家工商行政管理機構批准，從事生產、經營的納稅人，自領取營業執照之日起30日內，持有關證件，向稅務機關申報辦理稅務登記，稅務機關審核後發給稅務登記證件。稅務登記證只限納稅人使用，不得轉借或轉讓。

　　辦理稅務登記時，應如實填寫稅務登記表，稅務登記表的主要內容包括如下：

1. 單位名稱、法定代表人或者業主姓名及其居民身分證、護照或者其他合法證件的號碼。
2. 住所、經營地點。
3. 經濟性質。
4. 企業形式，核算方式。
5. 生產經營範圍，經營方式。
6. 註冊資金（資本）、投資總額、開戶銀行及帳號。
7. 生產經營期限、從業人數、營業執照號碼。
8. 財務負責人、辦稅人員。
9. 其他有關事項。

納稅人所持有關證件包括如下5項：

1. 營業執照。
2. 有關合同、章程、協議書。
3. 銀行帳號證明。
4. 居民身分證、護照或者其他合法證件。
5. 稅務機關要求提供的其他有關證件。

稅務登記的類別可分下列4種：

1. 開業登記：適用於對從事生產、經營、實行獨立經濟核算，並經工商行政管理部門或其他有權部門批准開業的單位和個人。

2. 註冊登記：適用於對跨地區從事生產、經營的非獨立核算的分支機構、經營場所以及不需要辦理營業執照的單位和個人。

3. 變更登記：適用於對從事生產、經營、已辦理稅務登記的單位和個人的登記項目發生變化，不需辦理重新登記只需改變個別項目而進行的一種登記。

4. 註銷登記：適用於從事生產、經營、已辦理稅務登記的單位和個人發生歇業、解散、破產、撤銷或其他依法應終止履行納稅義務而進行的一種登記。

稅務登記內容發生變化時，納稅人在工商行政管理機關辦理註冊登記的，應當自工商行政管理機關辦理變更登記之日起30日內，持有關證件向原稅務登記機關申報辦理變更稅務登記；按照規定納稅人不需要在工商行政管理機關辦理註冊登記的，應當自有關機關批准或者宣布變更之日起30日內，持有關證件向原稅務登記機關申報辦理變更稅務登記。納稅人被工商行政管理機關吊銷營業執照的，應當自營業執照被吊銷之日起15日內，向原稅務登記機關申報辦理註銷稅務登記。「從事生產、經營的納稅人到外縣（市）從事生產、經營活動的，必須持所在地稅務機關填發的外出經營活動稅收管理證明，向營業地稅務機關報驗登記，接受稅務管理。」（**註二**）

二、帳簿、憑證管理

納稅人應根據國務院財政、稅務主管部門的規定，自領取營業執照之日起15日內，設置總帳、明細帳、日記帳以及其他補助性帳簿。規模小又確無建帳能力的個體工商業戶，可以聘請註冊會計師或者經稅務機關認可的財會人員，代為建帳和辦理帳務；聘請註冊會計師或

者經稅務機關認可的財會人員有實際困難的，經縣以上稅務機關批准，可以按照稅務機關的規定，建立收支憑證黏貼簿、進貨銷貨登記簿等，據以提供申報納稅資料。

「從事生產、經營的納稅人應當自領取納稅登記證件之日起15日內，將其財務、會計制度或者財務、會計處理辦法報送稅務機關備案。」（註三）稅收扣繳義務人應當自稅收法律、行政法規規定的扣繳義務發生之日起10日內，按照所代扣、代收的稅種，分別設置代扣代繳、代收代繳稅款帳簿。

納稅人，扣繳義務人採用計算機記帳的，應當在使用前將其記帳款件、程序和使用說明書及有關資料報送主管稅務機關備案。納稅人、扣繳義務人會計制度健全，能夠透過計算機正確、完整計算其收入或者所得的，其計算機儲存和輸出的會計記錄，可視同會計帳簿，但是應當打印成書面記錄並完整保存；會計制度不健全，不能透過電子計算機正確、完整計算其收入或者所得的，應當建立總帳和納稅或者代扣代繳、代收代繳稅款有關的其他帳簿。

從事生產、經營的納稅人的財務、會計制度或者財務、會計處理辦法與國務院或者國務院財政、稅務主管部門有關稅收的規定牴觸的，依照國務院或者國務院財政、稅務主管部門有關稅收的規定計算納稅。納稅企業、單位的帳簿、會計憑證、報表、完稅憑證及其他有關納稅資料，應當保存10年。

三、納稅申報

納稅人、扣繳義務人必須在法律、行政法規規定的或者稅務機關依照法律、行政法規的規定確定的申報期限內，向主管稅務機關辦理納稅申報。納稅人在經批准享受減稅、免稅期間，仍應當按照規定辦理納稅申報。納稅人到稅務機關辦理納稅申報有困難的，經稅務機關批准，可以郵寄申報，郵寄申報以寄出地的郵戳日期為實際申報日

期。納稅申報表和代扣代繳稅款報告表的主要內容包括：稅種、稅目、應納稅項目或者應代扣代繳、代收代繳稅款項目、適用稅率或者單位稅額、計稅依據、扣除項目及標準、應納稅額或者應代扣代繳、代收代繳稅額、稅款所屬期限等。

辦理納稅申報時，應分別不同情況提供下列證件或資料：

1.財務、會計報表及其說明材料。
2.與納稅有關的合同、協議書。
3.外出經營活動稅收管理證明。
4.境內或者境外公證機構出具的有關證明文件。
5.稅務機關規定應當報送的其他有關證件、資料。

扣繳義務人在辦理代扣代繳、代收代繳稅款報告表時，應同時報送代扣代繳、代收代繳稅款的合法憑證以及稅務機關規定的其他有關證件、資料。「納稅人、扣繳義務人按照規定的期限辦理納稅申報或者報送代扣代繳、代收代繳稅款報告表確有困難，需要延期的，應當在規定的期限內向稅務機關提出書面延期申請，經稅務機關核准，在核准的期限內辦理。」（註四）

扣繳義務人依法履行代扣、代收稅款義務，納稅人不得拒絕，如有拒絕，扣繳義務人應當及時報告稅務機關處理。

稅款徵收

「稅款徵收是稅收徵收管理中保證稅款及時、定額上繳國庫的重要環節。」（註五）依據中華人民共和國稅收徵收管理法實施細則第二十九條規定，由稅務機關徵收的各種稅收，其應收的稅款、滯納金、罰款由稅務機關上繳國庫。稅務機關所徵收的稅款，不得違反法律、行政法規的規定開徵、停徵、多徵或者少徵稅款。

一、延期納稅

納稅人、扣繳義務人按照法律、行政法規規定或者稅務機關依照法律、行政法規的規定確定的期限，繳納或者解繳稅款。納稅人因有特殊困難，不能按期繳納稅款的，經縣以上稅務局（分局）批准，可以延期繳納稅款，但最長不得超過3個月。

二、加收滯納金

納稅人未按照法律、行政法規規定期限繳納稅款的，或者解繳稅款的，稅務機關除責令限期繳納外，從滯納稅款之日起，按日加收滯納稅款20‰的滯納金。

三、退稅

「納稅人超過應納稅額繳納的稅款，稅務機關發現後應當立即退還；納稅人自結算繳納稅款之日起3年內發現的，可以向稅務機關要求退還，稅務機關查實後應當立即退還。」（註六）

四、補繳或追徵

因稅務機關的責任，致使納稅人、扣繳義務人未繳或者少繳稅款的，稅務機關在3年內可以要求納稅人、扣繳義務人補繳稅款，但是不得加收滯納金。因納稅人、扣繳義務人計算錯誤等失誤，未繳或者少繳稅款的，稅務機關在3年內可以追徵；有特殊情況的，追徵期可以延長到10年。所稱特殊情況，是指納稅人或者扣繳義務人因計算錯誤等失誤，未繳或者少繳、未扣或者少扣、未收或者少收稅款，數額在10萬元以上而言。「納稅人、扣繳義務人和其他當事人因逃稅未繳、少繳的稅款或者騙取的退稅款，稅務機關可以無限期追徵。」（註七）

稅務檢查

一、稅務機關有權進行下列稅務檢查

1. 檢查納稅人的帳簿、記帳憑證、報表和有關資料,檢查扣繳義務人代扣代繳、代收代繳稅款帳簿、記帳憑證和有關資料。
2. 到納稅人的生產、經營場所和貨物存放地檢查納稅人應納稅的商品、貨物或者其他財產,檢查扣繳義務人與代扣代繳、代收代繳稅款有關的經營情況。
3. 責成納稅人、扣繳義務人提供與納稅或者代扣代繳、代收代繳稅款有關的文件、證明材料和有關資料。
4. 詢問納稅人、扣繳義務人與納稅或者代扣代繳、代收代繳稅款有關的問題和情況。
5. 到車站、碼頭、機場、郵政企業及其分支機構檢查納稅人託運、郵寄納稅商品、貨物或者其他財產的有關單據、憑證和有關資料。
6. 經縣以上稅務局(分局)局長批准,憑全國統一格式的檢查存款帳戶許可證明,查核從事生產、經營的納稅人、扣繳義務人在銀行或者其他金融機構的存款帳戶;查核從事生產、經營的納稅人的儲蓄存款,須經銀行縣、市支行或者市分行的區辦事處核對,指定所屬儲蓄所提供資料。

二、提供資料

　　納稅人、扣繳義務人必須接受稅務機關依法進行的稅務檢查,如實反映情況,提供有關資料不得拒絕、隱瞞。稅務機關依法進行稅務

檢查時，有關部門和單位應當支持、協助，向稅務機關如實反映納稅人、扣繳義務人和其他當事人的與納稅或者代扣代繳、代收代繳稅款有關的情況，提供有關資料及證明材料。

三、違法案件

稅務機關調查稅務違法案件時，對與案件有關的情況和資料，可以記錄、錄音、錄影、照像和複製。

四、保守秘密

稅務機關派出的人員進行稅務檢查時，應當出示稅務檢查證件並有責任為被檢查人保守秘密。

法律責任

1. 納稅人有下列行為之一的，由稅務機關責令限期改正，逾期不改正的，可處以2,000元以下的罰款，情節嚴重的，處以2,000以上10,000元以下的罰款：
   · 未按照規定的期限申報辦理稅務登記、變更或者註銷登記的
   · 未按照規定設置、保管帳簿或者保管記帳憑證和有關資料的
   · 未按照規定將財務、會計制度或者財務、會計處理辦法報送稅務機關備查的
2. 扣繳義務人未按照規定設置保管代扣代繳、代收代繳稅款帳簿或者保管代扣代繳、代收代繳稅款記帳憑證及有關資料的，由稅務機關責令限期改正，逾期不改正的可以處以2,000元以下的罰款，情節嚴重的處以2,000元以上5,000元以下的罰款。
3. 納稅人未按照規定的期限辦理納稅申報的，或者扣繳義務人未

按照規定的期限向稅務機關報送代扣代繳、代收代繳稅款報告表的，由稅務機關責令限期改正，可處以2,000元以下的罰款；逾期不改正的，可處以2,000元以上10,000元以下罰款。

4.納稅人採取偽造、變造、隱匿、擅自銷毀帳簿、記帳憑證，在帳簿上多列支出或者不列、少列收入，或是進行虛假的納稅申報的手段，不繳或者少繳應納稅款的是逃稅。逃稅數額占應納稅額的10%以上並且逃稅數額在10,000元以上的，或者因逃稅被稅務機關給予2次行政處罰又逃稅的，除由稅務機關追繳其逃稅款外，依照關於懲治逃稅、抗稅犯罪的補充規定第一條的規定處罰；逃稅數額不滿10,000元或者逃稅數額占應納稅額不到10%的，由稅務機關追繳其逃稅款，處以逃稅數額5倍以下的罰款。

5.納稅人對欠繳稅款，採取轉移或隱匿財產手段，使稅務機關無法追繳的欠稅額在10,000元以上的，應按懲治逃稅、抗稅犯罪處罰。納稅人對欠繳稅額，採取轉移或隱匿財產手段，使稅務機關無法追繳的欠稅額不滿10,000元的，除追繳欠稅外，可處以欠稅額5倍以下的罰款。

6.納稅人向稅務人員行賄達到逃稅目的，應按照行賄罪追究刑事責任，追繳所逃稅款，並處不繳或者少繳的稅款的5倍以下罰金。

7.為納稅人、扣繳義務人非法提供銀行帳戶、發票、證明或者其他方便，導致未繳、少繳稅款或者騙取國家出口退稅的，稅務機關除沒收其非法所得外，並可處以未繳、少繳或者騙取的稅款1倍以下的罰款。

8.非法印製發票的行為，由稅務機關銷毀非法印製的發票，沒收其違法所得，並處以罰款。

註釋

註一：王家福編，《經濟法要義》，中國財政經濟出版社，1988年，第309頁。

註二：中華人民共和國稅收徵收管理法實施細則，第十六條。

註三：同上，第十九條。

註四：同上，第二十八條。

註五：財政部註冊會計師全國考試委員會編，《經濟法》，東北財經大學出版社，1994年，第124頁。

註六：中華人民共和國稅收徵收管理法，第三十條。

註七：中華人民共和國稅收徵收管理法實施細則，第五十五條。

附錄部分

附錄一：
中華人民共和國增值稅暫行條例
1993年12月13日國務院令第134號發布

第一條：在中華人民共和國境內銷售貨物或者提供加工、修理修配勞務以及進口貨物的單位和個人，爲增值稅的納稅義務人（以下簡稱納稅人），應當依照本條例繳納增值稅。

第二條：增值稅稅率：

1.納稅人銷售或者進口貨物，除本條第2項、第3項規定外，稅率爲17%。

2.納稅人銷售或者進口下列貨物，稅率爲13%：
- 糧食、食用植物油
- 自來水、暖氣、冷氣、熱水、煤氣、石油液化氣、天然氣、沼氣、居民用煤炭製品
- 圖書、報紙、雜誌
- 飼料、化肥、農藥、農機、農膜
- 國務院規定的其他貨物

3.納稅人出口貨物，稅率爲零；但是，國務院另有規定的除外。

4.納稅人提供加工、修理修配勞務（以下簡稱應稅勞務），稅率爲17%。稅率的調整，由國務院決定。

第三條：納稅人兼營不同稅率的貨物或者應稅勞務，應當分別核算不同稅率貨物或者應稅勞務的銷售額。未分別核算銷售額的，

從高適用稅率。

第四條：除本條例第十三條規定外，納稅人銷售貨物或者提供應稅勞務（以下簡稱銷售貨物或者應稅勞務），應納稅額爲當期銷項稅額抵扣當期進項稅額後的餘額。應納稅額計算公式：

應納稅額＝當期銷項稅額－當期進項稅額

因當期銷項稅額小於當期進項稅額不足抵扣時，其不足部分可以結轉下期繼續抵扣。

第五條：納稅人銷售貨物或者應稅勞務，按照銷售額和本條例第二條規定的稅率計算，並向購買方收取的增值稅額，爲銷項稅額。銷項稅額計算公式：

銷項稅額＝銷售額×稅率

第六條：銷售額爲納稅人銷售貨物或者應稅勞務向購買方收取的全部價款和價外費用，但是不包括收取的銷項稅額。

銷售額以人民幣計算。納稅人以外匯結算銷售額的，應當按外匯市場價格折合成人民幣計算。

第七條：納稅人銷售貨物或者應稅勞務的價格明顯偏低並無正當理由的，由主管稅務機關核定其銷售額。

第八條：納稅人購進貨物或者接受應稅勞務（以下簡稱購進貨物或者應稅勞務），所支付或者負擔的增值稅額爲進項稅額。

准予從銷項稅額中抵扣的進項稅額，除本條第三款規定情形外，限於下列增值稅扣稅憑證上註明的增值稅額：

1.從銷售方取得的增值稅專用發票上註明的增值稅額。

2.從海關取得的完稅憑證上註明的增值稅額。

購進免稅農業產品准予抵扣的進項稅額，按照買價和10%的扣除率計算。進項稅額計算公式：

進項稅額＝買價×扣除率

第九條：納稅人購進貨物或者應稅勞務，未按照規定取得並保存增值稅扣稅憑證，或者增值稅扣稅憑證上未按照規定註明增值稅額及其他有關事項的，其進項稅額不得從銷項稅額中抵扣。

第十條：下列項目的進項稅額不得從銷項稅額中抵扣：

1.購進固定資產。

2.用於非應稅項目的購進貨物或者應稅勞務。

3.用於免稅項目的購進貨物或者應稅勞務。

4.用於集體福利或者個人消費的購進貨物或者應稅勞務。

5.非正常損失的購進貨物。

6.非正常損失的在產品、產成品所耗用的購進貨物或者應稅勞務。

第十一條：小規模納稅人銷售貨物或者應稅勞務，實行簡易辦法計算應納稅額。小規模納稅人的標準由財政部規定。

第十二條：小規模納稅人銷售貨物或者應稅勞務的徵收率爲6%。徵收率的調整由國務院決定。

第十三條：小規模納稅人銷售貨物或者應稅勞務，按照銷售額和本條例第十二條規定的徵收率計算應納稅額，不得抵扣進項稅額。應納稅額計算公式：

應納稅額＝銷售額×徵收率

銷售額比照本條例第六條、第七條的規定確定。

第十四條：小規模納稅人會計核算健全，能夠提供準確稅務資料的，經主管稅務機關批准，可以不視爲小規模納稅人，依照本條例有關規定計算應納稅額。

第十五條：納稅人進口貨物，按照組成計稅價格和本條例第二條規定

的稅率計算應納稅額，不得抵扣任何稅額。組成計稅價格和應納稅額計算公式：

組成計稅價格＝關稅完稅價格＋關稅＋消費稅
應納稅額＝組成計稅價格×稅率

第十六條：下列項目免徵增值稅：

1.農業生產者銷售的自產農業產品。

2.避孕藥品和用具。

3.古舊圖書。

4.直接用於科學研究、科學試驗和教學的進口儀器、設備。

5.外國政府、國際組織無償援助的進口物資和設備。

6.來料加工、來料裝配和補償貿易所需進口的設備。

7.由殘疾人組織直接進口供殘疾人專用的物品。

8.銷售的自己使用過的物品。

除前款規定外，增值稅的免稅、減稅項目由國務院規定。任何地區、部門均不得規定免稅、減稅項目。

第十七條：納稅人兼營免稅、減稅項目的，應當單獨核算免稅、減稅項目的銷售額；未單獨核算銷售額的，不得免稅、減稅。

第十八條：納稅人銷售額未達到財政部規定的增值稅起徵點的，免徵增值稅。

第十九條：增值稅納稅義務發生時間：

1.銷售貨物或者應稅勞務，為收訖銷售款或者取得索取銷售款憑據的當天。

2.進口貨物，為報關進口的當天。

第二十條：增值稅由稅務機關徵收，進口貨物的增值稅由海關代徵。個人攜帶或者郵寄進境自用物品的增值稅，連同關稅一並

計徵。具體辦法由國務院關稅稅則委員會會同有關部門制
定。

第二十一條：納稅人銷售貨物或者應稅勞務，應當向購買方開具增值
稅專用發票，並在增值稅專用發票上分別註明銷售額和
銷項稅額。

屬於下列情形之一，需要開具發票的，應當開具普通發
票，不得開具增值稅專用發票：

1.向消費者銷售貨物或者應稅勞務的。

2.銷售免稅貨物的。

3.小規模納稅人銷售貨物或者應稅勞務的。

第二十二條：增值稅納稅地點：

1.固定業戶應當向其機構所在地主管稅務機關申報納
稅。總機構和分支機構不在同一縣（市）的，應當分
別向各自所在地主管稅務機關申報納稅；經國家稅務
總局或其授權的稅務機關批准，可以由總機構彙總向
總機構所在地主管稅務機關申報納稅。

2.固定業戶到外縣（市）銷售貨物的，應當向其機構所
在地主管稅務機關申請開具外出經營活動稅收管理證
明，向其機構所在地主管稅務機關申報納稅。未持有
其機構所在地主管稅務機關核發的外出經營活動稅收
管理證明，到外縣（市）銷售貨物或者應稅勞務的，
應當向銷售地主管稅務機關申報納稅；未向銷售地主
管稅務機關申報納稅的，由其機構所在地主管稅務機
關補徵稅款。

3.非固定業戶銷售貨物或者應稅勞務，應當向銷售地主
管稅務機關申報納稅。

4.進口貨物，應當由進口人或其代理人向報關地海關申

報納稅。

第二十三條：增值稅的納稅期限分別為1日、3日、5日、10日、15日或者1個月。納稅人的具體納稅期限，由主管稅務機關根據納稅人應納稅額的大小分別核定；不能按照固定期限納稅的，可以按次納稅。

納稅人以1個月為一期納稅的，自期滿之日起10日內申報納稅；以1日、3日、5日、10日或15日為一期納稅的，自期滿之日起5日內預繳稅款，於次月1日起10日內申報納稅並結清上月應納稅款。

第二十四條：納稅人進口貨物，應當自海關填發稅款繳納證的次日起7日內繳納稅款。

第二十五條：納稅人出口適用稅率為零的貨物，向海關辦理出口手續後，憑出口報關單等有關憑證，可以按月向稅務機關申報辦理該項出口貨物的退稅。具體辦法由國家稅務總局規定。

出口貨物辦理退稅後發生退貨或者退關的，納稅人應當依法補繳已退的稅款。

第二十六條：增值稅的徵收管理，依照「中華人民共和國稅收徵收管理法」及本條例有關規定執行。

第二十七條：對外商投資企業和外國企業徵收增值稅，按照全國人民代表大會常務委員會的有關決定執行。

第二十八條：本條例由財政部負責解釋，實施細則由財政部制定。

第二十九條：本條例自1994年1月1日起施行。1984年9月18日國務院發布的「中華人民共和國增值稅條例（草案）」、「中華人民共和國產品稅條例（草案）」同時廢止。

附錄二：

中華人民共和國增值稅暫行條例實施細則

1993年12月25日〔93〕財法字第38號

第一條：根據「中華人民共和國增值稅暫行條例」（以下簡稱條例）
第二十八條的規定，制定本細則。

第二條：條例第一條所稱貨物，是指有形動產，包括電力、熱力、氣
體在內。

條例第一條所稱加工，是指受託加工貨物，即委託方提供原
料及主要材料，受託方按照委託方的要求製造貨物並收取加
工費的業務。

條例第一條所稱修理修配，並指受託對損傷和喪失功能的貨
物進行修復，使其恢復原狀和功能的業務。

第三條：條例第一條所稱銷售貨物，是指有償轉讓貨物的所有權。

條例第一條所稱提供加工，修理修配勞務，是指有償提供加
工、修理修配勞務。但單位或個體經營者聘用的員工為本單
位或雇主提供加工、修理修配勞務，不包括在內。

本細則所稱有償，包括從購買方取得貨幣、貨物或其他經濟
利益。

第四條：單位或個體經營者的下列行為，視同銷售貨物：

1.將貨物交付他人代銷。

2.銷售代銷貨物。

3.設有兩個以上機構並實行統一核算的納稅人，將貨物從一

個機構移送其他機構用於銷售，但相關機構設在同一縣（市）的除外。

4.將自產或委託加工的貨物用於非應稅項目。

5.將自產、委託加工或購買的貨物作為投資，提供給其他單位或個體經營者。

6.將自產、委託加工或購買的貨物分配給股東或投資者。

7.將自產、委託加工的貨物用於集體福利或個人消費。

8.將自產、委託加工或購買的貨物無償贈送他人。

第五條：一項銷售行為如果既涉及貨物又涉及非應稅勞務，為混合銷售行為。從事貨物的生產、批發或零售的企業、企業性單位及個體經營者的混和銷售行為，視為銷售貨物，應當徵收增值稅；其他單位和個人的混合銷售行為，視為銷售非應稅勞務，不徵收增值稅。

納稅人的銷售行為是否屬於混合銷售行為，由國家稅務總局所屬徵收機關確定。本條第一款所稱非應稅勞務，是指屬於應繳營業稅的交通運輸業、建築業、金融保險業、郵電通信業、文化體育業、娛樂業、服務業稅目徵收範圍的勞務。

本條第一款所稱從事貨物的生產、批發或零售的企業、企業性單位及個體經營者，包括以從事貨物的生產、批發或零售為主，並兼營非應稅勞務的企業、企業性單位及個體經營者在內。

第六條：納稅人兼營非應稅勞務的，應分別核算貨物或應稅勞務和非應稅勞務的銷售額。不分別核算或者不能準確核算的，其非應稅勞務應與貨物或應稅勞務一並徵收增值稅。

納稅人兼營的非應稅勞務是否應當一並徵收增值稅，由國家稅務總局所屬徵收機關確定。

第七條：條例第一條所稱在中華人民共和國境內（以下簡稱境內）銷

售貨物，是指所銷售的貨物的起運地或所在地在境內。

條例第一條所稱在境內銷售應稅勞務，是指所銷售的應稅勞務發生在境內。

第八條：條例第一條所稱單位，是指國有企業、集體企業、私有企業、股份制企業、其他企業和行政單位、事業單位、軍事單位、社會團體及其他單位。

條例第一條所稱個人，是指個體經營者及其他個人。

第九條：企業租賃或承包給他人經營的，以承租人或承包人為納稅人。

第十條：納稅人銷售不同稅率貨物或應稅勞務，並兼營應屬一並徵收增值稅的非應稅勞務的，其非應稅勞務應從高適用稅率。

第十一條：小規模納稅人以外的納稅人（以下簡稱一般納稅人）因銷貨退回或折讓而退還給購買方增值稅額，應從發生銷貨退回或折讓當期的銷項稅額中扣減；因進貨退出或折讓而收回的增值稅額，應從發生進貨退出或折讓當期的進項稅額中扣減。

第十二條：條例第六條所稱價外費用，是指價外向購買方收取的手續費、補貼、基金、集資費、返還利潤、獎勵費、違約金（延期付款利息）、包裝費、包裝物租金、儲備費、優質費、運輸裝卸費、代收款項、代墊款項及其他各種性質的價外收費。但下列項目不包括在內：

1.向購買方收取的銷項稅額。

2.受託加工應徵消費稅的消費品所代收代繳的消費稅。

3.同時符合以下條件的代墊運費：

　·承運部門的運費發票開具給購貨方的

　·納稅人將該項發票轉交給購貨方的

凡價外費用，無論其會計制度如何核算，均應並入銷售額

計算應納稅額。

第十三條：混合銷售行爲和兼營的非應稅勞務，依照本細則第五條、第六條規定應當徵收增值稅的，其銷售額分別爲貨物與非應稅勞務的銷售額的合計、貨物或者應稅勞務與非應稅勞務的銷售額的合計。

第十四條：一般納稅人銷售貨物或者應稅勞務採用銷售額和銷項稅額合並定價方法的，按下列公式計算銷售額：

$$銷售額＝\frac{含稅銷售額}{1＋稅率}$$

第十五條：根據條例第六條的規定，納稅人按外匯結算銷售額的，其銷售額的人民幣折合率，可以選擇銷售發生的當天或當月1日的國家外匯牌價（原則上爲中間價）。納稅人應在事先確定採用何種折合率，確定後1年內不得變更。

第十六條：納稅人有條例第七條所稱價格明顯偏低並無正當理由或者有本細則第四條所列視同銷售貨物行爲而無銷售額者，按下列順序確定銷售額：

1.按納稅人當月同類貨物的平均銷售價格確定。

2.按納稅人最近時期同類貨物的平均銷售價格確定。

3.按組成計稅價格確定。組成計稅價格的公式爲：

$$組成計稅價格＝成本×（1＋成本利潤率）$$

屬於應徵消費稅的貨物，其組成計稅價格中應加計消費稅額。

公式中的成本是指：銷售自產貨物的爲實際生產成本，銷售外購貨物的爲實際採購成本。公式中的成本利潤率由國家稅務總局確定。

第十七條：條例第八條第三款所稱買價，包括納稅人購進免稅農業產品支付給農業生產者的價款和按規定代收代徵的農業特產稅。

前款所稱價款，是指經主管稅務機關批准使用的收購憑證上註明的價款。

第十八條：混合銷售行為和兼營的非應稅勞務，依照本細則第五條、第六條的規定應當徵收增值稅的，該混合銷售行為所涉及的非應稅勞務和兼營的非應稅勞務所用購進貨物的進項稅額，符合條例第八條規定的，准予從銷項稅額中抵扣。

第十九條：條例第十條所稱固定資產是指：

1.使用期限超過1年的機器、機械、運輸工具以及其他與生產經營有關的設備、工具、器具。

2.單位價值在2,000元以上，並且使用年限超過2年的不屬於生產經營主要設備的物品。

第二十條：條例第十條所稱非應稅項目，是指提供非應稅勞務、轉讓無形資產、銷售不動產和固定資產在建工程等。

納稅人新建、改建、擴建、修繕、裝飾建築物，無論會計制度規定如何核算，均屬於前款列稱固定資產在建工程。

第二十一條：條例第十條所稱非正常損失，是指生產經營過程中正常損耗外的損失，包括：

1.自然災害損失。

2.因管理不善造成貨物被盜竊、發生霉爛變質等損失。

3.其他非正常損失。

第二十二條：已抵扣進項稅額的購進貨物或應稅勞務發生條例第十條第2項至第6項所列情況的，應將該項購進貨物或應稅勞務的進項額從當期發生的進項稅額中扣減。無法準確確定該項進項稅額的，按當期實際成本計算應扣減的進項

稅額。

第二十三條：納稅人兼營免稅項目或非應稅項目（不包括固定資產在建工程）而無法準確劃分不得抵扣的進項稅額的，按下列公式計算不得抵扣的進項稅額。

不得抵扣的進項稅額＝當月全部進項稅額×

$$\frac{當月免稅項目銷售額、非應稅項目營業額合計}{當月全部銷售額、營業額合計}$$

第二十四條：條例第十一條所稱小規模納稅人的標準規定如下：

1.從事貨物生產或提供應稅勞務的納稅人，以及以從事貨物生產或提供應稅勞務為主，並兼營貨物批發或零售的納稅人，年應徵增值稅銷售額（以下簡稱應稅銷售額）在100萬元以下的。

2.從事貨物批發或零售的納稅人，年應稅銷售額在180萬以下的。

年應稅銷售額超過小規模納稅人標準的個人、非企業性單位、不經常發生應稅行為的企業，視同小規模納稅人納稅。

第二十五條：小規模納稅人的銷售額不包括其應納稅額。

小規模納稅人銷售貨物或應稅勞務採用銷售額和應納稅額合併定價方法的，按下列公式計算銷售額：

$$銷售額＝\frac{含稅銷售額}{1＋徵收率}$$

第二十六條：小規模納稅人因銷貨退回或折讓退還給購買方的銷售額，應從發生銷貨退回或折讓當期的銷售額中扣減。

第二十七條：條例第十四條所稱會計核算健全，是指能按會計制度和

稅務機關的要求準確核算銷項稅額、進項稅額和應納稅額。

第二十八條：個體經營者符合條例第十四條所定條件的，經國家稅務總局直屬分局批准，可以認定爲一般納稅人。

第二十九條：小規模納稅人一經認定爲一般納稅人後，不得再轉爲小規模納稅人。

第三十條：一般納稅人有下列情形之一者，應按銷售額依照增值稅稅率計算應納稅額，不得抵扣進項稅額，也不得使用增值稅專用發票：

1.會計核算不健全或者不能夠提供準確稅務資料的。

2.符合一般納稅人條件，但不申請辦理一般納稅人認定手續的。

第三十一條：條例第十六條所列部分免稅項目的範圍，限定如下：

1.第一款第1項所稱農業，是指種植業、養殖業、林業、牧業、水產業、農業生產者，包括從事農業生產的單位和個人。

農業產品是指初級農業產品，具體範圍由國家稅務總局直屬分局確定。

2.第一款第3項所稱古舊圖書，是指向社會收購的古書和舊書。

3.第一款第8項所稱物品，是指遊艇，摩托車、應徵消費稅的汽車以外的貨物。

自己使用過的物品，是指本細則第八條所稱其他個人自己使用過的物品。

第三十二條：條例第十八條所稱增值稅起徵點的適用範圍只限於個人。增值稅起徵點的幅度規定如下：

1.銷售貨物的起徵點爲月銷售額600元～2,000元。

2.銷售應稅勞務的起徵點爲月銷售額200元～800元。

3.按次納稅的起徵點爲每次（日）銷售額50元～80元。

前款所稱銷售額，是指本細則第二十五條第一款所稱小規模納稅人的銷售額。

國家稅務總局直屬分局應在規定的幅度內，根據實際情況確定本地區適用的起徵點，並報國家稅務總局備案。

第三十三條：條例第十九條第1項規定的銷售貨物或應稅勞務的納稅義務發生時間，按銷售結算方式的不同，具體爲：

1.採取直接收款方式銷售貨物，不論貨物是否發出，均爲收到銷售額或取得索取銷售額的憑據，並將提貨單交給買方的當天。

2.採取託收承付和委託銀行收款方式銷售貨物，爲發出貨物並辦妥託收手續的當天。

3.採取賒銷和分期收款方式銷售貨物，爲按合同約定的收款日期的當天。

4.採取預收貨款方式銷售貨物，爲貨物發出的當天。

5.委託其他納稅人代銷貨物，爲收到代銷單位銷售的代銷清單的當天。

6.銷售應稅勞務，爲提供勞務同時收訖銷售額或取得索取銷售額的憑據的當天。

7.納稅人發生本細則第四條第3項至第8項所列視同銷售貨物行爲，爲貨物移送的當天。

第三十四條：境外的單位或個人在境內銷售應稅勞務而在境內未設有經營機構的，其應納稅款以代理人爲扣繳義務人；沒有代理人的，以購買者爲扣繳義務人。

第三十五條：非固定業戶到外縣（市）銷售貨物或者應稅勞務未向銷售地主管稅務機關申報納稅的，由其機構所在地或者居

住地主管稅務機關補徵稅款。

第三十六條：條例第二十條所稱稅務機關，是指國家稅務總局及其所屬徵收機關。

條例和本細則所稱主管稅務機關、徵收機關，均指國家稅務總局所屬支局以上稅務機關。

第三十七條：本細則所稱「以上」、「以下」，均含本數或本級。

第三十八條：本細則由財政部解釋，或者由國家稅務總局解釋。

第三十九條：本細則從條例施行之日起實施。1984年9月28日財政部頒發的「中華人民共和國增值稅條例（草案）實施細則」、「中華人民共和國產品稅條例（草案）實施細則」同時廢止。

附錄三：
增值稅部分貨物徵稅範圍註釋
1993年12月25日國稅發〔1993〕151號

一、糧食

糧食是各種主食食科的總稱。本貨物的範圍包括小麥、稻穀、玉米、高梁、穀子、大豆和其他雜糧（如大麥、燕麥）及經加工的麵粉、大米、玉米等。不包括糧食複製品（如掛麵、切麵、餛飩皮等）和各種熟食品和副食品。

二、食用植物油

植物油是從植物根、莖、葉、果實、花或胚芽組織中加工提取的油脂。

食用植物油僅指：芝麻油、花生油、豆油、菜籽油、米糠油、葵花籽油、棉籽油、玉米胚油、茶油、胡麻油以及以上述油為原料生產的混合油。

三、自來水

自來水是指自來水公司及工礦企業經抽取、過濾、沈澱、消毒等程序加工後，透過供水系統向用戶供應的水。

農業灌溉用水、引水工程輸送的水等，不屬於本貨物的範圍。

四、暖氣、熱水

暖氣、熱水是指利用各種燃料（如煤、石油、其他各種氣體或固體、液體燃料）和電能將水加熱，使之生成的氣體和熱水，以及開發自然熱能，如開發地熱資源或用太陽能生產的暖氣、熱氣、

熱水。利用工業餘熱生產、回收的暖氣、熱氣和熱水也屬於本貨物的範圍。

五、冷氣

冷氣是指為了調節室內溫度，利用製冷設備生產的，並透過供風系統向用戶提供的低溫氣體。

六、煤氣

煤氣是指由煤、焦炭、半焦和重油等經乾餾或汽化等生產過程所得氣體產物的總稱。煤氣的範圍包括：

1.焦爐煤氣：是指煤在煉焦爐中進行乾餾所產生的煤氣。

2.發生爐煤氣：是指用空氣（或氧氣）和少量的蒸氣將煤或焦炭、半焦，在煤氣發生爐中進行汽化所產生的煤氣、混合煤氣、水煤氣、單水煤氣、雙水煤氣等。

3.液化煤氣：是指壓縮成液體的煤氣。

七、石油液化氣

石油液化氣是指由石油加工過程中所產生的低分子量的烴類煉廠氣經壓縮成的液體。主要成分是丙烷、丁烷、丁烯等。

八、天然氣

天然氣是蘊藏在地層內的碳氫化合物可燃氣體。主要含有甲烷、乙烷等低分子烷烴和丙烷、丁烷、戊烷及其他重質氣態烴類。天然氣包括氣田天然氣、油田天然氣、煤礦天然氣和其他天然氣。

九、沼氣

沼氣主要成分為甲烷，由植物殘體在與空氣隔絕的條件下經自然分解而成，沼氣主要作燃料。本貨物的範圍包括：天然沼氣和人工生產的沼氣。

十、居民用煤炭製品

居民用煤炭製品是指煤球、煤餅、蜂窩煤和引火炭。

十一、圖書、報紙、雜誌

圖書、報紙、雜誌是採用印刷工藝，按照文字、圖畫和線條原稿印刷成的紙製品，本貨物的範圍是：

1. 圖書：是指由國家新聞出版署批准的出版單位出版，採用國際標準號編序的書籍以及圖片。

2. 報紙：是指經國家新聞出版署批准，在各省、自治區、直轄市新聞出版部門登記，具有國內統一刊號（CN）的報紙。

3. 雜誌：是指經國家新聞出版署批准，在省、自治區、直轄市新聞出版管理部門登記，具有國內統一刊號（CN）的刊物。

十二、飼料

飼料是指用於動物飼養的產品或其加工品。本貨物的範圍包括：

1. 單一飼料：指作飼料用的某一種動物、植物、微生物產品或其加工品。

2. 混合飼料：指採用簡單方法，將兩種以上的單一飼料混合在一起的飼料。

3. 配合飼料：指根據不同的飼養對象，飼養對象的不同生長發育階段，對各種營養成分的不同需要量，採用科學的方法，將不同的飼料按一定的比例配合在一起，並均勻地攪拌，製成一定料型的飼料。

直接用於動物飼養的糧食、飼料添加劑不屬於本貨物的範圍。

十三、化肥

化肥是指經化學和機械加工製成的各種化學肥料。化肥的範圍包括：

1. 化學氮肥：主要品種有尿素和硫酸銨、硝酸銨、碳酸氫銨、氯化銨、石火氨、氨水等。

2. 磷肥：主要品種有磷礦粉、過磷酸鈣（包括普通過磷酸鈣和

重過磷酸鈣兩種）、鈣鎂磷肥、鋼渣磷肥等。

3.鉀肥：主要品種有硫酸鉀、氯化鉀等。

4.複合肥料：是用化學方法合成或混配製成含有氮、磷、鉀中
的兩種或兩種以上的營養元素的肥料。含有兩種的稱二元複
合肥料，含有三種的稱三元複合肥料，也有含三種元素和某
些其他元素的叫多元複合肥料。主要產品有硝酸磷肥、磷酸
銨、磷酸二氫鉀肥、鈣鎂磷鉀肥、磷酸一銨、磷酸二銨、氮
磷鉀複合肥等。

5.微量元素肥：是指含有一種或多種植物生長所必需的，但需
要量又極少的營養元素的肥料，如硼肥、錳肥、鋅肥、銅
肥、鉬肥等。

6.其他肥：是指上述列舉以外的其他化學肥料。

十四、農藥

農藥是指用於農林業的防治病蟲害、除草及調節植物生長的藥
劑。農藥包括農藥原藥和農藥製劑。如殺蟲劑、殺菌劑、除草
劑、植物生長調節劑、植物性農藥、微生物農藥、衛生用藥、
其他農藥原藥、製劑等等。

十五、農膜

農膜是指用於農業生產的各種地膜、大棚膜。

十六、農機

農機是指用於農業生產（包括林業、牧業、副業、漁業）的各
種機器和機械化和半機械化農具以及小農具。農機的範圍為：

1.拖拉機：是以內燃機為驅動牽引機具，從事作業和運載物資
的機械。包括輪拖拉機、履帶拖拉機、手扶拖拉機、機耕
船。

2.土壤耕整機械：是對土壤進行耕翻整理的機構。包括機引
犁、機引耙、旋耕機、鎮壓器、聯合整地器、合壤器、其他

土壤耕整機械。

3.農田基本建設機械：是指從事農田基本建設的專用機械。包括開溝築埂機、開溝鋪管機、鏟拋機、平地機、其他農田基本建設機械。

4.種植機械：是指將農作物種子或秧苗移植到適於作物生長的苗床機械。包括播種機、水稻插秧機、栽植機、地膜覆蓋機、復式播種機、秧苗準備機械。

5.植物保護和管理機械：是指農作物在生長過程中的管理、施肥，防治病蟲害的機械。包括機動噴粉機、噴霧機（器）、彌霧噴粉機、修剪機、中耕除草機、播種中耕機、培土機具、施肥機。

6.收獲機械：是指收獲各種農作物的機械。包括糧穀、棉花、薯類、甜菜、甘薯、茶葉、油料等收獲機。

7.場上作業機械：是指對糧食作物進行脫粒、清選、烘乾的機械設備。包括各種脫粒機、清選機、糧穀乾燥機、種子精選機。

8.排灌機械：是指由於農牧業排水、灌溉的各種機械設備。包括噴灌機、半機械化提水機具、打井機。

9.農副產品加工機械：是指對農副產品進行初加工，加工後的產品仍屬農副產品的機械。包括茶葉機械、剝殼機械棉花加工機械（包括棉花打包機）、食用菌機械（培養木耳、蘑菇等）、小型糧穀機械。

以農副產品為原料加工工業產品的機構，不屬於本貨物的範圍。

10.農業運輸機械：是指農業生產過程中所需的各種運輸機械。包括人力車（不包括三輪運貨車）、畜力車和拖拉機掛車。

農用汽車不屬於本貨物的範圍。

11.畜牧業機械：是指畜牧業生產中所需的各種機械。包括草原建設機械、牧業收獲機械、飼料加工機械、畜禽飼養機械、畜產品採集機械。

12.漁業機械：是指捕撈、養殖水產品所用的機械。包括捕撈機械、增氧機、餌料機。機動漁船不屬於本貨物的範圍。

13.林業機械：是指用於林業的種植、育林的機械。包括清理機械、育林機械、樹苗栽植機械。

森林砍伐機械、集材機械不屬於本貨物徵收範圍。

14.小農具：包括畜力犁、畜力耙、鋤頭和鐮刀等農具。

農機零部件不屬於本貨物的徵收範圍。

附錄四：

增值稅專用發票使用規定（試行）

1993年12月27日 國稅發〔1993〕150號

第一條：增值稅專用發票（以下簡稱專用發票）只限於增值稅的一般
納稅人領購使用，增值稅的小規模納稅人和非增值稅納稅人
不得使用。

第二條：一般納稅人有下列情形之一者，不得領購使用專用發票：

1.會計核算不健全，即不能按會計制度和稅務機關的要求準
確核算增值稅的銷項稅額、進項稅額和應納稅額者。

2.不能向稅務機關準確提供增值稅銷項稅額、進項稅額、應
納稅額數據及其他有關增值稅稅務資料者。

上述其他有關增值稅稅務資料的內容，由國家稅務總局直屬
分局確定。

3.有以下行為，經稅務機關責令限期改正而仍未改正者：

· 私自印製專有發票

· 向個人或稅務機關以外的單位買取專用發票

· 借用他人專用發票

· 向他人提供專用發票

· 未按本規定第五條的要求開具專用發票

· 未按規定保管專用發票

· 未按本規定第十六條的規定申報專用發票的購、用、存
情況

‧未按規定接受稅務機關檢查

4.銷售的貨物全部屬於免稅項目者。

有上列情形的一般納稅人如已領購使用專用發票，稅務機關應收繳其結存的專用發票。

第三條：除本規定第四條所列情形外，一般納稅人銷售貨物（包括視同銷售貨物在內）、應稅勞務、根據增值稅細則規定應當徵收增值稅的非應稅勞務（以下簡稱銷售應稅項目），必須向購買方開具專用發票。

第四條：下列情形不得開具專用發票：

1.向消費者銷售應稅項目。

2.銷售免稅項目。

3.銷售報關出口的貨物，在境外銷售應稅勞務。

4.將貨物用於非應稅項目。

5.將貨物用於集體福利或個人消費。

6.將貨物無償贈送他人。

7.提供非應稅勞務（應當徵收增值稅的除外）、轉讓無形資產或銷售不動產。

向小規模納稅人銷售應稅項目，可以不開具專用發票。

第五條：專用發票必須按下列要求開具：

1.字跡清楚。

2.不得塗改。如填寫有誤，應另行開具專用發票，並在誤填的專用發票上註明「誤填作廢」四字。如專用發票開具後，因購貨方不索取而成為廢票的，也應按填寫有誤辦理。

3.項目填寫齊全。

4.票、物相符，票面金額與實際收取的金額相符。

5.各項目內容正確無誤。

6.全部聯次一次填開，上、下聯的內容和金額一致。

7.發票聯和抵扣聯加蓋財務專用章或發票專用章。

8.按照本規定第六條所規定的時限開具專用發票。

9.不得開具偽造的專用發票。

10.不得拆本使用專用發票。

11.不得開具票樣與國家稅務總局統一製定的票樣不相符合的
專用發票。

開具的專用發票有不符合上列要求者，不得作爲扣稅憑證，
購買方有權拒收。

第六條：專用發票開具時限規定如下：

1.採用預收貨款、託收承付、委託銀行收款結算方式的，爲
貨物發出的當天。

2.採用交款提貨結算方式的，爲收到貨款的當天。

3.採用賒銷、分期付款結算方式的，爲合同約定的收款日期
的當天。

4.將貨物交付他人代銷，爲收到受託人送交的代銷清單的當
天。

5.設有兩個以上機構並實行統一核算的納稅人，將貨物從一
個機構移送其他機構用於銷售，按規定應當徵收增值稅
的，爲貨物移送的當天。

6.將貨物作爲投資提供給其他單位或個體經營者，爲貨物移
送的當天。

7.將貨物分配給股東，爲貨物移送的當天。

一般納稅人必須按規定時限開具專用發票，不得提前或滯
後。

第七條：專用發票的基本聯次統一規定爲四聯，各聯次必須按以下規
定用途使用：

1.第一聯為存根聯，由銷貨方留存備查。

2.第二聯為發票聯，購貨方作付款的記帳憑證。

3.第三聯為稅款抵扣聯，購貨方作扣稅憑證。

4.第四聯為記帳聯，銷貨方作銷售的記帳憑證。

第八條：除購進免稅農業產品和自營進口貨物外，購進應稅項目有下列情況之一者，不得抵扣進項稅額：

1.未按規定取得專用發票。

2.未按規定保管專用發票。

3.銷售方開具的專用發票不符合本規定第五條第1項至第9項和第11項的要求。

第九條：有下列情形之一者，為本規定第八條所稱未按規定取得專用發票：

1.未從銷售方取得專用發票。

2.只取得記帳聯或只取得抵扣聯。

第十條：有下列情況之一者，為本規定第二條、第八條所稱未按規定保管專用發票：

1.未按照稅務機關的要求建立專用發票管理制度。

2.未按照稅務機關的要求設專人保管專用發票。

3.未按照稅務機關的要求設置專門存放專用發票的場所。

4.稅款抵扣聯未按稅務機關的要求裝訂成冊。

5.未經稅務機關查驗擅自銷毀專用發票的基本聯次。

6.丟失專用發票。

7.損（撕）毀專用發票。

8.未執行國家稅務總局或其直屬分局提出的其他有關保管專用發票的要求。

第十一條：有本規定第八條所列情形者，如其購進應稅項目的進項稅額已經抵扣，應從稅務機關發現其有上述情形的當期的進

項稅額中扣減。

第十二條：銷售貨物並向購買方開具專用發票後，如發生退貨或銷售折讓，應視不同情況分別按以下規定辦理：

購買方在未付貸款且未作帳務處理的情況下，須將原發票聯和稅款抵扣聯主動退還銷售方。銷售方收到後應在該發票聯和稅款抵扣聯及有關的存根聯、記帳聯上註明「作廢」字樣，作為扣減當期銷項稅額的憑證。未收到購買方退還的專用發票前，銷售方不得扣減當期銷項稅額。屬於銷售折讓的，銷售方應按折讓後的貨款重開專用發票。

在購買方已付貨款或者貨款未付但已作帳務處理，發票聯及抵扣聯無法退還的情況下，購買方必須取得當地主管稅務機關開具的進貨退出或索取折讓證明單（以下簡稱證明單）送交銷售方，作為銷售方開具紅字專用發票的合法依據。銷售方在未收到證明單以前，不得開具紅字專用發票；收到證明單後，根據退回貨物的數量、價款或折讓金額向購買方開具紅字專用發票。紅字專用發票的存根聯、記帳聯作為銷售方扣減當期銷項稅額的憑證，其發票聯、稅款抵扣聯作為購買方扣減進項稅額的憑證。

購買方收到紅字專用發票後，應將紅字專用發票所註明的增值稅額從當期進項稅額中扣減，如不扣減，造成不納稅或少納稅的，屬於逃稅行為。

第十三條：使用電子計算機開具專用發票必須報經主管稅務機關批准並使用由稅務機關監制的機外發票。

第十四條：符合下列條件的一般納稅人，可以向主管稅務機關申請使用電子計算機開具專用發票：

1.有專業電子計算機技術人員、操作人員。

2.具備透過電子計算機開具專用發票和按月列印進貨、銷

貨及庫存清單的能力。

3.國家稅務總局直屬分局規定的其他條件。

第十五條：申請使用電子計算機，必須向主管稅務機關提供申請報告
及以下資料：

1.按照專用發票（機外發票）格式用電子計算機製作的模
擬樣張。

2.根據會計操作程序用電子計算機製作的最近月份的進
貨、銷貨及庫存清單。

3.電子計算機設備的配置情況。

4.有關專用電子計算機技術人員、操作人員的情況。

5.國家稅務總局直屬分局要求提供的其他資料。

第十六條：使用專用發票必須按月在「增值稅納稅申報表」附列資料
欄目中如實填列購、用（包括作廢）、存情況。

第十七條：進貨退出或索取折讓證明單的基本聯次為三聯：第一聯為
存根聯，由稅務機關留存備查；第二聯為證明聯，交由購
買方送銷售方為開具紅字專用發票的合法依據；第三聯，
購貨單位留存。證明單必須由稅務機關開具，並加蓋主管
稅務機關印章，不得將證明單交由納稅人自行開具。

證明單的印刷，按照「中華人民共和國發票管理辦法」及
其細則有關發票印製的規定辦理。

一般納稅人取得的證明單應按照稅務機關的要求裝訂成
冊，並按照有關發票保管的規定進行保管。

第十八條：專用發票的票樣與進貨退出或索取折讓證明單樣式，由國
家稅務總局統一製定，其他單位和納稅人不得擅自改變。

第十九條：本規定所稱稅務機關、主管稅務機關，均指國家稅務總局
及其所屬支局以上的徵收機關。

第二十條：本規定自1994年1月1日起執行。

附錄五：
增值稅若干具體問題的規定

1993年12月28日　國稅發〔1993〕154號

一、徵稅範圍

1. 貨物期貨（包括商品期貨和貴金屬期貨），應當徵收增值稅。

2. 銀行銷售金銀的業務，應當徵收增值稅。

3. 融資租賃業務無論租賃的貨物的所有權是否轉讓給承租方，均不徵收增值稅。

4. 基本建設單位和從事建築安裝業務的企業附設的工廠、車間生產的水泥預製構件、其他構件或建築材料，用於本單位或本企業的建築工程的，應在移送使用時徵收增值稅。但對其在建築現場製造的預製構件，凡直接用於本單位或本企業建築工程的，不徵收增值稅。

5. 典當業的死當物品銷售業務和寄售業代委託人銷售寄售物品的業務，均應徵收增值稅。

6. 因轉讓著作所有權而發生的銷售電影母片、錄影帶母帶、錄音磁帶母帶的業務，以及因轉讓專利技術和非專利技術的所有權而發生的銷售計算機軟件的業務，不徵收增值稅。

7. 供應或開採未經加工的天然水（如水庫供應農業灌溉用水、工廠自採地下水用於生產），不徵收增值稅。

8. 郵政部門銷售集郵郵票、首日封，應當徵收增值稅。

9.縫紉應當徵收增值稅。

二、計稅依據

1.納稅人爲銷售貨物而出租出借包裝物收取的押金，單獨記帳核算的，不並入銷售額徵稅。但對因逾期未收回包裝物不再退還的押金，應按所包裝貨物的適用稅率徵收增值稅。

2.納稅人採取折扣方式銷售貨物，如果銷售額和折扣額在同一張發票上分別註明的，可按折扣後的銷售額徵收增值稅；如果將折扣額另開發票，不論其在財務上如何處理，均不得從銷售額中減除折扣額。

3.納稅人採取以舊換新方式銷售貨物，應按新貨物的同期銷售價格確定銷售額。納稅人採取還本銷售方式銷售貨物，不得從銷售額中減除還本支出。

4.納稅人因銷售價格明顯偏低或者無銷售價格等原因，按照規定需要組成計稅價格確定銷售額的，其組價公式中的成本利潤率爲10％，但屬於應從價定率徵收消費稅的貨物，其組價公式中的成本利潤率，爲「消費稅若干具體問題的規定」中規定的成本利潤率。

三、小規模納稅人標準

1.增值稅細則第二十四條關於小規模納稅人標準的規定中提到的銷售額，是指該細則第二十五條所說小規模納稅人的銷售額。

2.該細則第二十四條所說的以從事貨物生產或提供應稅勞務爲主，並兼營貨物的批發或零售的納稅人，是指該類納稅人的全

　　部年應稅銷售額中貨物或應稅勞務的銷售額超過50%，批發或
　　零售貨物的銷售額不到50%。

四、固定業戶到外縣（市）銷售貨物，應當向其機構所在地主管稅務
　　機關申請開具外出經營活動稅收管理證明，回其機構所在地向稅
　　務機關申報納稅。未持有其機構所在地主管稅務機關核發的外出
　　經營活動稅收管理證明的，銷售地主管稅務機關一律按6%的徵
　　收率徵稅。其在銷售地發生的銷售額，回機構所在地後，仍應按
　　規定申報納稅，在銷售地繳納的稅款不得從當期應納稅額中扣
　　減。

附錄六：
關於增值稅會計處理的規定

　　「中華人民共和國增值稅暫行條例」已經國務院頒發，現對有關會計處理辦法規定如下：

一、會計科目

　　1.企業應在「應交稅金」科目下設置「應交增值稅」明細科目。在「應交增值稅」明細帳中，應設置「進項稅額」、「已交稅金」、「銷項稅額」、「出口退稅」、「進項稅額轉出」等專欄。

　　「進項稅額」專欄，記錄企業購入貨物或接受應稅勞務而支付的，准予從銷項稅額中抵扣的增值稅額，企業購入貨物或接受應稅勞務支付的進項稅額用藍字登記；退回所購貨物應沖銷的進項稅額用紅字登記。

　　「已交稅金」專欄，記錄企業已繳納的增值稅額。企業已繳納的增值稅額用藍字登記；退回多繳的增值稅額用紅字登記。

　　「銷項稅額」專欄，記錄企業銷售貨物或提供應稅勞務應收取的增值稅額。企業銷售貨物或提供應稅勞務應收取的銷項稅額用藍字登記；退回銷售貨物應沖銷銷項稅額用紅字登記。

　　「出口退稅」專欄，記錄企業出口適用零稅率的貨物，向海關辦理報關出口手續後，憑出口報關單等有關憑證，向稅務機關

申報辦理出口退稅而收到退回的稅款。出口貨物退回的增值稅額，用藍字登記；出口貨物辦理退稅後發生退貨或者退關而補繳已退的稅款，用紅字登記。

「進項稅額轉出」專欄，記錄企業的購進貨物，在產品、產成品等發生非正常損失以及其他原因而不應從銷項稅中抵扣，按規定轉出的進項稅額。

2.帳務處理方法如下：

・企業國內採購的貨物，按照專用發票上註明的增值稅額，借記「應交稅金——應交增值稅（進項稅額）」科目，按照專用發票上記載的應計入採購成本的金額，借記「材料採購」、「商品採購」、「原材料」、「製造費用」、「管理費用」、「經營費用」、「其他業務支出」等科目，按照應付或實際支付的金額，貸記「應付帳款」、「應付票據」、「銀行存款」等科目。購入貨物發生的退貨，作相反的會計分錄

・企業接受投資轉入的貨物，按照專用發票上註明的增值稅額，借記「應交稅金——應交增值稅（進項稅額）」科目，按照確認的投資貨物價值，（已扣增值稅，下同），借記「原材料」等科目，按照增值稅額與貨物價值的合計數，貸記「實收資本」等科目

企業接受捐贈轉入的貨物，按照專用發票上註明的增值稅額，借記「應交稅金——應交增值稅（進貨稅額）」科目，按照確認的捐贈貨物的價值，借記「原材料」等科目，按照增值稅額與貨物價值的合計數，貸記「資金公積」科目

・企業接受應稅勞務，按照專用發票上註明的增值稅額，借記「應交稅金——應交增值稅（進項稅額）」科目，按專用發票上記載的應計入加工、修理修配等貨物成本的金額，借記

其他業務支出「製造費用」、「委託加工材料」、「加工商品」、「經營費用」、「管理費用」等科目，按應付或實際支付的金額，貸記「應付帳款」、「銀行存款」等科目

· 企業進口貨物，按照海關提供的完稅憑證上註明的增值稅額，借記「應交稅金──應交增值稅（進項稅額）科目，按照進口貨物應計入採購成本的金額，借記「材料採購」、「商品採購」、「原材料」等科目，按照應付或實際支付的金額，貸記「應付帳款」、「銀行存款」等科目

· 企業購進免稅農業產品，按購入農業產品的買價和規定的扣除率計算的進項稅額，借記「應交稅金──應交增值稅（進項稅額）」科目，按買價扣除按規定計算的進項稅額後的數額，借記「材料採購」、「商品採購」等科目，按應付或實際支付的價款，貸記「應付帳款」、「銀行存款」等科目

· 企業購入固定資產，其專用發票上註明的增值稅額計入固定資產的價值，其會計處理辦法按照現行有關的會計制度規定辦理

企業購入貨物及接受應稅勞務直接用於非應稅項目，或直接用於免稅項目以及直接用於集體福利和個人消費的，其專用發票上註明的增值稅額，計入購入貨物及接受勞務的成本，其會計處理方法按照現行有關會計制度規定辦理

實行簡易辦法計算繳納增值稅的小規模納稅企業（以下簡稱小規模納稅企業）購入貨物及接受應稅勞務支付的增值稅額，也應直接計入有關貨物及勞務的成本，其會計處理方法按照現行有關會計制度規定辦理

· 企業銷售貨物或提供應稅勞務（包括將自產、委託加工或購買的貨物分配給股東或投資者），按照實現的銷售收入和按規定收取的增值稅額，借記「應收帳款」、「應收票據」、

「銀行存款」、「應付利潤」等科目，按照按規定收取的增值稅額，貸記「應交稅金──應交增值稅（銷項稅額）」科目，按實現的銷售收入，貸記「產品銷售收入」、「商品銷售收入」、「其他業務收入」等科目。發生的銷售退回，作相反的會計分錄

‧小規模納稅企業銷售貨物或提供應稅勞務，按實現的銷售收入和按規定收取的增值稅額，借記「應收帳款」、「應收票據」、「銀行存款」等科目，按規定收取的增值稅額，貸記「應交稅金──應交增值稅」科目，按實現的銷售收入，貸記「產品銷售收入」、「商品銷售收入」、「其他業務收入」等科目

‧企業出口適用零稅率的貨物，不計算銷售收入應繳納的增值稅。企業向海關辦理報關出口手續後，憑出口報關單等有關憑證，向稅務機關申報辦理該項出口貨物的進項稅額的退稅。企業在收到出口貨物退回的稅款時，借記「銀行存款」科目，貸記「應交稅金──應交增值稅（出口退稅）」科目。出口貨物辦理退稅後發生的退貨或是退關補繳已退回稅款的，作相反的會計分錄

‧企業將自產或委託加工的貨物用於非應稅項目，應視同銷售貨物計算應繳增值稅，借記「在建工程」等科目，貸記「應交稅金──應交增值稅（銷項稅額）」科目

企業將自產、委託加工或購買的貨物作為投資，提供給其他單位或個體經營者，應視同銷售貨物計算應繳增值稅，借記「長期投資」科目，貸記「應交稅金──應交增值稅（銷項稅額）」科目

企業將自產、委託加工的貨物用於集體福利消費等，應視同銷售貨物計算應繳增值稅，借記「在建工程」等科目，貸記

「應交稅金——應交增值稅（銷項稅額）」科目

・隨同產品出售但單獨計價的包裝物，按規定應繳納的增值稅，借記「應收帳款」等科目，貸記「應交稅金——應交增值稅（銷項稅額）」科目。企業逾期未退還的包裝物押金，按規定應繳納的增值稅，借記「其他應付款」等科目，貸記「應交稅金——應交增值稅（銷項稅額）」科目

・企業購進的貨物，在產品、產成品發生非正常損失，以及購進貨物改變用途等原因，其進項稅額，應相應轉入有關科目，借記「待處理財產損益」、「在建工程」、「應付福利費」等科目，貸記「應交稅金——應交增值稅（進項稅額轉出）科目。屬於轉作待處理財產損失的部分，應與遭受非正常損失的購進貨物，在產品、產成品成本一並處理

・企業上繳增值稅時，借記「應交稅金——應交增值稅（已交稅金）」（小規模納稅企業記入「應交稅金——應交增值稅」）科目，貸記「銀行存款」科目，收到退回多繳的增值稅，作相反的會計分錄

・「應交稅金——應交增值稅」科目的借方發生額反映企業購進貨物或接受應稅勞務支付的進項稅額和實際已繳納的增值稅；貸方發生額，反映銷售貨物或提供應稅勞務應繳納的增值稅額，出口貨物退稅，轉出已支付或應分擔的增值稅；期末借方餘額，反映企業多繳或尚未抵扣的增值稅，尚未抵扣的增值稅，可以抵扣以後各期的銷項稅額；期末貸方餘額，反映企業尚未繳納的增值稅

・企業的「應交稅金」科目所屬「應交增值稅」明細科目可按上述規定設置有關的專欄進行明細核算；也可以將有關專欄的內容在「應交稅金」科目下分別單獨設置明細科目進行核算，在這種情況下，企業可沿用三欄式帳戶，在月份終了

時，再將有關明細帳的餘額結轉「應交稅金——應交增值
稅」科目。小規模納稅企業仍可沿用三欄式帳戶，核算企業
應繳、已繳及多繳或欠繳的增值稅

二、會計報表

企業應增設會工（或會商等）附表1「應交增值稅明細表」，本
表應根據「應交稅金——應交增值稅」科目的記錄填列。

應交增值稅明細表（會工或會商等）

編製單位：　　　年　月　單位：元

項　　　　　　　目	行次	本 月 數	本年累計數
1.年初未交數 （多交或未抵扣數用負號填列）	1	×	
2.銷項稅額	2		
出口退稅	3		
進項稅額轉出數	4		
	5		
3.進項稅額	6		
已交稅金	7		
	8		
4.期末未交數 （多交或未抵扣數用負號填列）	9	×	

本表各項目間的相互關係如下：

本年累計數欄第9行＝1行＋2行＋3行＋4行－6行－7行。

三、「應交稅金——應交增值稅」帳戶的示範格式如下：

應交稅金——應交增值稅

略	借　　　方			
	合計	進項稅額	已交稅金	

應交稅金——應交增值稅

貸　　　方				借或貸	餘額
合計	借項稅額	出口退稅	進項稅額轉出		

附錄七：
增值稅小規模納稅人徵收管理辦法

第一條：為了加強對增值稅小規模納稅人（以下簡稱小規模納稅人）
　　　　繳納增值稅的管理，幫助小規模納稅人提高經營管理水平，
　　　　根據「中華人民共和國稅收徵收管理法」和「中華人民共和
　　　　國增值稅暫行條例」的有關規定，制定本辦法。

第二條：小規模納稅人是指年銷售額在規定標準以下，並且會計核算
　　　　不健全，不能按規定報送有關稅務資料的增值稅納稅人。
　　　　上款所稱會計核算不健全是指不能正確核算增值稅的銷項稅
　　　　額、進項稅額和應納稅額。
　　　　小規模納稅人銷售額標準為：
　　　　1.從事貨物生產或提供應稅勞務的納稅人，以及以從事貨物
　　　　　生產或提供應稅勞務為主，並兼營貨物批發或零售的納稅
　　　　　人，年應徵增值稅銷售額（以下稱應稅銷售額）在100萬
　　　　　元以下的。
　　　　2.從事貨物批發或零售的納稅人，年應稅銷售額以在180萬
　　　　　元以下的。
　　　　年應稅銷售額超過小規模納稅人標準的個人，非企業性單
　　　　位，不經常發生應稅行為的企業，視同小規模納稅人納稅。

第三條：年應稅銷售額未超過標準的小規模企業（未超過標準的企業
　　　　和企業性單位），帳簿健全、能準確核算並提供銷項稅額、

進項稅額，並能按規定報送有關稅務資料的，經企業申請稅
務部門可將其認定為一般納稅人。

第四條：認定一般納稅人，還是小規模納稅人的權限，在縣級以上稅
務機關。

第五條：小規模納稅人實行簡易辦法徵收增值稅，應納稅額的計算公
式為：

$$應納稅額＝應稅銷售額×徵收率$$

以上公式中，徵收率為6％。

第六條：為了既有利於加強專用發票的管理，又不影響小規模企業的
銷售，對會計核算暫時不健全，但能夠認真履行納稅義務的
小規模企業，經縣（市）主管稅務機關批准，在規定期限內
其銷售貨物提供應稅勞務，可由所在地稅務所代開增值稅專
用發票。在專用發票「單價」欄和「金額」欄分別填寫不含
其本身應納稅額的單價和銷售額；「稅率」欄填寫增值稅徵
收率6％；「稅額」欄填寫其本身應納的稅額，即按銷售額
依照6％徵收率計算的增值稅額。

第七條：基層稅務機關要加強小規模生產企業財會人員的培訓，幫助
建立會計帳簿，只要小規模企業有會計、有帳冊，能夠正確
計算進項稅額、銷項稅額和應納稅額，並能按規定報送有關
稅務資料，就可以認定為增值稅一般納稅人。

第八條：對沒有條件設置專職會計人員的小規模企業，在納稅人自願
並配有本單位兼職會計人員的前提下，可採取以下措施，使
兼職人員儘快獨立工作，進行會計核算。

1.由稅務機關幫助小規模企業從稅務諮詢公司、會計師事務
　所等聘請會計人員建帳、核算。

2.由稅務機關組織從事過財會業務，有一定工作經驗，政治

上可靠，遵紀守法的離職、退休會計人員，幫助小規模企業建帳、核算。

3.在職會計人員經所在單位同意，主管稅務機關批准，也可以到小規模企業兼任會計。

第九條：小規模企業可以單獨聘請會計人員，也可以幾個企業聯合聘請會計人員。

第十條：從事貨物零售業務的小規模企業，不認定為一般納稅人。

第十一條：在職的會計人員兼職或離、退休會計人員到小規模企業從事會計工作，其有關記帳代理的事項，按財政部的有關規定辦理。

附錄八：

中華人民共和國消費稅暫行條例

1993年12月13日中華人民共和國國務院令第135號發布

第一條：在中華人民共和國境內生產、委託加工和進口本條例規定的
消費品（以下簡稱應稅消費品）的單位和個人，爲消費稅的
納稅義務人（以下簡稱納稅人），應當依照本條例繳納消費
稅。

第二條：消費稅的稅目、稅率（稅額），依照本條例所附的「消費稅
稅目稅率（稅額）表」執行。

消費稅稅目、稅率（稅額）的調整，由國務院決定。

第三條：納稅人兼營不同稅率的應稅消費品，應當分別核算不同稅率
應稅消費品的銷售額、銷售數量。未分別核算銷售額、銷售
數量，或者將不同稅率的應稅消費品組成成套消費品銷售
的，從高適用稅率。

第四條：納稅人生產的應稅消費品，於銷售時納稅。納稅人自產自用
的應稅消費品，用於連續生產應稅消費品的，不納稅；用於
其他方面的，於移送使用時納稅。

委託加工的應稅消費品，由受託方在向委託方交貨時代收代
繳稅款。委託加工的應稅消費品，委託方用於連續生產應稅
消費品的，所納稅款准予按規定抵扣。

進口的應稅消費品，於報關進口時納稅。

第五條：消費稅實行從價定率或者從量定額的辦法計算應納稅額。應

納稅額計算公式：

實行從價定率辦法計算的應納稅額＝銷售額×稅率
實行從量定額辦法計算的應納稅額＝銷售數量×單位稅額

納稅人銷售的應稅消費品，以外匯計算銷售額的，應當按外匯市場價格折合成人民幣計算應納稅額。

第六條：本條例第五條規定的銷售額，爲納稅人銷售應稅消費品向購買方收取的全部價款和價外費用。

第七條：納稅人自產自用的應稅消費品，依照本條例第四條第一款規定應當納稅的，按照納稅人生產的同類消費品的銷售價格計算納稅；沒有同類消費品銷售價格的，按照組成計稅價格計算納稅。組成計稅價格計算方式：

組成計稅價格＝（成本＋利潤）÷（1－消費稅稅率）

第八條：委託加工的應稅消費品，按照受託方的同類消費品的銷售價格計算納稅；沒有同類消費品銷售價格的，按照組成計稅價格計算納稅。組成計稅價格計算公式：

組成計稅價格＝（材料成本＋加工費）÷（1－消費稅稅率）

第九條：進口的應稅消費品，實行從價定率辦法計算應納稅額的，按照組成計稅價格計算納稅。組成計稅價格計算公式：

組成計稅價格＝（關稅完稅價格＋關稅）÷（1－消費稅稅率）

第十條：納稅人應稅消費品的計稅價格明顯偏低又無正當理由的，由主管稅務機關核定其計稅價格。

第十一條：對納稅人出口應稅消費品，免徵消費稅；國務院另有規定
的除外。出口應稅消費品的免稅辦法，由國家稅務總局規
定。

第十二條：消費稅由稅務機關徵收，進口的應稅消費品的消費稅由海
關代徵。

個人攜帶或者郵寄進境的應稅消費品的消費稅，連同關稅
一並計徵。具體辦法由國務院關稅稅則委員會會同有關部
門制定。

第十三條：納稅人銷售的應稅消費品，以及自產自用的應稅消費品，
除國家另有規定的之外，應當向納稅人核算地主管稅務機
關申報納稅。

委託加工的應稅消費品，由受託方向所在地主管稅務機關
解繳消費稅稅款。

進口的應稅消費品，由進口人或者其代理人向報關地海關
申報納稅。

第十四條：消費稅的納稅期限分別為1日、3日、5日、10日、15日或
者1個月。納稅人的具體納稅期限，由主管稅務機關根據
納稅人應納稅額的大小分別核定；不能按照固定期限納稅
的，可以按次納稅。

納稅人以1個月為一期納稅的，自期滿之日起10日內申報
納稅；以1日、3日、5日、10日或者15日為一期納稅的，
自期滿之日起5日內預繳稅款，於次月1日起10日內申報納
稅並結清上月應納稅款。

第十五條：納稅人進口應稅消費品，應當自海關填發稅款繳納證的次
日起7日內繳納稅款。

第十六條：消費稅的徵收管理，依照「中華人民共和國稅收徵收管理
法」及本條例有關規定執行。

第十七條：對外商投資企業和外國企業徵收消費稅，按照全國人民代
表大會常務委員會的有關決定執行。

第十八條：本條例由財政部負責解釋，實施細則由財政部制定。

第十九條：本條例自1994年1月1日起施行。本條例施行前國務院關於
徵收消費稅的有關規定同時廢止。

附錄：　　　　　　　　消費稅稅目稅率（稅額）表

稅目	徵收範圍	計稅單位	稅率(稅額)
1.烟	包括各種進口卷烟		
●甲類卷烟			45%
●乙類卷烟			40%
●雪茄烟			40%
●烟絲			30%
2.酒及酒精			
●糧食白酒			25%
●薯類白酒			15%
●黃酒		噸	240元
●啤酒		噸	220元
●其他酒			10%
●酒精			5%
3.化妝品	包括成套化妝品		30%
4.護膚護髮品			17%
5.貴重首飾及 珠寶玉石	包括各種金、銀、珠寶 首飾及珠寶玉石		10%
6.鞭炮、焰火			15%
7.汽油		升	0.2元
8.柴油		升	0.1元
9.汽車輪船			10%
10.摩托車			10%
11.小汽車			
●小轎車			
氣缸容量（排氣量，下同）			
2,200毫升以上（含2,200毫升）			8%
氣缸容量			
1,000毫升～2,200毫升（含1,000毫升）			5%
氣缸容量			
1,000毫升以下			3%
●越野車（四輪驅動）			
氣缸容量2,400毫升以上（含2,400毫升）			5%
氣缸容量2,000毫升以下			3%
●小客車（麵包車）　22座以下			
氣缸容量2,000毫升以上（含2,000毫升）			5%
氣缸容量2,000毫升以下			3%

附錄九：
中華人民共和國消費稅暫行條例實施細則
1993年12月25日〔93〕財法字第39號

第一條：根據「中華人民共和國消費稅暫行條例」（以下簡稱條例）
第十八條的規定，制定本細則。

第二條：條例第一條所說的「單位」，是指國有企業、集體企業、私
有企業、股份制企業、其他企業和行政單位、事業單位、軍
事單位、社會團體及其他單位。

條例第一條所說的「個人」，是指個體經營者及其他個人。

條例第一條所說的「在中華人民共和國境內」，是指生產、
委託加工和進口屬於應當徵收消費稅的消費品（以下簡稱
「應稅消費品」）的起運地或所在地在境內。

第三條：條例所附「消費稅稅目稅率（稅額）表」中所列應稅消費品
的具體徵稅範圍，依照本細則所附「消費稅徵收範圍註釋」
執行。

每大箱（5萬支，下同）銷售價格（不包括應向購貨方收取
的增值稅稅款，下同），在780元（含）以上的，按照甲類
卷烟稅率徵稅；每大箱銷售價格在780元以下的，按乙類卷
烟稅率徵稅。

第四條：條例第三條所說的「納稅人兼營不同稅率的應稅消費品」，
是指納稅人生產銷售兩種稅率以上的應稅消費品。

第五條：條例第四條所說的「納稅人生產的，於銷售時納稅」的應稅

消費品，是指有償轉讓消費品的所有權，即以從受讓方取得貨幣、貨物、勞務或其他經濟利益爲條件轉讓的應稅消費品。

第六條：條例第四條所說的「納稅人自產自用的應稅消費品，用於連續生產應稅消費品的」，是指作爲生產最終應稅消費品的直接材料，並構成最終產品實體的應稅消費品。

「用於其他方面的」，是指納稅人用於生產非應稅消費品和在建工程、管理部門、非生產機構、提供勞務以及用於饋贈、贊助、集資、廣告、樣品、職工福利、獎勵等方面的應稅消費品。

第七條：條例第四條所說的「委託加工的應稅消費品」，是指由委託方提供原料和主要材料，受託方只收取加工費和代墊部分輔助材料加工的應稅消費品。對於由受託方提供原材料生產的應稅消費品，或者受託方先將原材料賣給委託方，然後再接受加工的應稅消費品，以及由受託方以委託方名義購進原料生產的應稅消費品，不論納稅人在財務上是否作銷售處理，都不得作爲委託加工應稅消費品，而應當按照銷售自制應稅消費品繳納消費稅。委託加工的應稅消費品直接出售的，不再徵收消費稅。

第八條：消費稅納稅義務發生時間，根據條例第四條的規定，分別如下：

1.納稅人銷售的應稅消費品，其納稅義務的發生時間爲：

· 納稅人採取賒銷和分期收款結算方式的，其納稅義務的發生時間，爲銷售合同規定的收款日期的當天

· 納稅人採取預收貨款結算方式的，其納稅義務的發生時間，爲發出應稅消費品的當天

· 納稅人採取託收承付和委託銀行收款方式銷售的應稅消

費品，其納稅義務的發生時間，為發出應稅消費品並辦
妥託收手續的當天

・納稅人採取其他結算方式的，其納稅義務的發生時間，
為收訖銷售款或者取得索取銷售款的憑據的當天

2.納稅人自產自用的應稅消費品，其納稅義務的發生時間，
為移送使用的當天。

3.納稅人委託加工的應稅消費品，其納稅義務的發生時間，
為納稅人提貨的當天。

4.納稅人進口的應稅消費品，其納稅義務的發生時間，為報
關進口的當天。

第九條：條例第五條所說的「銷售數量」是指應稅消費品的數量。具
體為：

1.銷售應稅消費品的，為應稅消費品的銷售數量。

2.自產自用應稅消費品的，為應稅消費品的移送使用數量。

3.委託加工應稅消費品的，為納稅人收回的應稅消費品數
量。

4.進口的應稅消費品，為海關核定的應稅消費品進口徵稅數
量。

第十條：實行從量定額辦法計算應納稅額的應稅消費品，計量單位的
換算標準如下：

啤酒　　1噸＝988升

黃酒　　1噸＝962升

汽油　　1噸＝1,388升

柴油　　1噸＝1,176升

第十一條：根據條例第五條的規定，納稅人銷售的應稅消費品，以外
匯結算銷售額的，其銷售額的人民幣折合率可以選擇結算
的當天，或者當月1日的國家外匯牌價（原則上為中間

價）。納稅人應在事先確定採取何種折合率，確定後1年內不得變更。

第十二條：條例第六條所說的「銷售額」，不包括應向購貨方收取的增值稅稅款。如果納稅人應稅消費品的銷售額中未扣除增值稅稅款，或者因不得開具增值稅專用發票而發生價款和增值稅稅款合併收取的，在計算消費稅時，應當換算爲不含增值稅稅款的銷售額。其換算公式爲：

應稅消費品的銷售額＝含增值稅的銷售額÷（1＋增值稅稅率或徵收率）

第十三條：實行從價定率辦法計算應納稅額的應稅消費品連同包裝銷售的，無論包裝是否單獨計價，也不論在會計上如何核算，均應並入應稅消費品的銷售額中徵收消費稅。如果包裝物不作價隨同產品銷售，而是收取押金，此項押金則不應開入應稅消費品的銷售額中徵稅。但對因逾期未收回的包裝物，不再退還的和已收取1年以上的押金，應開入應稅消費品的銷售額，按照應稅消費品的適用稅率徵收消費稅。

對既作價隨同應稅消費品銷售，又另外收取押金的包裝物的押金，凡納稅人在規定的期限內不予退還的，均應開入應稅消費品的銷售額，按照應稅消費品的適用稅率徵收消費稅。

第十四條：條例第六條所說的「價外費用」，是指價外收取的基金、集資費、返還利潤、補貼、違約金（延期付款利息）和手續費、包裝費、儲備費、優質費、運輸裝卸費、代收款項、代墊款項以及其他各種性質的價外收費。但下列款項不包括在內：

1.承運部門的運費發票開具給購貨方的。

2.稅納人將該項發票轉交給購貨方的。

其他價外費用，無論是否屬於納稅人的收入，均應開入銷售額計算徵稅。

第十五條：條例第七條、第八條所說的「同類消費品的銷售價格」，是指納稅人或代收繳義務人當月銷售的同類消費品的銷售價格。如果當月同類消費品各期銷售價格高低不同，應按銷售數量加權平均計算。但銷售的應稅消費品有下列情況之一的，不得列入加權平均計算：

1.銷售價格明顯偏低又無正當理由的。

2.無銷售價格的。

如果當月無銷售或者當月未完結，應按照同類消費品上月或最近月份的銷售價格計算納稅。

第十六條：條例第七條所說的「成本」，是指應稅消費品的產品生產成本。

第十七條：條例第七條所說的「利潤」，是指根據應稅消費品的全國平均成本利潤率計算的利潤。應稅消費品全國平均成本利潤率，由國家稅務總局確定。

第十八條：條例第八條所說的「材料成本」，是指委託方所提供加工材料的實際成本。

委託加工應稅消費品的納稅人，必須在委託加工合同上如實註明（或以其他方式提供）材料成本。凡未提供材料成本的，受託方所在地主管稅務機關有權核定其核料成本。

第十九條：條例第八條所說的「加工費」，是指受託方加工應稅消費品，向委託方所收取的全部費用（包括代墊補助材料的實際成本）。

第二十條：條例第九條所說的「關稅完稅價格」，是指海關核定的關

稅計稅價格。

第二十一條：根據條例第十條的規定，應稅消費品計稅價格的核定權限規定如下：

　　1.甲類卷烟和糧食白酒的計稅價格由國家稅務總局核定。

　　2.其他應稅消費品的計稅價格由國家稅務總局所屬稅務分局核定。

　　3.進口的應稅消費品的計稅價格由海關核定。

第二十二條：條例第十一條所說的「國務院另有規定的」是指國家限制出口的應稅消費品。

第二十三條：出口的應稅消費品辦理退稅後，發生退關或者國外退貨進口時予以免稅的，報關出口者必須及時向其所在地主管稅務機關，申報補繳已退的消費品稅稅款。

　　納稅人直接出口的應稅消費品辦理免稅後，發生退關或國外退貨進口時已予以免稅的，經所在地主管稅務機關批准，可暫不辦理補稅，待其轉爲國內銷售時，再向其主管稅務機關申報補繳消費稅。

第二十四條：納稅人銷售的應稅消費品，如因質量等原因由購買者退回時，經所在地主管稅務機關審核批准後，可退還已徵收的消費稅稅款。

第二十五條：根據條例第十三條的規定，納稅人到外縣（市）銷售或委託外縣（市）代銷自產應稅消費品的，於應稅消費品銷售後，回納稅人核算地或所在地繳納消費稅。

　　納稅人的總機構與分支機構不在同一縣（市）的，應在生產應稅消費品的分支機構所在地繳納消費稅。但經國家稅務總局及所屬稅務分局批准，納稅人分支機構應納消費稅稅款也可由總機構彙總，向總機構所在地主管稅

務機關繳納。

第二十六條：本細則由財政部解釋，或者由國家稅務總局解釋。

第二十七條：本細則自條例公布施行之日起實施。

附錄十：
消費稅徵收範圍註釋
1993年12月27日　國稅發〔1993〕153號

一、烟

　　凡是以烟葉爲原料加工生產的產品，不論使用何種輔料，均屬於本稅目的徵收範圍。本稅目下設甲類卷烟、乙類卷烟、雪茄烟、烟絲4個子目。

　　卷烟是指將各種烟葉切成烟絲，按照配方要求均勻混合，加入糖、酒、香料等輔料，用白色盤紙、棕色盤紙、塗布紙或烟草薄片經機器或手工卷製的普通卷烟和雪茄型卷烟。

　　1.甲類卷烟：甲類卷烟是指每大箱（5萬支）銷售價格在780元（含780元）以上的卷烟。不同包裝規格卷烟的銷售價格均按每大箱（5萬支）折算。

　　2.乙類卷烟：乙類卷烟是指每大箱（5萬支）銷售價格在780元以下的卷烟。不同包裝規格卷烟的銷售價格均按每大箱（5萬支）折算。

　　3.雪茄烟：雪茄烟是指以晾曬烟爲原料或者以晾曬烟和烤烟爲原料，用烟葉或卷烟紙、烟草薄片作爲烟支內包皮，再用烟葉作爲烟支外包皮，經機器或手工卷製而成的烟草製品。按內包皮所用材料的不同可分爲全葉卷雪茄烟和半葉卷雪茄烟。

　　4.烟絲：烟絲是指將烟葉切成絲狀、粒狀、片狀、末狀或其他形

狀，再加入輔料，經過發酵、儲存，不經卷製即可供銷售吸用
的烟草製品。烟絲的徵收範圍包括以烟葉爲原料加工生產的不
經卷製的散裝烟，如斗烟、莫合烟、烟末、水烟、黃紅烟絲等
等。

二、酒及酒精

　　本稅目下設糧食白酒、薯類白酒、黃酒、啤酒、其他酒、酒精6
個子目。

　　1.糧食白酒：糧食白酒是指以高梁、玉米、大米、糯米、大麥、
　　　小麥、青稞等各種糧食爲原料，經過糖化、發酵後，採用蒸餾
　　　方法釀製的白酒。

　　2.薯類白酒：薯類白酒是指以白薯（紅薯、地瓜）、木薯、馬鈴
　　　薯（土豆）、芋頭、山藥等各種乾鮮薯類爲原料，經過糖化、
　　　發酵後，採用蒸餾方法釀製的白酒。用甜菜釀製的白酒、比照
　　　薯類白酒徵稅。

　　3.黃酒：黃酒是指以糯米、粳米、籼米、大米、黃米、玉米、小
　　　麥、薯類等爲原料，經加溫、糖化、發酵、壓榨釀製的酒。由
　　　於工藝、配料和糖量的不同，黃酒分爲乾黃酒、半乾黃酒、半
　　　甜黃酒、甜黃酒4類。黃酒的徵收範圍包括各種原料釀製的黃
　　　酒和酒度超過12度（含12度）的土甜酒。

　　4.啤酒：啤酒是指以大麥或其他糧食爲原料，加入啤酒花，經糖
　　　化、發酵、過濾釀製的含有二氧化碳的酒。啤酒按照殺菌方法
　　　的不同，可分爲熟啤酒和生啤酒或鮮啤酒。啤酒的徵收範圍包
　　　括各種包裝和散裝的啤酒。無醇啤酒比照啤酒徵稅。

　　5.其他酒：其他酒是指除糧食白酒、薯類白酒、黃酒、啤酒以
　　　外，酒度在1度以上的各種酒。其徵收範圍包括糠麩白酒、其
　　　他原料白酒、土甜酒、複製酒、果木酒、汽酒、藥酒等等。

- 糠麩白酒是指用各種糧食的糠麩釀製的白酒。用稗子釀製的白酒比照糠麩酒徵收
- 其他原料白酒是指用醋糟、糖渣、糖漏水、甜菜渣、粉渣、薯皮等各種下腳料、葡萄、桑椹、橡子仁等各種果實，野生植物等代用品以及甘蔗、糖等釀製的白酒
- 土甜酒是指用糯米、大米、黃米等為原料，經加溫、糖化、發酵（透過酒麴發酵），採用壓榨釀製的酒度不超過12度的酒。酒度超過12度的應按黃酒徵稅
- 複製酒是指以白酒、黃酒、酒精為酒基，加入果汁、香料、色素、藥材、補品.
- 果木酒是指以各種果品為主要原料，經發酵過濾釀製的酒
- 汽酒是指以果汁、香精、色素、酸料、酒（或酒精）、糖（或糖精）等調配，沖加二氧化碳製成的酒度在1度以上的酒
- 藥酒是指按照醫藥衛生部門的標準，以白酒、黃酒為酒基加入各種藥材泡製或配製的酒

6.酒精：酒精又名乙醇，是指以含有澱粉或糖分的原料，經糖化和發酵後，用蒸餾方法生產的酒精度數在95度以上的無色透明液體，也可以石油列解氣中的乙烯為原料，用合成方法製成。酒精的徵收範圍包括用蒸餾法、合成方法生產的各種工業酒精、醫藥酒精、食用酒精。

三、化妝品

化妝品是日常生活中用於修飾美化人體表面的用品。化妝品品種較多，所用原料各異，按其類別劃分，可分為美容和芳香兩類。美容類有香粉、口紅、指甲油、胭脂、眉筆、藍眼油、眼睫毛及成套化妝品等；芳香類有香水、香水精等。

本稅目的徵收範圍包括：

　　香水、香水精、香粉、口紅、指甲油、胭脂、眉筆、唇筆、藍眼
油、眼睫毛、成套化妝品等等。

　　1.香水、香水精是指以酒精和香精爲主要原料，混合配製而成的
　　　液體芳香類化妝品。

　　2.香粉是指用於粉飾面頰的化妝品。按其形態有粉狀、塊狀和液
　　　狀。高級香粉盒內附有的彩色絲絨粉掛，花色香粉粉盒內附有
　　　小盒胭脂和胭脂掛，均應按「香粉」徵稅。

　　3.口紅又稱唇膏，是塗飾於嘴唇的化妝品。口紅的顏色一般以紅
　　　色爲主，也有白色的（俗稱口白），還有一種變色口紅，是用
　　　曙紅酸等染料調製而成的。

　　4.指甲油又名「美指油」，是用於修飾保護指甲的一種有色或無
　　　色的油性液態化妝品。

　　5.胭脂是擦敷於面頰皮膚上的化妝品，有粉質塊狀胭脂、透明狀
　　　胭脂膏及乳化狀胭脂膏等。

　　6.眉筆是修飾眉毛用的化妝品，有鉛筆式和椎管式兩種。

　　7.唇筆是修飾嘴唇用的化妝品。

　　8.藍眼油是塗抹於眼窩周圍和眼皮的化妝品。它是以油脂、蠟和
　　　顏料爲主要原材料製成，色彩有藍色、綠色、棕色等等，因藍
　　　色使用最爲普遍，故俗稱「藍眼油」。眼影膏、眼影霜、眼影
　　　粉應按照藍眼油徵稅。

　　9.眼睫毛商品名稱叫「眼毛膏」或「睫毛膏」，是用於修飾眼睫
　　　毛的化妝品。其產品形態有固體塊狀、乳化狀。顏色以黑色及
　　　棕色爲主。

　　10.成套化妝品是指由各種用途的化妝品配套盒裝而成的系列產
　　　品，一般採用精製的金屬或塑料盒包裝盒，盒內常備有鏡
　　　子、梳子等化妝工具，具有多功能性和使用方便的特點。舞

台、戲劇、影視演員化妝用的上妝油，卸妝油、油彩、髮膠和頭髮潔白劑等，不屬於本稅目徵收範圍。

四、護膚護髮品

護膚護髮品是用於人體皮膚、毛髮，起滋潤、防護、整潔作用的產品。

本稅目徵收範圍包括：雪花膏、面油、花露水、頭油、髮乳、燙髮水、染髮精、洗面乳、磨砂膏、焗油膏、面膜、按摩膏、洗髮水、護髮素、香皂、浴液、髮膠、摩絲以及其他各種護膚護髮品等等。

1. 雪花膏是一種「水包油」型的乳化體。雪花膏品種繁多，按其膏體結構，性能和用途不同，大體可分為微鹼性、微酸性粉質雪花膏及藥物性和營養性雪花膏4類。

2. 面油又稱「潤面油」或「潤膚油」，是一種強油性的「油包水」型乳化體，含有大量油脂成分，能起抗寒潤膚及防裂作用。

3. 花露水是一種芳香護膚用品，有殺菌、除臭、止癢和爽身效用。它是以酒精、水、香精等為主要原料混合配製而成。花露水與香水的主要區別是：花露水香精用量少，在5％（含5％）以下，酒精用量多，但濃度低，且要加入少量桂皮油、藿香油等原料；香水香精用量大，在5％以上，酒精用量少，但濃度高。

4. 頭油也稱「生髮油」或「髮油」，是一種護髮美髮用品。

5. 髮乳是一種乳化膏體護髮用品，按其乳化體的結構可分為「水包油」型髮乳和「油包水」型髮乳。

6. 燙髮水是使頭髮卷曲保持髮型的日用化學品。用於電燙（或冷燙）的叫燙髮劑；用於冷卻處理的叫冷卷髮劑。定型髮水也按燙髮水徵稅。

7. 染髮精又稱染髮劑，是用於染髮，使頭髮保持一定顏色和光澤的產品。根據染料染髮後，保留時間的長短，染髮精分爲暫時性染髮精、半永久性染髮精和永久性染髮精3類。

8. 洗髮水又稱洗髮液、洗髮精或洗髮香波。一般採用硫酸脂肪醇的三乙醇胺與氫氧化胺的混合鹽、十二酸異丙醇酰胺、甲醛、聚氧乙烯、羊毛脂、香料、色料和水作爲原料。洗髮皂、洗髮粉應按洗髮水徵稅。

9. 香皂（包括液體香皂），又叫化妝皂，是具有芳香氣味較濃的中高級洗滌用品。是以動植物油、燒鹼、松香和香精等爲主要原材料，在一定溫度下經化學（皂化）反應而成。其花色種較多，按其成分組成可分爲一般香皂、多脂香皂和藥物香皂3種。徵收範圍爲各種香皂。

10. 其他各種護膚護髮品，指本類產品中列舉品名以外的具有潤膚護膚護髮功能的各種護膚護髮品。

五、貴重首飾及珠寶玉石

本稅目徵收範圍包括：各種金銀珠寶首飾和經採掘、打磨、加工的各種珠寶玉石。

1. 金銀珠寶首飾包括：凡以金、銀、白金、寶石、珍珠、鑽石、翡翠、珊瑚、瑪瑙等高貴稀有物質以及其他金屬、人造寶石等製作的各種純金銀首飾及鑲嵌首飾（含人造金銀、合成金銀首飾等）。

2. 珠寶玉石的種類包括：

　・鑽石：鑽石是完全由單一元素碳元素所結晶而成的晶體礦物，也是寶石中唯一由單元素組成的寶石。鑽石爲八面體解理，即平面八面體晶面的四個方面，一般呈階梯狀。鑽石的化學性質很穩定，不易溶於酸和鹼。但在純氧中，加熱到

1770度左右時，就會發生分解。在眞空中，加熱到1700度時，就會把它分解爲石墨。鑽石有透明的、半透明的、也有不透明的。寶石級的鑽石，應該是無色透明的，無瑕疵或極少瑕疵，也可以略有淡黃色或極淺的褐色，最珍貴的顏色是天然粉色，其次是藍色和綠色

- 珍珠：海水或淡水中的貝類軟體動物內進入細小雜質時，外套膜受到刺激便分泌出一種珍珠質（主要是碳酸鈣），將細小雜質層層包裹起來，逐漸成爲一夥小圓珠，就是珍珠。珍珠顏色主要爲白色、粉色及淺黃色，具珍珠光澤，其表面隱約閃爍著虹一樣的暈彩珠光。顏色白潤，皮光明亮，形狀精圓，粒度硬大者價值最高

- 松石：松石是一種白色寶石，是一種完全水化的銅鋁磷酸鹽，分子式爲$CuAL_6(PO_4)_4(OH)_8 \cdot 5H_2O$。松石的透明度爲不透明，薄片下部分呈半透明。抛光面爲油脂玻璃光澤，斷口爲油脂暗淡光澤。松石種類包括（波斯松石、美國松石和墨西哥松石、埃及松石和帶鐵線的綠松石）

- 靑金石：靑金石是方鈉石族的一種礦物；靑金石的分子爲$(Na,Ca)_{7-8}(Al,Si)_{12}(O,S)_{24}(SO_4), Cl_2Cl_2 \cdot (OH)_2$$(OH)_2$，其中鈉經常部分地爲鉀置換，硫則部分地爲硫酸根、氯或碳所置換。靑金石的種類包括（波斯靑金石、蘇聯靑金石或西班牙靑金石、智利靑金石）

- 歐泊石：礦物質中屬蛋白石類，分子式爲$SiO_2 \cdot nH_2O$，由於蛋白石中SiO_2小圓珠整齊排列像光柵一樣，當白光射在上面後發生衍射，散成彩色光譜，所以歐泊石具有絢麗奪目的變幻色彩，尤以紅色多者最爲珍貴。歐泊石的種類包括（白歐泊石、黑歐泊石、晶質歐泊石、火歐泊石、膠狀歐泊石或玉滴歐泊石、漂碟歐泊石、脈石歐泊石或基質中歐泊石）

- 橄欖石：橄欖石是自色寶石，一般常見的顏色有純綠色、黃綠色到棕綠色。橄欖石沒有無色的。分子式：（Mg,Fe）$_2$SiO$_4$，橄欖石的種類包括貴橄欖石、黃玉、鎂橄欖石、鐵橄欖石、「黃昏祖母綠」和硼鋁鎂石

- 長石：按礦物學分類長石分為兩個主要類型：鉀長石和斜長石。分子式分別為：KASi$_3$O$_8$,NaAlSi$_3$O$_8$，長石的種類包括月光石或冰長石、日光石或砂金石的長石、拉長石、天河石或亞馬遜石

- 玉：硬玉也叫翡翠、軟玉。硬玉是一種鈉和鋁的硅酸鹽，分子式為：NaAl（SiO$_3$）$_2$。軟玉是一種含水的鈣鎂硅酸鹽，分子式為：CaMg$_5$（OH）$_2$（Si$_4$O$_{11}$）$_2$

- 石英：石英是一種無色的寶石，純石英為無色透明，分子式為SiO$_2$，石英的種類包括水晶、暈彩或彩紅石英、金紅石斑點或鋼金石石英、紫晶、黃晶、烟石英或烟晶、芙蓉石、東陵石、藍綠石石英、乳石英、藍石英或藍寶石石英、虎眼石、鷹眼或獵鷹眼、石英貓眼、帶星的或星光石英

- 玉髓：也叫隱晶質石英。分子式為SiO$_2$，玉髓的種類包括月光石、綠玉髓、紅瑪瑙、肉紅玉髓、鴨血石、蔥綠玉髓、瑪瑙、縞瑪瑙、碧玉、深綠玉體、硅孔雀石玉髓、硅化木

- 石榴石：其晶體與石榴籽的形狀、顏色十分相似而得名。石榴石的一般分子式為R$_3$M$_2$（SiO$_4$）$_3$。石榴石的種類包括鐵鉛榴石、鎂鋁榴石、鎂鐵榴石、錳鋁榴石、鈣鐵榴石、鈣鉻榴石

- 鋯石：顏色呈紅、黃、藍、紫色等。分子式為ZrSiO$_4$

- 尖晶石：顏色呈黃、綠和無色。分子式為MgAl$_2$O$_4$，尖晶石的種類包括紅色尖晶石、紅寶石色的尖晶石或紅寶石尖晶石、紫色的或類似貴榴石色澤的尖晶石、粉色或玫瑰色尖晶

石、桔紅色尖晶石、藍色尖晶石、藍寶石色尖晶石或藍寶石尖晶石、象變石的尖晶石、黑色尖晶石、鐵鎂尖晶石或鎂鐵尖晶石

· 黃玉：黃玉是鋁的氟硅酸鹽，斜方晶系。分子式爲$Al_2(F, OH)2SiO_4$，黃玉的種類包括棕黃至黃棕、淺藍至淡藍、粉紅、無色的、其他品種

· 碧璽：極爲複雜的硼鋁硅酸鹽，其中可含一種或數種以下成分：鎂、鈉、鋰、鐵、鉀或其他金屬。這些元素比例不同，顏色也不同。碧璽的種類包括紅色的、綠色的、藍色的、黃色和橙色、無色或白色、黑色、染色寶石、貓眼碧璽、變色石似的碧璽

· 金綠玉：屬尖晶石族礦物、鋁酸鹽類。主要成分是氧化鋁鈹，屬斜方晶系。分子式爲$BeAl_2O_4$，金綠玉的種類包括變石、貓眼石、變石貓眼石及其他一些變種

· 綠柱石：綠柱石在其純淨狀態是無色的；不同的變種之所以有不同的顏色是由於微量金屬氧化物的存在。在存在氧化鉻或氧化釩時通常就成了祖母綠，而海藍寶石則是由於氧化亞鐵著色而成的。成爲銫綠柱石是由於鎂的存在，而金錄柱石則是因氧化鐵著色而成的。分子式爲：$BeAl_2(SiO_3)_6$，綠柱石的種類包括祖母綠、海藍寶石、MAXIXE型綠柱石、金綠柱石、銫綠柱石、其他透明的品種、貓眼綠柱石、星光綠柱石

· 剛玉：剛玉是一種很普通的礦物，除了星光寶石外，只有半透明到透明的變種才能叫作寶石。分子式爲Al_2O_3，含氧化鉻呈紅色，含鈦和氧化鐵呈藍色，含氧化鐵呈黃色，含鉻和氧化鐵呈橙色，含鐵和氧化鈦呈綠色，含鉻、鈦和氧化鐵呈紫色。剛玉的種類包括紅寶石、星光紅寶石、藍寶石、艷色

　　　藍寶石、星光藍寶石

- 琥珀：一種有機物質。它是一種含一些有關松脂的古代樹木的石化松脂。分子式為$C_{40}H_{64}O_5$，琥珀的種類包括海珀、坑珀、潔泊、塊珀、脂珀、濁珀、泡珀、骨珀

- 珊瑚：是生物成因的另一種寶石原料。它是珊瑚蟲的樹枝狀鈣製骨架隨著極細小的海生動物群體增生而形成

- 煤玉：煤玉是褐煤的一個變種，成分主要是碳，並含氫和氧。它是由漂木經壓實作用而成，漂木沈降到海底，變成埋藏的細粒淤泥，然後轉變為硬質頁岩，稱為「煤玉岩」，煤玉是生物成因的。煤玉為非晶質，在粗糙表面上呈淡光澤，在磨光面上為玻璃光澤

- 龜甲：是非晶質，具有油脂光澤至蠟狀光澤，硬度2.5

- 合成剛玉：指與有關天然剛玉對比，具有基本相同的物理、光學及化學性能的人造材料

- 合成寶石：指與有關天然寶石對比，具有基本相同的物理、光學及化學性能的人造寶石。合成寶石種類包括合成金紅石，鈦酸鍶、釔鋁榴石、軋鎵榴石、合成立方鋯石、合成藍寶石、合成尖晶石、合成金紅石、合成變石、合成鑽石、合成祖母綠、合成歐泊、合成石英

- 雙合石：也稱復合石，這是一種由兩種不同的材料黏結而成的寶石。雙合石的種類是根據黏合時所用的材料性質劃分的。雙合石的種類有石榴石與玻璃雙合石，祖母綠的代用品、歐泊石代用品、星光藍寶石代用品、鑽石代用品及其他各種仿寶石復合石

- 玻璃仿製品

六、鞭炮、焰火

　　鞭炮，又稱爆竹，是用多層紙密裹火藥，接以藥引線，製成的一種爆炸品。

　　焰火，指烟火劑，一般係包紮品，內裝藥劑，點燃後烟火噴射，呈各種顏色，有的還變幻成各種景色，可分爲平地小焰火和空中焰火兩類。

　　本稅目徵收範圍包括各種鞭炮、焰火。通常分爲13類，即噴花類、旋轉類、旋轉升空類、火箭類，吐珠類、線香類、小禮花類、烟霧類、造型玩具類、炮竹類、摩擦炮類、組合烟花類及禮花彈類。

　　體育上用的發令紙、鞭炮藥引線，不按本稅目徵收。

七、汽油

　　汽油是輕質石油產品的一大類。由天然或人造石油經脫鹽、初餾、催化裂化，調合而得。爲無色到淡黃色的液體，易燃易爆，揮發性強，按生產裝置可分爲直餾汽油、裂化汽油等類，經調合後製成各種用途的汽油。按用途可分爲車用汽油、航空汽油、起動汽油和工業汽油（溶劑汽油）。

　　本稅目徵收範圍包括：車用汽油、航空汽油、起動汽油。

　　工業汽油（溶劑汽油）主要作溶劑使用，不屬本稅目徵收範圍。

八、柴油

　　柴油是輕質石油產品的一大類。由天然或人造石油經脫鹽、初餾、催化裂化，調合而得。易燃易爆，揮發性低於汽油。柴油按用途分爲輕柴油、重柴油、軍用柴油和農用柴油。

　　本稅目徵收範圍包括：輕柴油、重柴油、農用柴油、軍用輕柴油。

九、汽車輪胎

汽車輪胎是指用於各種汽車、掛車、專用車和其他機動車上的內、外胎。

本稅目徵收範圍包括：

1.輕型乘用汽車輪胎。

2.載重及公共汽車、無軌電車輪胎。

3.礦山建築等車輛用輪胎。

4.特種車輛用輪胎（指行駛於無路面或雪地、沙漠等高越野輪胎）。

5.摩托車輪胎。

6.各種掛車用輪胎。

7.工程車輪胎。

8.其他機動車輪胎。

9.汽車與農用拖拉機、收割機、手扶拖拉機通用輪胎。

十、摩托車

本稅目徵收範圍包括：

1.輕便摩托車：最大設計車速不超過50km／h，發動機氣缸總工作容積不超過50ml的兩輪機動車。

2.摩托車：最大設計車速超過50km／h，發動機氣缸總工作容積超過50ml，空車質量不超過400kg（帶駕駛室的正三輪車及特種車的空車質量不受此限）的兩輪和三輪機動車。

兩輪車：裝有一個驅動輪與一個從動輪的摩托車。

・普通車：騎式車架，雙人座墊，輪輞基本直徑不小於304mm，適應在公路或城市道路上行駛的摩托車

・微型車：坐式或騎式車架，單人或雙人座墊，輪輞基本直徑不大於254mm，適應在公路或城市道路上行駛的摩托車

・越野車：騎式車架，寬型方向把，越野型輪胎，剩餘垂直輪

隙及離地間隙大，適應在非公路地區行駛的摩托車

- 普通賽車：騎式車架，狹型方向把，座墊偏後，裝有大功率高轉速發動機，在專用跑道上比賽車速的一種摩托車
- 微型賽車：坐式或騎式車架，輪輞基本直徑不大於254 mm，裝有大功率高轉速發動機，在專用跑道上比賽車速的一種摩托車
- 越野賽車：具有越野性能，裝有大功率發動機，用於非公路地區比賽車速的一種摩托車
- 特種車：一種經過改裝之後用於完成特定任務的兩輪摩托車。例如，開道車

邊三輪車：在兩輛車的一側裝有邊車的三輪摩托車。

- 普通邊三輪車：具有邊三輪車結構，用於載運乘員或貨物的摩托車
- 特種邊三輪車：裝有專用設備，用於完成特定任務的邊三輪車。例如，警車、消防車

正三輪車：裝有與前輪對稱分布的兩個後輪和固定車廂的三輪摩托車

- 普通正三輪車：具有正三輪車結構，用於載運乘員或貨物的摩托車。例如，客車、貨車
- 特種正三輪車：裝有專用設備，用於完成特定任務的正三輪車。例如，溶罐車、自卸車、冷藏車

十一、小汽車

小汽車是指由動力裝置驅動，具有4個和4個以上車輪的非軌道無架線的，主要用於載送人員及其隨身物品的車輛。

本稅目徵收範圍包括：

1.小轎車：是指用於載送人員及其隨身物品且座位佈置在兩軸之

間的四輪汽車。

小轎車的徵收範圍包括微型轎車（氣缸容量，即排氣量，下同＜1,000毫升）、普通轎車（1,000毫升≦氣缸容量＜2,200毫升）、高級轎車（氣缸容量≧2,200毫升）及賽車。

2. 越野車：是指四輪驅動，具有高通過性的車輛。

越野車的徵收範圍包括輕型越野車（氣缸容量＜2,400毫升）、高級越野車（氣缸容量≧2,400毫升）及賽車。

3. 小客車：又稱旅行車，是指具有長方箱形車廂，車身長度大於3.5米小於7米，乘客座位（不含駕駛員座位）在22座以下的車輛。

小客車的徵收範圍包括微型客車（氣缸容量＜2,000毫升）、中型客車（氣缸容量≧2,000毫升）。

用上述應稅車輛的底盤組裝、改裝、改製的各種貨車、特種用車（如急救車、搶修車）等不屬於本稅目徵收範圍。

附錄十一：

消費稅若干具體問題的規定

1993年12月28日　國稅發〔1993〕156號

一、關於卷烟分類計稅標準問題

1. 納稅人銷售的卷烟因放開銷售價格而經常發生價格上下浮動的，應以該牌號規格卷烟銷售當月的加權平均銷售價格，確定徵稅類別和適用稅率。但銷售的卷烟有下列情況之一者，不得列入加權平均計算：

   ・銷售價格明顯偏低而無正當理由

   ・無銷售價格

   在實際執行中，最初可先按上月或者離銷售當月最近月份的徵稅類別和適用稅率預繳稅款，月份終了再按實際銷售價格確定徵稅類別和適用稅率，並結算應納稅款。

2. 卷烟由於按裝過濾，改變包裝或其他原因提高銷售價格後，應按照新的銷售價格確定徵稅類別和適用稅率。

3. 納稅人自產自用的卷烟，應當按照納稅人生產的同牌號規格的卷烟銷售價格確定徵稅類別和適用稅率。沒有同牌號規格卷烟銷售價格的，一律按照甲類卷烟稅率徵稅。

4. 委託加工的卷烟按照受託方同牌號規格卷烟的徵稅類別和適用稅率徵稅。沒有同牌號規格卷烟的，一律按照甲類卷烟的稅率徵稅。

5.殘次品卷烟應當按照同牌號規格正品卷烟的徵稅類別確定適用
　稅率。

6.下列卷烟不分徵稅類別一律按照甲類卷烟稅率徵稅：
　・進口卷烟
　・白包卷烟
　・手工卷烟
　・未經國務院批准納入計劃的企業和個人生產的卷烟

7.卷烟分類計稅標準的調整，由國家稅務總局確定。

二、關於酒的徵收範圍問題

1.外購酒精生產的白酒，應按酒精所用原料，確定白酒的適用稅
　率。凡酒精所用原料無法確定的，一律按照糧食白酒的稅率徵
　稅。

2.外購兩種以上酒精生產的白酒，一律從高確定稅率徵稅。

3.以外購白酒加漿降度，或外購散酒裝瓶出售，以及外購白酒以
　曲香、香精進行調香、調味生產的白酒，按照外購白酒所用原
　料確定適用稅率。凡白酒所用原料無法確定的，一律按照糧食
　白酒的稅率徵稅。

4.以外購的不同品種白酒勾兌的白酒，一律按照糧食白酒的稅率
　徵稅。

5.對用糧食和薯類、糠麩等多種原料混合生產的白酒，一律按照
　糧食白酒的稅率徵稅。

6.對用薯類和糧食以外的其他原料混合生產的白酒，一律按照薯
　類白酒的稅率徵稅。

三、關於計稅依據問題

1.納稅人銷售的甲類卷烟和糧食白酒，其計稅價格顯著低於產地

市場零售價格的，主管稅務機關應逐級上報國家稅務總局核定計稅價格，並按照國家稅務總局核定的計稅價格徵稅。

甲類卷烟和糧食白酒計稅價格的核定辦法另行規定。

2.根據「中華人民共和國消費稅暫行條例實施細則」第十七條的規定，應稅消費品全國平均成本利潤率規定如下：

- 甲類卷烟10%
- 乙類卷烟5%
- 雪茄烟5%
- 烟絲5%
- 糧食白酒10%
- 薯類白酒5%
- 其他酒5%
- 酒精5%
- 化妝品5%
- 鞭炮、烟火5%
- 護膚護髮品5%
- 貴重首飾及珠寶玉石6%
- 汽車輪胎5%
- 摩托車6%
- 小轎車8%
- 越野車6%
- 小客車5%

3.下列應稅消費品可以銷售額扣除外購已稅消費品買價後的餘額作為計稅價格計徵消費稅：

- 外購已稅烟絲生產的卷烟
- 外購已稅酒和酒精生產的酒（包括以外購已稅白酒加漿降度，用外購已稅的不同品種的白酒勾兌的白酒，用曲香、香

　　精對外購已稅白酒進行調香、調味以及購散裝白酒裝瓶出售
　　等等）

・外購已稅化妝品生產的化妝品

・外購已稅護膚髮品生產的護膚護髮品

・外購已稅珠寶玉石生產的貴重首飾及珠寶玉石

・外購已稅鞭炮焰火生產的鞭炮焰火

　外購已稅消費品的買價是指購貨發票上註明的銷售額（不包括
　增值稅款）。

4.下列應稅消費品准於從應納消費稅稅額中，扣除原料已納消費
　稅稅款：

・以委託加工收回的已稅烟絲為原料生產的卷烟

・以委託加工收回的稅酒和酒精為原料生產的酒

・以委託加工收回的已稅化妝品為原料生產的化妝品

・以委託加工收回的已稅護膚護髮品為原料生產的護膚護髮品

・以委託加工收回已稅珠寶玉石為原料生產的貴重首飾及珠寶
　玉石

・以委託加工收回已稅鞭炮焰火為原料生產的鞭炮焰火

　已納消費稅稅款是指委託加工的應稅消費品由與受託方代收代
　繳的消費稅。

5.納稅人透過自設非獨立核算門市部銷售的自產應稅消費品，應
　當按照門市部對外銷售額或者銷售數量徵收消費稅。

6.納稅人用於換取生產資料和消費資料，投資入股和抵償債務等
　方面的應稅消費品，應當以納稅人同類應稅消費品的最高銷售
　價格作為計稅依據消費稅。

四、關於納稅地點問題

　　根據「中華人民共和國消費稅暫行條例實施細則」第二十五條的

規定，對納稅人的總機構與分支機構不在同一省（自治區、直轄市）的，如需改由總機構彙總在總機構所在地納稅的，需經國家稅務總局批准，對納稅人的總機構與分支機構在同一省（自治區、直轄市）內，而不在同一縣（市）的，如需改由總機構彙總在總機構所在地納稅的，需經國家稅務總局所屬分局批准。

五、關於報繳稅款問題

　　納稅人報繳稅款的辦法，由所在地主管稅務機關視不同情況，於下列辦法中核定一種：

1. 納稅人按期向稅務機關填報納稅申報表，並填開納稅繳款書，向所在地代理金庫的銀行繳納稅款。
2. 納稅人按期向稅務機關填報納稅申報表，由稅務機關審核後填發繳款書，按期繳納。
3. 對會計核算不健全的小型業戶，稅務機關可根據其產銷情況，按季節或按年核定其應納稅額，分月繳納。

六、本規定自1994年1月1日起執行

附錄十二：
關於消費稅會計處理的規定

1993年12月30日

　　「中華人民共和國消費稅暫行條例」已經國務院頒發，現對有關會計處理辦法規定如下：

1. 繳納消費稅的企業，應在「應交稅金」科目下增設「應交消費稅」明細科目進行會計核算。

2. 企業生產的需要繳納消費稅的消費品，在銷售時應按照應繳消費稅額借記「產品銷售稅金及附加」科目，貸記「應交稅金——應交消費稅」科目。實際繳納消費稅時，借記「應交稅金——應交消費稅」科目，貸記「銀行存款」科目。發生銷貨退回及退稅時作相反的會計分錄。

　　企業出口應稅消費品如按規定不予免稅或退稅的，應視同國內銷售，按上款規定進行會計處理。

3. 企業以生產的應稅消費品作為投資按規定應繳納的消費稅，借記「長期投資」科目，貸記「應交稅金——應交消費稅」科目。

　　企業以生產的應稅消費品換取生產資料、消費資料或抵償債務、支付代購手續費等，應視同銷售進行會計處理。按規定應繳納的消費稅，按照本規定第二條的規定進行會計處理。

　　企業將生產的應稅消費品用於在建工程、非生產機構等其他方面的，按規定應繳納的消費稅，借記「固定資產」、「在建工

程」、「營業外支出」、「產品銷售費用」等科目，貸記「應
交稅金——應交消費稅」科目。

隨同產品出售但單獨計價的包裝物，按規定應繳納的消費稅，
借記「其他業務交出」科目，貸記「應交稅金——應交消費
稅」科目。企業逾期未退還的包裝物押金，按規定應繳納的消
費稅，借記「其他業務支出」、「其他應付款」等科目，貸記
「應交稅金——應交消費稅」科目。

企業實際繳納消費稅時，借記「應交稅金——應交消費稅」科
目，貸記「銀行存款」科目。

4.需要繳納消費稅的委託加工應稅消費品，於委託方提貨時，由
受託方代扣代繳稅款。受託方按應扣稅款金額借記「應收帳
款」、「銀行存款」等科目，貸記「應交稅金——應交消費
稅」科目。委託加工應稅消費品收回後，直接用於銷售的，委
託方應將代扣代繳的消費稅計入委託加工的應稅消費品成本，
借記「委託加工材料」、「生產成本」、「自製半成品」等科
目，貸記「應付帳款」、「銀行存款」等科目；委託加工的應
稅消費品收回後用於連續生產應稅消費品，按規定准予抵扣
的，委託方應按代扣代繳的消費稅款，借記「應交稅金——應
交消費稅」科目，貸記「應付帳款」、「銀行存款」等科目。

5.需要繳納消費稅的進口消費品，其繳納的消費稅應計入該項消
費品的成本，借記「固定資產」、「商品採購」、「材料採
購」等科目，貸記「銀行存款」等科目。

6.免徵消費稅的出口應稅消費品，應分別不同情況進行會計處
理。生產企業直接出口應稅消費品或透過外資企業出口應稅消
費品，按規定直接於以免稅的，可不計算應繳消費稅；透過外
貿企業出口應稅消費品時，如按規定實行先稅後退方法的，按
下列方法進行會計處理：

- 委託外貿企業代理出口應稅消費品的生產企業，應在計算消費稅時，按應繳消費稅額借記「應收帳款」科目，貸記「應交稅金──應交消費稅」科目。實際繳納消費稅時，借記「應交稅金──應交消費稅」科目，貸記「銀行存款」科目。應稅消費品出口收到外貿企業退回的稅金，借記「銀行存款」科目，貸記「應收帳款」科目。發生退關、退貨而補繳已退的消費稅，作相反的會計分錄

  代理出口應稅消費品的外貿企業將應稅消費品出口後，收到稅務部門退回生產企業繳納的消費稅，借記「銀行存款」科目，貸記「應付帳款」科目。將此項稅金退還生產企業時，借記「應付帳款」科目，貸記「銀行存款」科目。發生退關、退貨而補繳已退的消費稅，借記「應收帳款一應收生產企業消費稅」科目，貸記「銀行存款」科目，收到生產企業退還的稅款，作相反的會計分錄

- 企業將應稅消費品銷售給外貿企業，由外貿企業自營出口的，其繳納的消費稅應按本規定第二條的規定進行會計處理

  自營出口應稅消費品的外貿企業，應在應稅消費品報關出口後申請出口退稅時，借記「應收出口退稅」科目，貸記「商品銷售成本」科目，實際收到出口應稅消費品退回的稅金，借記「銀行存款」科目，貸記「應收出口退稅」科目。發生退關或退貨而補繳已還的消費稅，作相反的會計分錄

附錄十三：
國家稅務總局關於使用出口貨物
消費稅專用繳款書管理辦法

　　為了適應新的工商稅制的要求，加強出口貨物的稅收管理，國家稅務總局決定改進出口貨物專用繳款書管理辦法。現將有關問題通知如下：

1. 出口企業直接從生產企業收購消費稅應稅貨物用於出口的，由生產企業所在地稅務機關在徵稅時開具「出口貨物消費稅專用繳款書」（以下簡稱「專用稅票」）。

2. 專用稅票經稅務、國庫（經收處）收款蓋章後，由生產企業轉交出口企業，在貨物出口後據以申請退還消費稅。

3. 出口企業將收購的已徵收消費稅的貨物銷售給其他企業出口的，可由主管其出口退稅的稅務機關在專用稅票上蓋章或者開具專用稅票分割單，交其他企業據以申請退稅。

4. 對由省、自治區、直轄市稅務局列舉的本地區出口企業和出具出口企業退稅登記證（複印件）的外地出口企業收購應徵消費稅貨物，生產企業所在地稅務機關才可開具專用稅票。

5. 專用稅票實行一批銷貨開具一份專用稅票的辦法。如銷售的出口貨物批量大，交貨時間長，也可按照經營出口貨物企業的要求分批開具專用稅票。生產企業所在地稅務機關，開出專用稅票中所列的應稅消費品數量和銷售額應與實際銷貨一致。

6. 申請退還消費稅的企業在其貨物出口後，應提供出口報關單、收購發票等退稅憑證，並同時提供專用稅票或分割單。

7. 企業申請退稅時，不能提供專用稅票及分割單，或提供稅務、國庫（經收處）印章不齊全，字跡不清的專用稅票及分割單，稅務機關不於退還出口貨物的消費稅。

8. 出口企業應向主管其出口退稅的稅務機關提供出口貨物專用稅票及分割單原件，並在本企業留存專用稅票及分割單的複印件或在有關帳簿中記錄專用稅票及分割單號碼和有關數據，以便核對。

9. 出口企業提供的專用稅票或分割單如有偽造、塗改、非法購買等行為的，除不予退稅外，按騙取退稅處理。

10. 各地稅務機關在「出口貨物消費稅專用繳款書」下發之前，仍可延用現行「出口產品專用繳款書」。具體更換時間由國家稅務總局另行規定。

11. 本辦法自1994年1月1日起執行。

附錄十四：

中華人民共和國營業稅暫行條例

1993年12月13日中華人民共和國國務院令第136號發布

第一條：在中華人民共和國境內提供本條例規定的勞務（以下簡稱應
　　　　稅勞務）、轉讓無形資產或者銷售不動產的單位和個人，爲
　　　　營業稅的納稅義務人（以下簡稱納稅人），應當依照本條例
　　　　繳納營業稅。

第二條：營業稅的稅目、稅率、依照本條例所附的「營業稅稅目稅率
　　　　表」執行。稅目、稅率的調整，由國務院決定。
　　　　納稅人經營娛樂業具體適用的稅率，由省、自治區、直轄市
　　　　人民政府在本條例規定的幅度內決定。

第三條：納稅人兼有不同稅目應稅行爲的，應當分別核算不同稅目的
　　　　營業額、轉讓額、銷售額（以下簡稱營業額）；未分別核算
　　　　營業額的，從高適用稅率。

第四條：納稅人提供應稅勞務、轉讓無形資產或者銷售不動產，按照
　　　　營業額和規定的稅率計算應納稅額。應納稅額計算公式：

　　　　應納稅額＝營業額×稅率

　　　　應納稅額以人民幣計算。納稅人以外匯結算營業額，應當按
　　　　外匯市場價格折合成人民幣計算。

第五條：納稅人的營業額爲納稅人提供應稅勞務、轉讓無形資產或者
　　　　銷售不動產向對方收取的全部價款和價外費用；但是，下列

情形除外：

1. 運輸企業自中華人民共和國境內運輸旅客或者貨物出境，在境外改由其他運輸企業承運乘客或者貨物的，以全程運費減去付給該承運企業的運費後的餘額為營業額。

2. 旅遊企業組織旅遊團到中華人民共和國境外旅遊，在境外改由其他旅遊企業接團的，以全程旅遊費減去付給該接團企業的旅遊費後的餘額為營業額。

3. 建築業的總承包人將工程分包或者轉包給他人的，以工程的全部承包額減去付給分包人或者轉包人的價款後的餘額為營業額。

4. 轉貸業務，以貸款利息減去借款利息後的餘額為營業額。

5. 外匯、有價證券、期貨買賣業務，以賣出價減去買入價後的餘額為營業額。

6. 財政部規定的其他情形。

第六條：下列項目免徵營業稅：

1. 托兒所、幼兒園、養老院、殘疾人福利機構提供的育養服務、婚姻介紹、殯葬服務。

2. 殘疾人員個人提供的勞務。

3. 醫院、診所和其他醫療機構提供的醫療服務。

4. 學校和其他教育機構提供的教育勞務，學生勤工儉學提供的勞務。

5. 農業機耕、排灌、病蟲害防治、植保、農牧保險以及相關技術培訓業務，家禽、牲畜、水生動物的配種和疾病防治。

6. 紀念館、博物館、文化館、美術館、展覽館、書畫院、圖書館、文物保護單位舉辦文化活動的門票收入，宗教場所舉辦文化、宗教活動的門票收入。

除前款規定外，營業稅的免稅、減稅項目由國務院規定。任何地區、部門均不得規定免稅、減稅項目。

第七條：納稅人兼營業免稅、減稅項目的，應當單獨核算免稅、減稅項目的營業額；未單獨核算營業額的，不得免稅、減稅。

第八條：納稅人營業額未達到財政部規定的營業稅起徵點的，免徵營業稅。

第九條：營業稅的納稅義務發生時間，為納稅人收訖營業收入款項或者取得索取營業收入款項憑據的當天。

第十條：營業稅由稅務機關徵收。

第十一條：營業稅扣繳義務人：

　　1.委託金融機構發放貸款，以受託發放貸款的金融機構為扣繳義務人。

　　2.建築安裝業務實行分包或者轉包的，以總承包人為扣繳義務人。

　　3.財政部規定的其他扣繳義務人。

第十二條：營業稅納稅地點：

　　1.納稅人提供應稅勞務，應當向應稅勞務發生地主管稅務機關申報納稅。納稅人從事運輸業務，應當向其機關所在地主管稅務機關申報納稅。

　　2.納稅人轉讓土地使用權，應當向土地所在地主管稅務機關申報納稅。納稅人轉讓其他無形資產，應當向其機構所在地主管稅務機關申報納稅。

　　3.納稅人銷售不動產，應當向不動產所在地主管稅務機關申報納稅。

第十三條：營業稅的納稅期限，分別是5日、10日、15日或者1個月。納稅人的具體納稅期限，由主管稅務機關根據納稅人應納稅額的大小分別核定；不能按照固定期限納稅的，可以按

次納稅。

納稅人以1個月爲一期納稅的，自期滿之日起10日內申報
納稅；以5日、10日或者15日爲一期納稅的，自期滿之日
起5日內預繳稅款，於次月1日起10日內申報納稅並結淸上
月應納稅款。扣繳義務人的解繳稅款期限，比照前兩款的
規定執行。

第十四條：營業稅的徵收管理，依照「中華人民共和國稅收徵收管理
　　　　　法」及本條例有關規定執行。

第十五條：對外商投資企業和外國企業徵收營業稅，按照全國人民代
　　　　　表大會常務委員會的有關決定執行。

第十六條：本條例由財政部負責解釋，實施細則由財政部制定。

第十七條：本條例自1994年1月1日起施行。1984年9月18日國務院發
　　　　　布的「中華人民共和國營業稅條例（草案）」同時廢止。

附錄：　　　　　　　　營業稅稅目稅率表

稅目	徵收範圍	稅率
1.交通運輸業	陸路運輸、水路運輸、航空運輸管道運輸、裝卸搬運	3%
2.建築業	建築、安裝、修繕、裝飾及其他工程作業	3%
3.金融保險業		5%
4.郵電通信業		3%
5.文化體育業		3%
6.娛樂業	歌廳、舞廳、卡拉OK、歌舞廳、音樂茶座、桌球、高爾夫球、保齡球、遊藝	5%～20%
7.服務業	代理業、旅店業、飲食業、旅遊業、倉儲業、租賃業、廣告業、其他服務業	5%
8.轉讓無形資產	轉讓土地使用權、專利權、非專利技術商標權、著作權、商譽	
9.銷售不動產	銷售建築物及其他土地附著物	5%

附錄十五：
中華人民共和國營業稅暫行條例實施細則
1993年12月25日〔93〕財法字第40號

第一條：根據「中華人民共和國營業稅暫行條例」（以下簡稱條例）
　　　　第十六條的規定，制定本細則。

第二條：條例第一條所稱應稅勞務是指屬於交通運輸業、建築業、金
　　　　融保險業、郵電通信業、文化體育業、娛樂業、服務業稅目
　　　　徵收範圍的勞務。加工和修理、修配，不屬於條例所稱應稅
　　　　勞務（以下簡稱非應稅勞務）。

第三條：條例第五條第5項所稱外匯、有價證券、期貨買賣業務，是
　　　　指金融機構（包括銀行和非銀行金融機構），從事的外匯、
　　　　有價證券、期貨買賣業務。非金融機構和個人買賣外匯、有
　　　　價證券或期貨，不徵收營業稅。條例第五條第5項所稱期
　　　　貨，是指非貨物期貨。貨物期貨不徵收營業稅。

第四條：條例第一條所稱提供應稅勞務、轉讓無形資產或銷售不動
　　　　產，是指有償提供應稅勞務、有償轉讓無形資產或者有償轉
　　　　讓不動產所有權的行為（以下簡稱應稅行為）。但單位或個
　　　　體經營者聘用的員工，為本單位或雇主提供應稅勞務，不包
　　　　括在內。前款所稱有償，包括取得貨幣、貨物或其他經濟利
　　　　益。單位或個人自己新建（以下簡稱自建）建築物後銷售，
　　　　其自建行為視同提供應稅勞務。轉讓不動產有限產權或者永
　　　　久使用權，以及單位將不動產無償贈與他人，視同銷售不動

產。

第五條：一項銷售行為如果旣涉及應稅勞務又涉及貨物，為混合銷售行為。從事貨物的生產、批發或零售的企業，企業性單位及個體經營者的混合銷售行為，視為銷售貨物，不徵收營業稅；其他單位和個人的混合銷售行為，視為提供應稅勞務，應當徵收營業稅。納稅人的銷售行為是否屬於混合銷售行為，由國家稅務總局所屬徵收機關確定。

第一款所稱貨物，是指有形動產，包括電力、熱力、氣體在內。第一款所稱從事貨物的生產、批發或零售的企業，企業性單位及個體經營者，包括以從事貨物的生產、批發或零售為主，並兼營應稅勞務的企業，企業性單位及個體經營者在內。

第六條：納稅人兼營應稅勞務與貨物或非應稅勞務的，應分別核算應稅勞務的營業額和貨物或者非應稅勞務的銷售額。不分別核算或者不能準確核算的，其應稅勞務與貨物或者非應稅勞務一並徵收增值稅，不徵收營業稅。

納稅人兼營的應稅勞務是否應當一並徵收增值稅，由國家稅務總局所屬徵收機關確定。

第七條：除本細則第八條另有規定外，有下列情形之一者，為條例第一條所稱在中華人民共和國境內（以下簡稱境內）提供應稅勞務、轉讓無形資產或者銷售不動產：

1.所提供的勞務發生在境內。

2.在境內載運旅客或貨物出境。

3.在境內組織旅客出境旅遊。

4.所轉讓的無形資產在境內使用。

5.所銷售的不動產在境內。

第八條：有下列情形之一者，為在境內提供保險勞務：

1.境內保險機構提供的保險勞務，但境內保險機構為出口貨物提供保險除外。

2.境外保險機構以在境內的物品為標的提供的保險勞務。

第九條：條例第一條所稱單位，是指國有企業、集體企業、私有企業、股份制企業、其他企業和行政單位、事業單位、軍事單位、社會團體及其他單位。

條例第一條所稱個人，是指個體工商戶及其他有經營行為的個人。

第十條：企業租賃或承包給他經營的，以承擔人或承包人為納稅人。

第十一條：除本細則第二條另有規定外，負有營業稅納稅義務的單位為發生應稅行為，並向對方收取貨幣、貨物或其他經濟利益的單位，包括獨立核算的單位和不獨立核算的單位。

第十二條：中央鐵路運營業務的納稅人為鐵道部，合資鐵路運營業務的納稅人為合資鐵路公司，地方鐵路運營業務的納稅人為地方鐵路管理機構，基建臨管線運營業務的納稅人為基建臨管理線管理機構。

從事水路運輸、航空運輸、管道運輸或其他陸路運輸業務，並負有營業稅納稅義務的單位，為從事運輸業務並計算盈虧的單位。

第十三條：立法機關、司法機關、行政機關的收費，同時具備下列條件的，不徵收營業稅：

1.國務院、省級人民政府或其所屬財政、物價部門以正式文件允許收費，而且收費標準符合文件規定的。

2.所收費用由立法機關、司法機關、行政機關自己直接收取的。

第十四條：條例第五條所稱價外費用，包括向對方收取的手續費、基金、集資費、代收款項、代墊款項及其他各種性質的價外

收費。

凡價外費用，無論會計制度規定如何核算，均應並入營業額計算應納稅額。

第十五條：納稅人提供應稅勞務、轉讓無形資產或銷售不動產價格明顯偏低，而無正當理由的，主管稅務機關有權按下列順序核定其營業額：

1. 按納稅人當月提供的同類應稅勞務或者銷售的同類不動產的平均價格核定。

2. 按納稅人最近時期提供的同類應稅勞務，或者銷售的同類不動產的平均價格核定。

3. 按下列公式核定計稅價格：

$$計稅價格＝營業成本或工程成本×（1＋成本利潤率）÷（1－營業稅稅率）$$

上列公式中的成本利潤率，由省、自治區、直轄市人民政府所屬稅務機關確定。

第十六條：根據條例第四條的規定，納稅人按外匯結算營業額的，其營業額的人民幣折合率可以選擇營業額發生的當天或當月1日的國家外匯牌價（原則上為中間價）。但金融保險企業營業額的人民幣折合率為上年度決算報表確定的匯率。納稅人應在事先確定選擇採用何種折合率，確定後1年內不得變更。

第十七條：運輸企業從聯運業務的營業額為其實際取得的營業額。

條例第五條第6項中所稱的其他情形，包括旅遊企業、組織旅遊團在中國境內旅遊的，以收取的旅遊費減去替旅遊者支付給其他單位的房費、餐費、交通、門票和其他代付費用後的餘額的營業額。

第十八條：納稅人從事建築、修繕、裝飾工程作業，無論與對方如何結算，其營業額均應包括工程所用原材料及其他物資和動力的價款在內。

納稅人從事安裝工程作業，凡所安裝的設備的價值作爲安裝工程產值的，其營業額應包括設備的價款在內。

第十九條：本細則第四條所稱自建行爲的營業額，比照本細則第十五條的規定確定。

第二十條：條例第五條第4項所稱轉貸業務，是指將借入的資金貸與他人使用的業務。將吸收的單位、個人的存款或者自有資本金貸與他人使用的業務，不屬於轉貸業務。

第二十一條：保險業實行分保險的，初保業務以全部保費收入減去付給分保人的保費後的餘額爲營業額。

第二十二條：單位或個人進行演出，以全部票價收入或者包場收入減去付給提供演出場所的單位、演出公司或者經紀人的費用後的餘額爲營業額。

第二十三條：娛樂業的營業額爲經營娛樂業向顧客收取的各項費用，包括門票收費、台位費、點歌費、烟酒和飲料收費及經營娛樂業的其他各項收費。

第二十四條：旅遊業務，以全部收費減去爲旅遊者付給其他單位的食、宿和交通費用後的餘額爲營業額。

旅遊企業組織旅客在境內旅遊，改由其他旅遊企業接團的，其銷售額比照條例第五條第2項規定確定。

第二十五條：單位將不動產無償贈與他人，其營業額比照本細則第十五條的規定確定。

第二十六條：條例第六條規定的部分免稅項目的範圍，限定如下：

1.第一款第2項所稱殘疾人員個人提供的勞務，是指殘疾人員本人爲社會提供的勞務。

2. 第一款第3項所稱的醫院、診所、其他醫療機構提供的醫療服務，是指對患者進行診斷、治療和防疫、接生、計劃生育方面的服務，以及與這些服務有關的提供藥品、醫療用具、病房住宿和伙食的業務。

3. 第一款第4項所稱學校及其他教育機構，是指普通學校以及經地、市級以上人民政府或者同級政府的教育行政部門批准成立，國家承認其學員學歷的各類學校。

4. 第一款第5項所稱農業機耕，是指在農業、林業、牧業中使用農業機械進行耕作，包括耕耘，種植、收割、脫粒、植保等的業務。

排灌，是指對農田進行灌溉或排澇的業務。

病蟲害防治，是指從事農業、林農、牧業、漁業的病蟲害測報和防治的業務。

農牧保險，是指為種植業、養殖業、牧業種植和飼養的動植物提供保險的業務。

相關技術培訓，是指與農業機耕、排灌、病蟲害防治、植保業務相關以及為使農民獲得農牧保險知識的技術培訓業務。

家禽、牲畜、水生動物的配種和疾病防治業務的免稅範圍，包括與該項勞務有關的提供藥品和醫療用具的業務。

5. 第一款第6項所稱紀念館、博物館、文化館、美術館、展覽館、書畫院、圖書館、文物保護單位舉辦文化活動，是指這些單位在自己的場所舉辦的屬於文化體育業稅目徵稅範圍的文化活動。其售票收入，是指銷售第一道門票的收入。

　　　　　　　　宗教場所舉辦文化、宗教活動的售票收入，是指寺廟、
　　　　　　　　宮觀、清眞寺和教堂舉辦文化、宗教活動銷售門票的收
　　　　　　　　入。

第二十七條：條例第八條所稱營業稅起徵點的適用範圍限於個人。
　　　　　　　　營業稅起徵點的幅度規定如下：
　　　　　　　　按期納稅的起徵點爲月營業額200元～800元；
　　　　　　　　按次納稅的起徵點爲每次（日）營業額50元；
　　　　　　　　納稅人營業額達到起徵點的，應按營業額全額計算應納
　　　　　　　　稅額。
　　　　　　　　省、自治區、直轄市人民政府所屬稅務機關應在規定的
　　　　　　　　幅度內，根據實際情況確定本地區適用的起徵點，並報
　　　　　　　　國家稅務總局備案。

第二十八條：納稅人轉讓土地使用權或者銷售不動產，採用預收款方
　　　　　　　　式的，其納稅義務發生時間爲收到預收款的當天。
　　　　　　　　納稅人有本細則第四條所稱自建行爲的，其自建行爲的
　　　　　　　　納稅義務發生時間，爲其銷售自建建築物並收訖營業額
　　　　　　　　或者取得索取營業稅的憑據的當天。
　　　　　　　　納稅人將不動產無償贈與他人，其納稅義務發生時間爲
　　　　　　　　不動產所有權轉移的當天。

第二十九條：條例第十一條所稱其他扣繳義務人規定如下：
　　　　　　　1.境外單位或者個人在境內發生應稅行爲而在境內未設
　　　　　　　　有經營機構的，其應納稅款以代理者爲扣繳義務人；
　　　　　　　　沒有代理者的，以受讓者或者購買者爲扣繳義務人。
　　　　　　　2.單位或者個人進行演出由他人售票的，其應納稅款以
　　　　　　　　售票者爲扣繳義務人。
　　　　　　　3.演出經紀人爲個人的，其辦理演出業務的應納稅款以
　　　　　　　　售票者爲扣繳義務人。

4.分保險業務,以初保人爲扣繳義務人。

5.個人轉讓條例第十二條第2項所稱其他無形資產的, 其應納稅款以受讓者爲扣繳義務人。

第三十條:納稅人提供的應稅勞務發生在外縣(市),應向勞務發生 地主管稅務機關申報納稅而未申報納稅的,由其機構所在 地或者居住地主管稅務機關補徵稅款。

第三十一條:納稅人承包的工程跨省、自治區、直轄市的,向其機構 所在地主管稅務機關申報納稅。

第三十二條:納稅人在本省、自治區、直轄市範圍內發生應稅行爲, 其納稅地點需要調整的,由省、自治區、直轄市人民政 府所屬稅務機關確定。

第三十三條:金融業(不包括典當業)的納稅期限爲一個季度。保險 業的納稅期限爲1個月。

第三十四條:本細則所稱「以上」、「以下」,均含本數或本級。

第三十五條:本細則由財政部解釋,或者由國家稅務總局解釋。

第三十六條:本細則從條例施行之日起實施。1984年9月28日財政部 頒發的「中華人民共和國營業稅條例(草案)實施細 則」同時廢止。

附錄十六：
營業稅稅目註釋（試行稿）
1993年12月27日國稅發〔1993〕149號

一、交通運輸業

　　交通運輸業，是指使用運輸工具或人力、畜力將貨物或旅客送達目的地，使其空間位置得到轉移的業務活動。本稅目的徵收範圍包括：陸路運輸、水路運輸、航空運輸、管道運輸、裝卸搬運。凡與運營業務有關的各項勞務活動，均屬本稅目的徵稅範圍。

　　1.陸路運輸：陸路運輸是指透過陸路（地上或地下）運送貨物或旅客的運輸業務，包括鐵路運輸、公路運輸、纜車運輸、索道運輸及其他陸路運輸。

　　2.水路運輸：水路運輸是指透過江、河、湖、川等天然、人工水道或海洋航道運送貨物或旅客的運輸業務。打撈比照水路運輸徵稅。

　　3.航空運輸：航空運輸是指透過空中航線運送貨物或旅客的運輸業務。通用航空業務、航空地面服務業務，比照航空運輸徵稅，通用航空業務，是指為專業工作提供飛行服務的業務，如航空攝影、航空測量、航空勘探、航空護林、航空吊掛飛播、航空降雨等。航空地面服務業務，是指航空公司、飛機場、民航管理局、航站向在我國境內航行或在我國境內機場停留的境內外飛機或其他飛行器提供的導航等勞務性地面服務的業務。

4. 管道運輸：管道運輸是指透過管道設施輸送氣體、液體、固體物資的運輸業務。

5. 裝卸搬運：裝卸搬運是指使用裝卸搬運工具、人力或畜力將貨物在運輸工具之間，裝卸現場之間或運輸工具與裝卸現場之間進行裝卸和搬動的業務。

二、建築業

建築業，是指建築安裝工程作業，本稅目的徵收範圍包括：建築、安裝、修繕、裝飾及其他工程作業。

1. 建築：建築是指新建、改建、擴建各種建築物及構築物的工程作業，包括與建築物相連的各種設備或支柱、操作平台的安裝或裝設工程作業，以及各種窯爐和金屬結構工程作業在內。

2. 安裝：安裝是指生產設備、動力設備、起重設備、運輸設備、傳動設備、醫療實驗設備及其他各種設備的裝配，安置工程作業，包括與設備相連的工作台、梯子、欄杆的裝設工程作業和被安裝設備的絕緣、防腐、保溫、油漆等工程作業在內。

3. 修繕：修繕是指對建築物、構築物進行修補、加固、養護、改善、使之恢復原來的使用價值或延長其使用期限的工程作業。

4. 裝飾：裝飾是指對建築物、構築物進行修飾，使之美觀或具有特定用途的工程作業。

5. 其他工程作業：其他工程作業是指上列工程作業以外的各種工程作業，如代辦電信工程、水利工程、道路修建、疏浚、鑽井（打井）、拆除建築物或構築物、平整土地、搭腳手架、爆破等工程作業。

三、金融保險業

金融保險業，是指經營金融、保險的業務。本稅目的徵收範圍包

括：金融、保險。

  1.金融：金融是指經營貨幣資金融通活動的業務，包括貸款、融資租賃、金融商品轉讓、金融經紀業務和其他金融業務。

   ・貸款，是指將資金貸與他人使用的業務，包括自有資金貸款和轉貸。自有資金貸款，是指將自有資金或吸收的單位、個人的存款貸與他人使用。轉貸，是指將借來的資金貸與他人使用

   典當業的抵押貸款業務，無論其資金來源如何，均按自有資金貸款徵稅。人民銀行的貸款業務不徵稅

   ・融資租賃，是指具有融資性質和所有權轉移特點的設備租賃業務。即出租人根據承租人所要求的規格、型號、性能等條件購入設備租賃給承租人，合同期內設備所有權屬於出租人，承租人只擁有使用權，合同期滿付淸租金後，承租人有權按殘值購入設備，以擁有設備的所有權。凡融資租賃，無論出租人是否將設備殘值銷售給承租人，均按本稅目徵稅

   ・金融商品轉讓，是指轉讓外匯、有價證券或非貨物期貨的所有權的行爲。非貨物期貨，是指商品期貨、貴金屬期貨以外的期貨，如外匯期貨等

   ・金融經紀業，是指受託代他人經營金融活動的業務

   ・其他金融業務，是指上列業務以外的各項金融業務，如銀行結算、票據貼現等。存款或購入金融商品行爲，不徵收營業稅

  2.保險：保險是指將透過契約形式集中起來的資金，用以補償被保險人的經濟利益的業務。

四、郵電通信業

  郵電通信業，是指專門辦理信息傳遞的業務。本稅目的徵收範圍

包括：郵政、電信。

　　1.郵政：郵政是指傳遞實物信息的業務，包括傳遞函件或包件、
　　郵滙、報刊發行、郵務物品銷售、郵政儲蓄及其他郵政業務。

　　　　・傳遞郵件或包件，是指傳遞函件或包件的業務以及與傳遞函
　　　　件或包件相關的業務。傳遞函件，是指收寄信函、明信片、
　　　　印刷品的業務。傳遞包件，是指收寄包裹的業務。傳遞函信
　　　　或包件相關的業務，是指出租信箱、對進口函件進行處理、
　　　　保管逾期包裹、附帶貨載及其他與傳遞函件或包件相關的業
　　　　務

　　　　・郵滙，是指為滙款人傳遞滙款憑證並兌取的業務

　　　　・報刊發行，是指郵政部門代出版單位收訂、投遞和銷售各種
　　　　報紙、雜誌的業務

　　　　・郵務物品銷售，是指郵政部門在提供郵政勞務的同時，附帶
　　　　銷售與郵政業務相關的各種物品，（如信封、信紙、滙款
　　　　單、郵件包裝用品等）的業務

　　　　・郵政儲蓄，是指郵電部門辦理儲蓄的業務

　　　　・其他郵政業務，是指上列業務以外的各項郵政業務

　　2.電信：電信是指各種電傳設備傳輸電信號來傳遞信息的業務，
　　包括電報、電傳、電話、電話機安裝、電信物品銷售及其他電
　　信業務。

　　　　・電報，是指用電信號傳遞文字的通信業務及相關的業務，包
　　　　括傳遞電報、出租電報電路設備、代維修電報電路設備以及
　　　　電報分送、譯報、查閱去報報底或來報回單、抄錄去報報底
　　　　等

　　　　・電傳（即傳真），是指透過電傳設備傳遞原件的通信業務，
　　　　包括傳遞資料、圖表、相片、真跡等

　　　　・電話，是指用電傳設備傳遞語言的業務及相關的業務，包括

有線電話、無線電話、尋呼電話、出租電話電路設備、代維
修或出租廣播電路、電視信道等業務
- 電話機安裝，是指為用戶安裝或移動電話機的業務
- 電信物品銷售，是指在提供電信勞務的同時，附帶銷售專用
和通用電信物品（如電報紙、電話號碼等、電報簽收簿、電
信器材、電話等）的業務
- 其他電信業務，是指上列業務以外的電信業務

五、文化體育業

文化體育，是指經營文化、體育活動的業務。本稅目的徵收範圍
包括：文化業、體育業。

1. 文化業：文化業是指經營文化活動的業務，包括表演、播映、
其他文化業，經營遊覽場所的業務，比照文化業徵稅。
- 表演，是指進行戲劇、歌舞、時裝、健美、雜技、民間藝
術、武術、體育等表演活動的業務
- 播映，是指透過電台、電視台、音響系統、閉路電視、衛星
通信等無線或有線裝置傳播作品以及在電視院、影劇院、錄
像廳及其他場所放映各種節目的業務。廣告的播映不按本稅
目徵稅
- 其他文化業，是指經營上列活動以外的文化活動的業務，如
各種展覽、培訓活動，舉辦文學、藝術、科技、講座、演
講、報告會、圖書館的圖書和資料借閱業務等
- 經營遊覽場所的業務，是指公園動（植）物園及其他各種遊
覽場所銷售門票的業務

2. 體育業：體育業是指舉辦各種體育比賽和為體育比賽或體育活
動提供場所的業務。以租賃方式為文化活動、體育比賽提供場
所，不按本稅目徵稅。

六、娛樂業

娛樂業，是指為娛樂活動提供場所和服務的業務。本稅目徵收範圍包括：經營歌廳、舞廳、卡拉OK歌舞廳、音樂茶座、桌球、高爾夫球、保齡球場、遊藝場等娛樂場所，以及娛樂場所為顧客進行娛樂活動提供服務的業務。

1. 歌廳：歌廳是指在樂隊的伴奏下，顧客進行自娛自樂形式的演唱活動的場所。
2. 舞廳：舞廳是指供顧客進行跳舞活動的場所
3. 卡拉OK歌舞廳：卡拉OK歌舞廳是指在音像設備播放的音樂伴奏下，顧客自娛自樂進行歌舞活動的場所。
4. 音樂茶座：音樂茶座是指為顧客同時提供音樂欣賞和茶水、咖啡、酒及其他飲料消費的場所。
5. 桌球、高爾夫球、保齡球場：桌球、高爾夫球、保齡球場是指顧客進行乒乓球、高爾夫球、保齡球活動的場所。
6. 遊藝場：遊藝場是指舉辦各種遊藝、遊樂（如射擊、狩獵、跑馬、玩遊戲機）活動的場所。

上列娛樂場所為顧客進行娛樂活動提供的飲食服務及其他各種服務，均屬於本稅目徵收範圍。

七、服務業

服務業，是指利用設備、工具、場所、信息或技能為社會提供服務的業務。本稅目的徵收範圍包括：代理業、旅店業、飲食業、旅遊業、倉儲業、租賃業、廣告業、其他服務業。

1. 代理業：代理業是指代委託人辦理受託事項的業務，包括代購代銷貨物、代辦進出口、介紹服務、其他代理服務。
   · 代購代銷貨物，是指受託購買貨物或銷售貨物，按實購或實

銷額進行結算並收取手續費的業務

・代辦進出口，是指受託辦理商品或勞務進出口的業務

・介紹服務，是指仲介人介紹雙方商談交易，或其他事項的業務

・其他代理服務，是指受託辦理上列事項以外的其他事項的業務。金融經紀業、郵政部門的報刊發行業務，不按本稅目徵稅

2.旅店業：旅店業是指提供住宿服務的業務。

3.飲食業：飲食業是指透過同時提供飲食和飲食場所的方式為顧客提供飲食消費服務的業務。飯館、餐廳及其他飲食服務場所，為顧客在就餐的同時進行的自娛自樂形式的歌舞活動所提供的服務，按「娛樂業」稅目徵稅。

4.旅遊業：旅遊業是指為旅遊者安排食宿、交通工具和提供導遊等旅遊服務的業務。

5.倉儲業：倉儲業是指利用倉庫、貨場或其他場所代客貯放、保管貨物的業務。

6.租賃業：租賃業是指在約定的時間內將場地、房屋、物品、設備或設施等轉讓他人使用的業務。融資租賃，不按本稅目徵收。

7.廣告業：廣告業是指利用圖書、報紙、雜誌、廣播、電視、電影、幻燈、路牌、招貼、櫥窗、霓虹燈、燈箱等形式為介紹商品、經營服務項目、文體節目或通告、聲明等事項進行宣傳和提供相關服務的業務。

8.其他服務業：其他服務業是指上列業務以外的服業務，如沐浴、理髮、洗染、照相、美術、裱畫、騰寫、打字、鐫刻、計算、測試、試驗、化驗、錄音、錄影、複印、曬圖、設計、製圖、測繪、堪探、打包、諮詢等。航空勘探、鑽井（打井）勘

探、爆破勘探，不按本稅目徵稅。

八、轉讓無形資產

轉讓無形資產，是指轉讓無形資產的所有權或使用權的行為。無形資產，是指不具實物形態，但能帶來經濟利益的資產。本稅目的徵收範圍包括：轉讓土地使用權、轉讓商標權、轉讓專利權、轉讓非專利技術、轉讓著作權、轉讓商譽。

1. 轉讓土地使用權：轉讓土地使用權是指土地使用者轉讓土地使用權的行為，不徵收營業稅。土地租賃、不按本稅目徵稅。

2. 轉讓商標權：轉讓商標權是指轉讓商標的所有權或使用權的行為。

3. 轉讓專利權：轉讓專利權是指轉讓專利技術的所有權或使用權的行為。

4. 轉讓非專利技術：轉讓非專利技術是指轉讓非專利技術的所有權或使用權的行為。提供無所有權技術的行為，不按本稅目徵稅。

5. 轉讓著作權：轉讓著作權是指轉讓著作的所有權或使用權的行為。著作，包括文字著作、圖形著作（如畫冊、影集），音像著作（即電影母片、錄影帶母帶）。

6. 轉讓商譽：轉讓商譽是指轉讓商譽的使用權的行為。以無形資產投資入股，參與接受投資方的利潤分配，共同承擔投資風險的行為，不徵收營業稅。但轉讓該項股權，應按本稅目徵稅。

九、銷售不動產

銷售不動產，是指有償轉讓不動產所有權的行為。不動產，是指不能移動，移動後會引起性質、形狀改變的財產。本稅目的徵收範圍包括：銷售建築物或構築物、銷售其他土地附著物。

1. 銷售建築物或構築物：銷售建築物或構築物是指有償轉讓建築物或構築物的所有權的行為。以轉讓有限產權或永久使用權方式銷售建築物、視同銷售建築物。

2. 銷售其他土地附著物：銷售其他土地附著物，是指有償轉讓其他土地附著物的所有權的行為。其他土地附著物，是指建築物或構築物以外的其他附著於土地的不動產。單位將不動產無償贈與他人，視同銷售不動產。在銷售不動產時連同不動產所占土地的使用權一併轉讓的行為，比照銷售不動產徵稅，以不動產投資入股，參與接受投資方利潤分配，共同承擔投資風險的行為，不徵營業稅。但轉讓該項股權，應按本稅目徵稅。不動產租賃，不按本稅目徵稅。

附錄十七：
關於營業稅會計處理的規定

「中華人民共和國營業稅暫行條例」已經國務院頒發，現對有關會計處理辦法規定如下：

1. 企業繳納的營業稅，透過「應交稅金──應交營業稅」科目進行核算。

2. 企業按其營業額和規定的稅率，計算應繳納的營業稅，借記「營業稅金及附加」（金融保險企業、旅遊飲食服務企業、郵電通信企業、民用航空企業、農業企業）、「經營稅金及附加」（房地產開發企業）、「營運稅金及附加」（交通運輸企業）、「運輸稅金及附加」（鐵路運輸企業）、「工程結算稅金及附加」（施工企業）、「營業成本」（外經企業）等科目，貸記「應交稅金──應交營業稅」科目。上繳營業稅時，借記「應交稅金──應交營業稅」科目，貸記「銀行存款」等科目。

3. 金融企業接受其他企業委託發放貸款，收到委託貸款利息，借記「銀行存款」或有關企業存款等科目，貸記「應付帳款──應付委託貸款利息」科目；計算代扣的營業稅，借記「應付帳款──應付委託貸款利息」科目，貸記「應交稅金──應交營業稅」科目。代繳營業稅時，借記「應交稅金──應交營業稅」科目，貸記「銀行存款」或「財政性存款」等科目。

建築安裝業務實行轉包或分包形式的，由總承包人代扣代繳營業稅，總承包人收到承包款項，應根據應付給分包單位或分包人的承包款計算代扣營業稅，借記「應付帳款」科目，貸記「應交稅金——應交營業稅」科目。代繳營業稅時，借記「應交稅金——應交營業稅」科目，貸記「銀行存款」科目。

4. 企業銷售不動產，按銷售額計算的營業稅記入固定資產清理科目，借記「固定資產清理」科目，貸記「應交稅金——應交營業稅」科目（房地產開發企業經營房屋不動產所繳納營業稅的核算，按本規定第二條進行會計處理）。繳納營業稅時，借記「應交稅金——應交營業稅」科目，貸記「銀行存款」科目。

5. 企業銷售無形資產，按銷售額計算的營業稅記入其他業務支出等科目，借記「其他業務支出」、「其他營業支出」（金融保險企業）、「營業成本」（外經企業）等科目，貸記「應交稅金——應交營業稅」科目。繳納營業稅時，借記「應交稅金——應交營業稅」科目，貸記「銀行存款」等科目。

附錄十八：

中華人民共和國企業所得稅暫行條例

1993年12月13日中華人民共和國國務院令第137號發布

第一條：中華人民共和國境內的企業，除外商投資企業和外國企業
　　　　外，應當就其生產、經營所得和其他所得，依照本條例繳納
　　　　企業所得稅。
　　　　企業的生產、經營所得和其他所得，包括來源於中國境內、
　　　　境外的所得。

第二條：下列實行獨立經濟核算的企業或者組織，爲企業所得稅的納
　　　　稅義務人（以下簡稱納稅人）：
　　　　1.國有企業。
　　　　2.集體企業。
　　　　3.私營企業。
　　　　4.聯營企業。
　　　　5.股份制企業。
　　　　6.有生產、經營所得和其他所得的其他組織。

第三條：納稅人應納稅額，按應納稅所得額計算，稅率爲33%。

第四條：納稅人每一納稅年度的收入總額減去准予扣除項目後的餘額
　　　　爲應納稅所得額。

第五條：納稅人的收入總額包括：
　　　　1.生產、經營收入。
　　　　2.財產轉讓收入。

3. 利息收入。

4. 租賃收入。

5. 特許權使用費收入。

6. 股息收入。

7. 其他收入。

第六條：計算應納稅所得額時准予扣除的項目，是指與納稅人取得收入有關的成本、費用和損失。

下列項目，按照規定的範圍、標準扣除：

1. 納稅人在生產、經營期間，向金融機構借款的利息支出，按照實際發生數扣除；向非金融機構借款的利息支出，不高於按照金融機構同類、同期貸款利率計算的數額以內的部分，准予扣除。

2. 納稅人支付給職工的工資，按照計稅工資扣除。計稅工資的具體標準，在財政部規定的範圍內，由省、自治區、直轄市人民政府規定，報財政部備案。

3. 納稅人的職工工會經費、職工福利費、職工教育經費，分別按照計稅工資總額的2%、14%、1.5%計算扣除。

4. 納稅人用於公益、救濟性的捐贈，在年度應納稅所得額3%以內的部分，准予扣除。

除本條第2項規定外，其他項目依照法律、行政法規和國家有關稅收的規定扣除。

第七條：在計算應納稅所得額時，下列項目不得扣除：

1. 資本性支出。

2. 無形資產受讓，開發支出。

3. 違法經營的罰款和被沒收財物的損失。

4. 各項稅收的滯納金、罰金和罰款。

5. 自然災害或者意外事故損失有賠償的部分。

6.超過國家規定允許扣除的公益、救濟性的捐贈，以及非公益、救濟性的損贈。

7.各種贊助支出。

8.與取得收入無關的其他各項支出。

第八條：對下列納稅人，實行稅收優惠政策：

1.民族自治地方的企業，需要照顧和鼓勵的，經省級人民政府批准，可以實行定期減稅或免稅。

2.法律、行政法規和國務院有關規定給予減稅或者免稅的企業，依照規定執行。

第九條：納稅人在計算應納稅所得額時，其財務、會計處理辦法和國家有關稅收的規定有牴觸的，應當依照國家有關稅收的規定計算納稅。

第十條：納稅人與其關聯企業之間的業務往來，應當按照獨立企業之間的業務往來收取或者支付價款、費用，不按照獨立企業之間的業務往來收取或者支付價款、費用而減少其應納稅所得額的，稅務機關有權進行合理調整。

第十一條：納稅人發生年度虧損的，可以用下一納稅年度的所得彌補；下一納稅年度的所得不足彌補的，可以逐年延續彌補，但是延續彌補期最長不得超過5年。

第十二條：納稅人來源於中國境外的所得，已在境外繳納的所得稅稅款，准予在彙總納稅時，從其應納稅額中扣除，但是扣除額不得超過其境外所得依照本條例規定計算的應納稅額。

第十三條：納稅人依法進行清算時，其清算終了後的清算所得，應當依照本條例規定繳納企業所得稅。

第十四條：除國家另有規定外，企業所得稅由納稅人向其所在地主管稅務機關繳納。

第十五條：繳納企業所得稅，按年計算，分月或者分季預繳。月份或

者季度終了後15日內預繳，年度終了後4個月內彙算清
繳，多退少補。

第十六條：納稅人應當在月份或者季度終了後15日內，向其所在地主
管稅務機關報送會計決算報表和所得稅申報表。

第十七條：企業所得稅的徵收管理，依照「中華人民共和國稅收徵收
管理法」及本條例有關規定執行。

第十八條：金融、保險企業繳納企業所得稅，依照有關規定執行。

第十九條：本條例由財政部負責解釋，實施細則由財政部制定。

第二十條：本條例自1994年1月1日起施行。國務院1984年9月18日發
布的「中華人民共和國國營企業所得稅條例（草案）」和
「國營企業調節稅徵收辦法」，1985年4月11日發布的
「中華人民共和國私營企業所得稅暫行條例」、1988年6
月25日發布的「中華人民共和國私營企業所得稅暫行條
例」同時廢止；國務院有關國有企業承包企業所得稅的辦
法同時停止執行。

附錄十九：

中華人民共和國企業所得稅暫行條例實施細則

1994年2月4日〔94〕財法字第3號

第一章　總　則

第一條：根據「中華人民共和國企業所得稅暫行條例實施細則」（以下簡稱條例）第十九條的規定，制定本細則。

第二條：條例第一條所稱生產、經營所得，是指從事物質生產、交通運輸、商品流通、勞務服務以及經國務院財政部門確認的其他營利事業取得的所得。

條例第一條所稱其他所得，是指股息、利息、租金、轉讓各類資產、特許權使用費以及營業外收益等所得。

第三條：條例第二條第1項至第5項所稱國有企業、集體企業、私營企業、聯營企業、股份制企業，是指按國家有關規定註冊、登記的上述各類企業。

條例第二條第6項所稱有生產、經營所得和其他所得的其他組織，是指經國家有關部門批准，依法註冊、登記的事業單位、社會團體等組織。

第四條：條例第二條所稱獨立經濟核算的企業或者組織，是指納稅人同時具備在銀行開設結算帳戶；獨立建立帳簿，編製財務會計報表；獨立計算盈虧等條件的企業或者組織。

第五條：條例第三條所稱應納稅額，其計算公式為：

應納稅額＝應納稅所得稅額×稅率

第二章　應納稅所得額的計算

第六條：條例第三條、第四條所稱應納稅所得額，其計算公式為：

應納稅所得額＝收入總額－准予扣除項目金額

第七條：條例第五條第1項所稱生產、經營收入，是指納稅人從事主營業務活動取得的收入，包括商品（產品）銷售收入、勞務服務收入、營運收入、工程價款結算收入、工業性作業收入以及其他業務收入。

條例第五條第2項所稱財產轉讓收入，是指納稅人有償轉讓各類財產取得的收入。

條例第五條第3項所稱利息收入，是指納稅人購買各種債券等有價證券的利息，外單位欠款付給的利息以及其他利息收入。

條例第五條第4項所稱租賃收入，是指納稅人出租固定資產、包裝物以及其他財產而取得的租金收入。

條例第五條第5項所稱特許權使用費收入，是指納稅人提供或者轉讓專利權、非專利技術、商標權、著作權以及其他特許權的使用權而取得收入。

條例第五條第6項所稱股息收入，是指納稅人對外投資入股分得的股利、紅利收入。

條例第五條第7項所稱其他收入，是指除上述各項收入之外的一切收入，包括固定資產盤盈收入、罰款收入、因債權人緣故確實無法支付的應付款項、物資及現金的溢餘收入、教育費附加返還款、包裝物押金收入以及其他收入。

第八條：條例第六條所稱與納稅人取得收入有關的成本、費用和損失
　　　　包括：

1. 成本：即生產、經營成本，是指納稅人爲生產、經營商品
　　和提供勞務等所發生的各項直接費用和各項間接費用。
2. 費用：即納稅人爲生產、經營商品和提供勞務等所發生的
　　銷售（經營）費用、管理費用和財務費用。
3. 稅金：即納稅人按規定繳納的消費稅、營業稅、城鄉維護
　　建設稅、資源稅、土地增值稅、教育費附加，可視同稅
　　金。
4. 損失：即納稅人生產、經營過程中的各項營業外支出，已
　　發生的經營虧損和投資損失以及其他損失。納稅人的財
　　務、會計處理與稅收規定不一致的，應依照稅收規定予以
　　調整，按稅收規定允許扣除的金額，准予扣除。

第九條：條例第六條第二款第1項所稱金融機構，是指各類銀行、保
　　　　險公司以及經中國人民銀行批准從事金融業務的非銀行金融
　　　　機構。

第十條：條例第六條第二款第1項所稱利息支出，是指建造、購進的
　　　　固定資產竣工決算投產後發生的各項貸款利息支出。

　　　　條例第六條第二款第1項所稱向金融機構借款利息支出，包
　　　　括向保險企業和非銀行金融機構的借款利息支出。

　　　　納稅人除建造、購置固定資產、開發、購置無形資產以及籌
　　　　辦期間發生的利息支出以外的利息支出，允許扣除。包括納
　　　　稅人之間相互拆借的利息支出，允許扣除。包括納稅人之間
　　　　相互拆借的利息支出。其利息支出的扣除標準按照條例第六
　　　　條第二款第1項的規定執行。

第十一條：條例第六條第二款第2項所稱計稅工資，是指計算應納稅
　　　　　所得額時，允許扣除的工資標準。包括企業以各種形式支

付給職工的基本工資、浮動工資、各類補貼、津貼、獎金等。

第十二條：條例第六條第二款第4項所稱公益、救濟性的捐贈，是指納稅人透過中國境內非營利的社會團體、國家機關向教育、民政等公益事業和遭受自然災害地區、貧困地區的捐贈。納稅人直接向受贈人的捐贈不允許扣除。

前款所稱的社會團體，包括中國青少年發展基金會、希望工程基金會、宋慶齡基金會、滅災委員會、中國紅十字會、中國殘疾人聯合會、全國老年基金會、老區促進會以及經民政部門批准成立的其他非營利的公益性組織。

第十三條：條例第六條第三款所稱依照法律、行政法規和國家有關稅收規定扣除項目，是指全國人民代表大會及其常務委員會制定的法律、國務院發布的行政法規以及財政部有關稅收的規章和國家稅務總局關於納稅調整的規定中規定的有關稅收扣除項目。

第十四條：納稅人按財政部的規定支出的與生產、經營有關的業務招待費，由納稅人提供確實記錄或單據，經核准准予扣除。

第十五條：納稅人按國家有關規定上交的各類保險基金和統籌基金，包括職工養老基金、待業保險基金等，經稅務機關審核後，在規定的比例內扣除。

第十六條：納稅人參加財產保險和運輸保險，按照規定交納的保險費用，准予扣除。保險公司給予納稅人的無賠款優待，應計入當年應納稅所得額。

納稅人按國家規定為特殊工種職工支付的法定人身安全保險費，准予在計算應納稅所得額時按實扣除。

第十七條：納稅人根據生產、經營需要租入固定資產所支付租賃費的扣除，分別按下列規定處理：

1. 以經營租賃方式租入固定資產而發生的租賃費，可以據實扣除。

2. 融資租賃發生的租賃費不得直接扣除。承租方支付的手續費以及安裝交付使用後支付的利息等，可在支付時直接扣除。

第十八條：納稅人按財政部的規定提取的壞帳準備金和商品削價準備金，准予在計算應納稅所得額時扣除。

第十九條：不建立壞帳準備金的納稅人，發生的壞帳損失，經報主管稅務機關核定後，按當期實際發生數額扣除。

第二十條：納稅人已作為支出、虧損或壞帳處理的應收款項，在以後年度全部或部分收回時，應計入收回年度的應納稅所得額。

第二十一條：納稅人購買國債的利息收入，不計入應納稅所得額。

第二十二條：納稅人轉讓各類固定資產發生的費用，允許扣除。

第二十三條：納稅人當期發生的固定資產和流動資產盤虧、毀損淨損失，由其提供清查盤存資料，經主管稅務機關審核後，准予扣除。

第二十四條：納稅人在生產、經營期間發生的外國貨幣存、借和以外國貨幣結算的往來款項增減變動時，由於滙率變動而與記帳本位幣折合發生的滙兌損益，計入當期所得或在當期扣除。

第二十五條：納稅人按規定支付給總機構的與本企業生產、經營有關的管理費，須提供總機構出具的管理費彙集範圍、定額、分配依據和方法等證明文件，經主管稅務機關審核後，准予扣除。

第二十六條：納稅人固定資產的折舊、無形資產和遞延資產攤銷的扣除，按本細則第三章有關規定執行。

第二十七條：條例第七條第1項所稱資本性支出，是指納稅人購置、
　　　　　　建造固定資產、對外投資的支出。

　　　　　　條例第七條第2項所稱的無形資產受讓、開發支出，是
　　　　　　指不得直接扣除的納稅人購置或自行開發無形資產發生
　　　　　　的費用。無形資產開發支出未形成資產的部分准予扣
　　　　　　除。

　　　　　　條例第七條第3項所稱違法經營的罰款和被沒收財物的
　　　　　　損失，是指納稅人生產、經營違反國家法律、法規和規
　　　　　　章、被有關部門處以的罰款以及被沒收財物的損失。

　　　　　　條例第七條第4項所稱的各項稅收的滯納金、罰金和罰
　　　　　　款，是指納稅人違反稅收法規，被處以的滯納金、罰金
　　　　　　以及除前款所稱違法經營罰款之外的各項罰款。

　　　　　　條例第七條第5項所稱自然災害或者意外事故損失有賠
　　　　　　償的部分，是指納稅人參加財產保險後，因遭受自然災
　　　　　　害或者意外事故而由保險公司給予的賠償。

　　　　　　條例第七條第6項所稱超過國家規定允許扣除的公益、
　　　　　　救濟性的捐贈以及非公益、救濟性的損贈，是指超出條
　　　　　　例第六條第二款第4項及本細則第十二條規定的標準、
　　　　　　範圍之外的捐贈。

　　　　　　條例第七條第7項所稱各種贊助支出，是指各種非廣告
　　　　　　性質的贊助支出。

　　　　　　條例第七條第8項所稱與取得收入無關的其他各項支
　　　　　　出，是指除上述各項支出之外的，與本企業取得收入無
　　　　　　關的各項支出。

第二十八條：條例第十一條規定的彌補虧損期限，是指納稅人某一納
　　　　　　稅年度發生虧損，准予用以後年度的應納稅所得彌補，
　　　　　　一年彌補不足的，可以逐年連續彌補，彌補期最長不得

超過5年，5年內不論是盈利或虧損，都作爲實際彌補年限計算。

第三章　資産的稅務處理

第二十九條：納稅人的固定資產，是指使用期限超過1年的房屋、建築物、機器、機械、運輸工具以及其他與生產、經營有關的設備、器具、工具等。不屬於生產、經營主要設備的物品，單位價值在2,000元以上，並且使用期限超過2年的，也應當作爲固定資產。

未作爲固定資產管理的工具、器具等，作爲低值易耗品，可以一次或分期扣除。

無形資產是指納稅人長期使用但是沒有實物形態的資產，包括專利權、商標權、著作權、土地使用權、非專利技術、商譽等。

遞延資產是指不能全部計入當年損益，應當在以後年度內分期攤銷的各項費用，包括開辦費、租入固定資產的改良支出等。

流動資產是指可以在1年內或者超過1年的一個營業周期內變現或者運用的資產，包括現金及各種存款、存貨、應收及預付款項等。

第三十條：固定資產的計價，按下列原則處理：

1. 建設單位交來完工的固定資產，根據建設單位交付使用的財產清册中所確定的價值計價。

2. 自製、自建的固定資產，在竣工使用時按實際發生的成本計價。

3. 購入的固定資產，按購入價加上發生的包裝費、運雜費、安裝費以及繳納的稅金後的價值計價，從國外引進

的設備，按設備的買價加上進口環節的稅金、國內運雜費、安裝費後的價值計價。

4. 以融資租賃方式租入的固定資產，按照租賃協議或者合同確定的價款加上運輸費，途中保險費、安裝調試費以及投入使用前發生的利息支出和滙兌損益等後的價值計價。

5. 接受贈與的固定資產，按發票所列金額加上由企業負擔的運輸費、保險費、安裝調試費等確定，無所附發票的，按同類設備的市價確定。

6. 盤盈的固定資產，按同類固定資產的重置完全價值計價。

7. 接受投資的固定資產，應當按該資產折舊程度，以合同、協議確定的合理價格或者評估確認的價格確定。

8. 在原有固定資產基礎上進行改擴建的，按照固定資產的原價，加上擴建生的支出，減去改擴建過程中發生的固定資產變價收入後的餘額確定。

第三十一條：固定資產的折舊，按下列規定處理：

1. 下列固定資產應當提取折舊：
   - 房屋、建築物
   - 在用的機器設備、運輸車輛、器具、工具
   - 季節性停用和大修理停用的機器設備
   - 以經營租賃方式租出的固定資產
   - 以融租賃方式租入的固定資產
   - 財政部規定的其他應當計提折舊的固定資產

2. 下列固定資產不得提取折舊：
   - 土地
   - 房屋、建築物以外未使用及不需用以封存的固定資

產

- 以經營租賃方式租入的固定資產
- 以提足折舊繼續使用的固定資產
- 按照規定提取維簡費的固定資產
- 已在成本中一次性列支而形成的固定資產
- 破產、關停企業的固定資產
- 財政部規定的其他不得計提折舊的固定資產
- 提前報廢的固定資產，不得計提折舊

3.提取折舊的依據和方法

- 納稅人的固定資產，應當從投入使用月份的次月起計提折舊；停止使用的固定資產，應當從停止使用月份的次月起，停止計提折舊
- 固定資產在計算折舊前，應當估計殘值，從固定資產原價中減除，殘值比例在原價的5％以內，由企業自行確定；由於情況特殊，需調整殘值比例的，應報主管稅務機關備案
- 固定資產的折舊方法和折舊年限，按照國家有關規定執行

第三十二條：無形資產按照取得時的實際成本計價，應區別確定：

1.投資者作為資本金或者合作條件投入的無形資產，按照評估確認或者合同，協議約定的金額計價。

2.購入的無形資產，按照實際支付的價款計價。

3.自行開發並且依法申請取得的無形資產，按照開發過程中實際支出計價。

4.接受捐贈的無形資產，按照發票帳單所列金額或者同類無形資產的市價計價。

第三十三條：無形資產應當採取直線攤銷。受讓或投資的無形資產，

法律和合同或者企業申請書分別規定有效期限和受益期限的，按法定有效期限與合同或企業申請書中規定的受益年限孰短原則攤銷；法律沒有規定使用年限的；按照合同或者企業申請書的受益年限攤銷；法律和合同或者企業申請書沒有規定使用年限的，或者自行開發的無形資產，攤銷期限不得少於10年。

第三十四條：企業在籌建期發生的開辦費，應當從開始生產、經營月份的次月起，在不短於5年的期限內分期扣除。

前款所說的籌建期，是指從企業被批准籌建之日起至開始生產、經營（包括試生產、試營業）之日的期間。開辦費是指企業在籌建期發生的費用，包括人員工資、辦公費、培訓費、差旅費、印刷費、註冊登記費以及不計入固定資產和無形資產成本的滙兌損益和利息等支出。

第三十五條：納稅人的商品、材料、產成品、半成品等存貨的計算，應當以實際成本為準。納稅人各項存貨的發生和領用，其實際成本價計算方法，可以在先進先出法、後進先出法、加權平均法、移動平均法等方法中任選一種。計價方法一經選用，不得隨意改變，確實需要改變計價方法的，應當在下一納稅年度開始前報主管稅務機關備案。

第四章　稅收優惠

第三十六條：條例第八條第1項所稱民族自治地方，是指按照「中華人民共和國民族區域自治法」的規定，實行民族區域自治的自治區、自治州、自治縣。

第三十七條：省、自治區人民政府，根據民族自治地方的實際情況，可以對民族自治地方的企業加以照顧和鼓勵，實行定期減稅或者免稅。

第三十八條：條例第八條第2項所稱法律、行政法規和國務院有關規定給予減稅或者免稅的，是指全國人民代表大會及其常務委員會制定的法律、國務院發布的行政法規，以及國務院的有關規定確定的減稅或者免稅。

第五章　稅額扣除

第三十九條：條例第十二條所稱已在境外繳納的所得稅稅款，是指納稅人來源於中國境外的所得，在境外實際繳納的所得稅稅款，不包括減免稅或納稅後又得到補償以及由他人代爲承擔的稅款。

但中外雙方已簽定避免雙重徵稅協定的，按協定的規定執行。

第四十條：條例第十二條所稱境外所得依本條例規定計算的應納稅額，是指納稅人的境外所得，依照條例及本細則的有關規定，扣除爲取得該項所得攤計的成本、費用以及損失，得出應納稅所得額，據以計算的應納稅額。該應納稅額即爲扣除限額，應當分國（地區）不分項計算，其計算公式如下：

境外所得稅稅款扣除限額＝境內、境外所得按稅法計算的

$$應納稅總額 \times \frac{來源於某外國的所得額}{境內、境外所得總額}$$

第四十一條：納稅人來源於境外所得在境外實際繳納的稅款，低於依照前條規定計算的扣除限額，可以從應納稅額中按實扣除；超過扣除限額的，其超過部分不得在本年度的應納稅額中扣除，也不得列爲費用支出，但可用以後年度稅額扣除的餘額補扣，補扣期限最長不得超過5年。

第四十二條：納稅人從其他企業分回的已經繳納所得稅的利潤，其已繳納的稅額可以在計算本企業所得稅時予以調整。

第六章　徵收管理

第四十三條：條例第十四條所稱企業所得稅由納稅人向其所在地主管稅務機關繳納，其所在地是指納稅人的實際經營管理所在地。鐵路運營、民航運輸、郵電通信企業等，由其負責經營管理與控制的機構繳納。具體辦法另行規定。

第四十四條：條例第十三條所稱清算所得，是指納稅人清算時的全部資產或者財產扣除各項清算費用、損失、負債、企業未分配利潤、公益金和公積金後的餘額，超過實繳資本的部分。

第四十五條：企業所得稅的分月或者分季預繳，由主管稅務機關根據納稅人應納稅額的大小，具體核定。

第四十六條：納稅人預繳所得稅時，應當按納稅期限的實際數預繳。按實際數預繳有困難的，可以按上一年度應納稅所得額的1/12或1/4，或者經當地稅務機關認可的其他方法分期預繳所得稅。預繳方法一經確定，不得隨意改變。
　　　　　　對境外投資所得可在年終彙算清繳。

第四十七條：納稅人不能提供完整、準確的收入及成本、費用憑證，不能正確計算應納稅所得額的，稅務機關有權核定其應納稅所得額。

第四十八條：納稅人在納稅年度內無論盈利或虧損，應當按照規定的期限，向當地主管稅務機關報送所得稅申報表和年度會計報表。

第四十九條：納稅人進行清算時，應當在辦理工商註銷登記之前，向當地主管稅務機關辦理所得稅申報。

第五十條：納稅人在年度中間合併、分立、終止時，應當在停止生產、經營之日起60日內向當地主管稅務機關辦理當期所得稅彙算清繳。

第五十一條：條例第十條所稱關聯企業其認定條件及稅務機關進行合理調整的順序和方法，按照「中華人民共和國稅收徵收管理法」及其實施細則的有關規定執行。

第五十二條：條例第四條所稱的納稅年度，是指自西元1月1日起至12月31日止。

納稅人在一個納稅年度的中間開業，或者由於合併、關閉等原因，使該納稅年度的實際經營期不足12個月的，應當以其實際經營期為一個納稅年度。

納稅人清算時，應當以清算期間作為一個納稅年度。

第五十三條：納稅人在年終滙算清繳時，少繳的所得稅稅額，應在下一年度內繳納，納稅人在年終彙算清繳時，多預繳的所得稅稅額，在下一年度內抵繳。

第五十四條：納稅人應納稅所得額的計算，以權責發生制為原則。

納稅人下列經營業務的收入可以分期確定，並據以計算應納稅所得額：

1.以分期收款方式銷售商品的，可以按合同約定的購買人應付價款的日期確定銷售收入的實現。

2.建築、安裝、裝配工程和提供勞務，持續時間超過1年的，可以按完工進度或完成的工作量確定收入的實現。

3.為其他企業加工、製造大型機械設備、船舶等，持續時間超過1年的，可以按完工進度或者完成的工作量確定收入的實現。

第五十五條：納稅人在基本建設、專項工程及職工福利等方面使用本

企業的商品、產品的，均應作爲收入處理；納稅人對外進行來料加工裝配業務節省的材料，如按合同規定留歸企業所有的，也應作爲收入處理。

第五十六條：納稅人不得漏計或重複計算任何影響應納稅所得額的項目。

第五十七條：納稅人繳納的所得稅額，應以人民幣爲計算單位。所得爲外國貨幣的，分月或者分季預繳稅款時，應當按照月份（季度）最後1日的國家外匯牌價（原則上的中間價，下同）折合成人民幣計算應納稅所得額；年度終了後彙算淸繳時，對已按月份（季度）預繳稅款的外國貨幣所得，不再重新折合計算，只就全年未納稅的外幣所得部分，按照年度最後1日的國家外匯牌價，折合成人民幣計算應納稅的所得額。

第五十八條：納稅人取得的收入爲非貨幣資產或者權益的，其收入額應當參照當時的市場價格計算或估定。

第七章　附　則

第五十九條：本細則由財政部解釋，或者由國家稅務總局解釋。

第六十條：本細則自「中華人民共和國企業所得稅暫行條例」施行之日起施行。財政部於1984年10月18日發布的「中華人民共和國國營企業所得稅條例（草案）實施細則」，1985年7月22日發布的「中華人民共和國集體企業所得稅暫行條例施行細則」，1988年11月17日發布的「中華人民共和國私營企業所得稅暫行條例施行細則」同時廢止。

附錄二十：
中華人民共和國外商投資企業和外國企業所得稅法

1991年4月9日第七屆全國人民代表大會第四次會議通過，同日中華人民共和國主席令第四十五號公布

第一條：中華人民共和國境內的外商投資企業生產、經營所得和其他所得，依照本法的規定繳納所得稅。在中華人民共和國境內，外國企業生產、經營所得和其他所得，依照本法的規定繳納所得稅。

第二條：本法所稱外商投資企業，是指在中國境內設立的中外合資企業、中外合作經營企業和外資企業。本法所稱外國企業，是指在中國境內設立機構、場所，從事生產、經營和雖未設立機構、場所，而有來源於中國境內所得的外國公司、企業和其他經濟組織。

第三條：外商投資企業的總機構設在中國境內，就來源於中國境內、境外的所得繳納所得稅，外國企業就來源於中國境內所得繳納所得稅。

第四條：外商投資企業和外國企業在中國境內設立的從事生產、經營的機構、場所每一納稅年度的收入總額，減除成本、費用以及損失後的餘額，為應納稅所得額。

第五條：外商投資企業的企業所得稅和外國企業就其在中國境內設立的從事生產、經營的機構、場所的所得應納的企業所得稅，按應納的所得額計算，稅率為30%；地方所得稅，按應納稅的所得額計算，稅率為3%。

第六條：國家按照產業政策，引導外商投資方向，鼓勵舉辦採用先進技術、設備、產品全部或者大部分出口的外商投資企業。

第七條：設在經濟特區的外商投資企業，在經濟特區設立機構、場所從事生產、經營的外國企業和設立在經濟技術開發區的生產性外商投資企業，減按15%的稅率徵收企業所得稅。

設在沿海經濟開放區和經濟特區、經濟技術區所在城市的老市區的生產性外商投資企業，減按24%的稅率徵收企業所得稅。

設在沿海經濟開放區和經濟特區、經濟技術開發區所在城市的老市區或者設在國務院規定的其他地區的外商投資企業，屬於能源、交通、港口、碼頭或者國家鼓勵的其他項目的，可以減按15%的稅率徵收企業所得稅，具體辦法由國務院規定。

第八條：對生產性外商投資企業，經營期在10年以上的，從開始獲利的年度起，第1年和第2年免徵企業所得稅，第3年至第5年減半徵收企業所得稅，但是屬於石油、天然氣、稀有金屬、貴重金屬等資源開採項目的，由國務院另行規定。外商投資企業實際經營期不滿10年的，應當補繳已免徵、減徵的企業所得稅稅款。

本法施行前國務院公布的規定，對能源、交通、港口、碼頭以及其他重要生產性項目給予比前款規定更長期限的免徵、減徵企業所得稅的優惠待遇，或者對非生產性的重要項目給予免徵、減徵企業所得稅的優惠待遇，在本法施行後繼續執行。

從事農業、林業、牧業的外商投資企業和設在經濟不發達的邊遠地區的外商投資企業，依照前兩款規定享受免稅、減稅待遇期滿後，經企業申請，國務院稅務主管部門批准，在以

後的10年內可以繼續按應納稅額減徵15%至30%的企業所得稅。

本法施行後，需要變更前三款的免徵、減徵企業所得稅的規定的，由國務院報全國人民代表大會常務委員會決定。

第九條：對鼓勵外商投資的行業、項目、省、自治區、直轄市人民政府可以根據實際情況決定免徵、減徵地方所得稅。

第十條：外商投資企業的外國投資者，將從企業取得的利潤直接再投資於該企業，增加註冊資本，或者作為資本投資開辦其他外商投資企業、經營期不少於5年的，經投資者申請，稅務機關批准，退還其再投資部分已繳納所得稅的40%稅款，國務院另有優惠規定的，依照國務院的規定辦理，再投資不滿5年撤出的，當應繳回已退的稅款。

第十一條：外商投資企業和外國企業在中國境內設立的從事生產、經營的機構、場所發生年度虧損，可以用下一年度的所得彌補；下一納稅年度的所得不足彌補的，可以逐年延續彌補，但最長不得超過5年。

第十二條：外商投資企業來源於中國境外的所得已在境外繳納的所得稅稅款，准予在彙總納稅時，從其應納稅額中扣除，但扣除額不得超過其境外所得依照本法規定計算的應納稅額。

第十三條：外商投資企業或者外國企業在中國境內設立的從事生產、經營的機構、場所其關聯企業之間的業務往來，應當按照獨立企業之間的業務往來收取或者支付價款、費用。不按照獨立企業之間的業務往來收取或者支付價款、費用而減少其應納稅的所得額的，稅務機關有權進行合理調整。

第十四條：外商投資企業和外國企業在中國境內設立的從事生產、經營的機構、場所，設立、遷移、合併、分立、終止以及變更登記主要事項，應當向工商行政管理機關辦理登記或者

變更、註銷登記，並持有關證件向當地稅務機關辦理稅務登記或者變更、註銷登記。

第十五條：繳納企業所得稅和地方所得稅，按年計算、分季預繳。季度終了後15日內預繳，年度終了後5個月內彙算清繳，多退少補。

第十六條：外商投資企業和外國企業在中國境內設立的從事生產、經營的機構、場所應當在每次預繳所得稅的期限內，向當地稅務機關報送預繳所得稅申報表；年度終了後4個月內，報送年度所得稅申報表和會計決算報表。

第十七條：外商投資企業和外國企業在中國境內設立的從事生產、經營的機構、場所的財務、會計制度，應當報送當地稅務機關備查。各項會計記錄必須完整準確，有合法憑證作為記帳依據。

外商投資企業和外國企業在中國境內設立的從事生產、經營的機構、場所的財務、會計處理辦法同國務院有關稅收的規定有牴觸的，應當依照國務院有關稅收的規定計算納稅。

第十八條：外商投資企業進行清算時，其資產淨額或者剩餘財產減除企業未分配利潤、各項基金和清算費用後的餘額，超過實繳資本的部分為清算所得，應當依照本法規定繳納所得稅。

第十九條：外國企業在中國境內未設立機構、場所，而有取得的來源於中國境內的利潤、利息、租金、特許權使用費和其他所得，或者雖設立機構、場所，但上述所得與其機構、場所沒有實際聯繫的，都應當繳納20%的所得稅。依照前款規定繳納的所得稅，以實際受益人為納稅義務人，以支付人為扣繳義務人。稅款由支付人在每次支付的款額中扣繳。

扣繳義務人每次所扣的稅款，應當於5日內繳入國庫，並向當地稅務機關報送扣繳所得稅報告表。

對下列所得，免徵、減徵所得稅：

1. 外國投資者從外商投資企業取得的利潤，免徵所得稅。

2. 國際金融組織貸款給中國政府和中國國家銀行的利息所得，免徵所得稅。

3. 外國銀行按照優惠利率貸款給中國國家銀行的利息所得，免徵所得稅。

4. 爲科學研究、開發能源、發展交通事業、農林牧業生產以及開發主要技術提供專有技術所取得的特許權使用費，經國務院稅務主管部門批准，可以減按10%的稅率徵收所得稅，其中技術先進或者條件優惠的，可以免徵所得稅。除本條規定以外，對於利潤、利息、租金、特許權使用費和其他所得，需要給予所得稅減徵、免徵的優惠待遇的，由國務院規定。

第二十條：稅務機關有權對外商投資企業和外國企業在中國境內設立的從事生產、經營的機構、場所的財務、會計和納稅情況進行檢查；有權對扣繳義務人代扣代繳稅款情況進行檢查，被檢查的單位和扣繳義務人必須據實報告，並提供有關資料，不得拒絕或者隱瞞，稅務機關派出人員進行檢查時，應當出示證件，並負責保密。

第二十一條：依照本法繳納的所得稅以人民幣爲計算單位。所得爲外國貨幣的，應當按照國家外匯管理機關公布的外匯牌價折合成人民幣繳納稅款。

第二十二條：納稅義務人未按規定期限繳納稅款的，或者扣繳義務人未按規定期限解繳稅款的，稅務機關除限期繳納外，從滯納稅款之日起，按日加收滯納稅款2‰的滯納金。

第二十三條：未按規定期限向稅務機關辦理稅務登記或者變更、註銷
　　　　　登記的，未按規定期限向稅務機關報送所得稅申報表、
　　　　　會計決算表、扣繳所得稅報告表的，或者未將本單位的
　　　　　財務、會計制度報送稅務機關備查的，由稅務機關責令
　　　　　限期登記或者報送，可以處以5,000元以下的罰款。
　　　　　經稅務機關責令限期登記或者報送，逾期仍不向稅務機
　　　　　關辦理稅務登記、變更登記或者仍不向稅務機關報送所
　　　　　得稅申報表，會計決算表或者扣繳所得稅報告表的，由
　　　　　稅務機關處以10,000元以下的罰款，情節嚴重的，比照
　　　　　刑法第一百二十一條的規定，追究其法定代表人和直接
　　　　　責任人員的刑事責任。

第二十四條：扣繳義務人不履行本法規定的扣繳義務，不扣或者少扣
　　　　　應扣稅款的，由稅務機關限期追繳應扣未扣稅款，可以
　　　　　處以應扣未扣稅款1倍以下的罰款。
　　　　　扣繳義務人未按規定的期限將已扣稅款繳入國庫的，由
　　　　　稅務機關責令限期繳納，可以處以5,000元以下的罰款；
　　　　　逾期仍不繳納的，由稅務機關依法追繳，並處以10,000
　　　　　元以下的罰款；情節嚴重的，比照刑法第一百二十一條
　　　　　的規定，追究其法定代表人和直接責任人員的刑事責
　　　　　任。

第二十五條：採取隱瞞、欺騙手段逃稅的，或者未按本法規定的期限
　　　　　繳納稅款，經稅務機關催繳，在規定的期限內仍不繳納
　　　　　的，由稅務機關追繳其應繳納稅款，並處以應補稅款5
　　　　　倍以下的罰款；情節嚴重的，依照刑法第一百二十一條
　　　　　的規定追究其法定代表人和直接責任人員的刑事責任。

第二十六條：外商投資企業、外國企業或者扣繳義務人同稅務機關在
　　　　　納稅上發生爭議時，必須先依照規定納稅，然後可在收

到稅務機關填發的納稅憑證之日起60日內向上一級稅務機關申請複議。上一級稅務機關應當自收到複議申請之日起60日內作出複議決定。對複議決定不服的，可在接到複議決定之日起15日內向人民法院起訴。

當事人對稅務機關的處罰決定不服的，可以在接到處罰通知之日起15日內，向作出處罰決定的機關的上一級機關申請複議；對複議決定不服的，可以在接到複議決定之日起15日內，向人民法院起訴。當事人也可以在接到處罰通知之日起15日內，直接向人民法院起訴。當事人逾期不申請複議或者不向人民法院起訴，又不履行處罰決定的，作出處罰決定的機關可以申請人民法院強制執行。

第二十七條： 本法公布前已設立的外商投資企業，依照本法規定，其所得稅稅率比本法施行前有所提高或者所享受的所得稅減徵、免徵優惠待遇比本法施行前有所減少的，在批准的經營期限內，依照本法施行前法律和國務院有關規定執行；沒有經營期限的，在國務院規定的期間內，依照本法施行前法律和國務院有關規定執行。具體辦法由國務院規定。

第二十八條： 中華人民共和國政府與外國政府所訂立的有關稅收的協定和本法有不同規定的，依照協定的規定辦理。

第二十九條： 國務院根據本法制定實施細則。

第三十條： 本法自1991年7月1日起施行。「中華人民共和國中外合資經營企業所得稅法」和「中華人民共和國外國企業所得稅法」同時廢止。

附錄二十一：
中華人民共和國外商投資企業和
外國企業所得稅法實施細則
1991年6月30日中華人民共和國國務院令第85號發布

第一章　　總　　則

第一條：根據「中華人民共和國外商投資企業和外國企業所得稅法」
　　　　（以下簡稱稅法）第二十九條的規定，制定本細則。

第二條：稅法第一條第一款、第二款所說的生產、經營所得，是指從
　　　　事製造業、採掘業、交通運輸業、建築安裝業、農業、林
　　　　業、畜牧業、漁業、水利業、商業、金融業、服務業、勘探
　　　　開發作業以及其他行業的生產、經營所得。

　　　　稅法第一條第一款、第二款所說的其他所得，是指利潤（股
　　　　息）、利息、租金、轉讓財產收益、提供或者轉讓專利權、
　　　　專有技術、商標權、著作權收益以及營業外收益等所得。

第三條：稅法第二條第一款所說的外商投資企業和稅法第二條第二款
　　　　所說的在中國境內設立機構、場所，從事生產經營的外國公
　　　　司、企業和其他經濟組織，在本細則中，除特別指明者外，
　　　　統稱爲企業。

　　　　稅法第二條第二款所說的機構、場所，是指管理機構、營業
　　　　機構、辦事機構和工廠、開採自然資源的場所，承包建築、
　　　　安裝、裝配、勘探等工程作業的場所和提供勞務的場所以及
　　　　營業代理人。

第四條：本細則第三條第二款所說的營業代理人，是指具有下列任何

一種受外國企業委託代理，從事經營的公司、企業和其他經濟組織或者個人：

1. 經常代表委託人接洽採購業務，並簽訂購貨合同，代爲採購商品。

2. 與委託人簽訂代理協議或者合同，經常儲存屬於委託人的產品或者商品，並代表委託人向他人交付其產品或商品。

3. 有權經常代表委託人簽訂銷貨合同或者接受訂貨。

第五條：稅法第三條所說的總機構，是指依照中國法律組成企業法人的外商投資企業，在中國境內設立的負責該企業經營管理與控制的中心機構。

外商投資企業在中國境內或者境外分支機構的生產、經營所得和其他所得，由總機構彙總繳納所得稅。

第六條：稅法第三條所說來源於中國境內的所得，是指：

1. 外商投資企業和外國企業在中國境內設立機構、場所，從事生產、經營的所得以及發生在中國境內、境外與外商投資企業和外國企業在中國境內設立的機構、場所有實際聯繫的利潤（股息）、利息、租金、特許權使用費和其他所得。

2. 外國企業在中國境內未設立機構、場所取得的下列所得：

   ・從中國境內企業取得的利潤（股息）

   ・從中國境內取得的存款或者貸款利息、債券利息、墊付款或者延期付款利息等

   ・將財產租洽中國境內租用者而取得的租金

   ・提供在中國境內使用的專利權、專有技術、商標權、著作權而取得的使用費

   ・轉讓在中國境內的房屋、建築物及其附屬設施、土地使用權等財產而取得的收益

　　　　　‧經財政部部確定徵稅的從中國境內取得的其他所得

第七條：不組成企業法人的中外合作經營企業，可以由合作各方依照國家有關稅收法律、法規分別計算繳納所得稅；也可以由該企業申請，經當地稅務機關批准，依照稅法統一計算繳納所得稅。

第八條：稅法第四條所說的納稅年度，自國曆1月1日起至12月31日止。外國企業依照稅法規定的納稅年度計算應納稅所得額有困難的，可以提出申請，報當地稅務機關批准後，以本企業滿12個月的會計年度為納稅年度。

　　　　　企業在一個納稅年度的中間開業，或者由於合併、關閉等原因，使該納稅年度的實際經營期不足12個月的，應當以其實際經營期為一個納稅年度。

　　　　　企業清算時，應當以清算期間作為一個的納稅年度。

第九條：稅法第八條第三款、第十九條第三款第4項和本細則第七十二條所說的國務院稅務主管部門，是指財政部國家稅務局。

第二章　應納稅所得額的計算

第十條：稅法第四條所說的應納稅的所得額，其計算公式如下：

　　　　　1.製造業：

　　　　　　應納稅所得額＝產品銷售利潤＋其他業務利潤＋營業外收入－營業外支出

　　　　　　產品銷售利潤＝產品銷售淨額－產品銷售成本－產品銷售稅金－（銷售費用＋管理費用＋財務費用）

　　　　　　產品銷售淨額＝產品銷售總額－（銷貨退回＋銷貨折讓）

　　　　　　產品銷售成本＝本期產品成本＋期初產品盤存－期末產品盤存

　　　　　　本期產品成本＝本期生產成本＋期初半成品、在產品盤

存－期末半成品、在產品盤存

本期生產成本＝本期生產耗用的直接材料＋直接工資＋製
造費用

2.商業：

應納所得額＝銷貨利潤＋其他業務利潤＋營業外收入－營
業外支出

銷貨利潤＝銷貨淨額－銷貨成本－銷貨稅金－（銷售費
用＋管理費用＋財務費用）

銷貨淨額＝銷貨總額－（銷貨退回＋銷貨折讓）

銷貨成本＝期初商品盤存＋〔本期進貨－（進貨退出＋進
貨折讓）＋進貨費用〕－期末商品盤存

3.服務業：

應納稅所得額＝業務收入淨額＋營業外收入－營業外支出

業務收入淨額＝業務收入總額－（業務收入稅金＋業務支
出＋管理費用＋財務費用）

4.其他行業：參照以上公式計算。

第十一條：企業應納稅所得額的計算，以權責發生制為原則。企業下
列經營業務的收入可以分期確定，並據以計算應納稅所得
額：

1.以分期收款方式銷售產品或者商品的，可以按交付產品
或者商品開出發貨票的日期確定銷售收入的實現，也可
以按合同約定的購買人應付價款的日期確定銷售收入的
實現。

2.建築、安裝、裝配工程和提供勞務，持續時間超過1年
的，可以按完工進度或者完成的工作量確定收入的實
現。

3.為其他企業加工、製造大型機械設備、船舶等，持續時

間超過1年的，可以按完工進度或者完成的工作量確定
收入的實況。

第十二條：中外合作經營企業採取產品分成方式的，合作者分得產品
時，即為取得收入，其收入額應當按照賣給第三方的銷售
價格或者參照當時的市場價格計算。

外國企業從事合作開採石油資源的，合作者在分得原油
時，即為取得收入，其收入額應當參照國際市場同類品質
的原油價進行定期調整的價格計算。

第十三條：企業取得的收入為非貨幣資產或者權益的，其收入額應當
參照當時的市場價格計算或者估定。

第十四條：稅法第二十一條所說的國家外匯管理機關公布的外匯牌
價，是指國家外匯管理局公布的外匯買入價。

第十五條：企業所得為外國貨幣的，在依照稅法第十五條規定分季預
繳所得稅時，應當按照季度最後1日的外匯牌價折合成人
民幣計算應納稅所得額；年度終了後彙算清繳時，對已按
季度預繳稅款的外國貨幣所得，不再重新折合計算，只就
全年末納稅的外國貨幣所得部分，按照年度最後1日的外
匯牌價，折合成人民幣計算應納稅所得額。

第十六條：企業不能提供完整、準確的成本、費用憑證，不能正確計
算應納稅所得額的，由當地稅務機關參照同行業或者類似
行業的利潤水平核定利潤率，計算其應納稅所得額；企業
不能提供完整、準確的收入憑證，不能正確申報收入額
的，由當地稅務機關採用成本（費用）加合理的利潤等方
法予以核定，確定其應納稅所得額。

稅務機關依照前款規定核定利潤率或者收入額時，法律、
法規、規章另有規定的，依照其規定執行。

第十七條：外國航空、海運從事國際運輸業務，以其在中國境內起運

客貨收入總額的5%爲應納稅所得額。

第十八條：外商投資企業在中國境內投資於其他企業，從接受投資的企業取得的利潤（股息），可以不計入本企業應納稅所得額；但其上述投資所發生的費用和損失，不得沖減本企業應納稅所得額。

第十九條：在計算應納稅所得額時，除國家另有規定外，下列各項不得列爲成本、費用和損失。

1.固定資產的購置、建造支出。

2.無形資產的受讓、開發支出。

3.資本的利息。

4.各項所得稅稅款。

5.違法經營的罰款和被沒收財物的損失。

6.各項稅收的滯納金和罰款。

7.自然災害或者意外事故損失有賠償的部分。

8.用於中國境內公益、救濟性質以外的捐贈。

9.支付給總機構的特許權使用費。

10.與生產、經營業務無關的其他支出。

第二十條：外國企業在中國境內設立的機構、場所，向其總機構支付的和本機構、場所生產、經營有關的合理的管理費，應當提供總機構出具的管理費彙集範圍、總額、分攤依據和方法的證明文件，並附有註冊會計師的查證報告，經當地稅務機關審核同意後，准予列支。

外商投資企業應當向其分支機構合理分攤與其生產、經營有關的管理費。

第二十一條：企業發生與生產、經營有關的合理的借款利息，應當提供借款付息的證明文件，經當地稅務機關審核同意後，准予列支。

企業借款用於固定資產的購買、建造或者無形資產的受讓、開發，在該項資產投入使用前發生的利息，應當計入固定資產的原價。

本條第一款所說的合理的借款利息，是指按不高於一般商業貸款利率計算的利息。

第二十二條：企業發生與生產、經營有關的交際應酬費，應當有確實的記錄或者單據，分別在下列限度內准予作為費用列支：

1. 全年銷貨淨額在1,500萬元以下，不得超過銷貨淨額的5‰；全年銷貨淨額超過1,500萬元的部分，不得超過該部分銷貨淨額的3‰。

2. 全年業務收入總額在500萬元以下的，不得超過業務收入總額的10‰；全年業務收入總額超過500萬元的部分，不得超過部分業務收入總額的5‰。

第二十三條：企業在籌建和生產、經營中發生的滙兌損益，除國家另有規定外，應當合理列為各所屬期間的損益。

第二十四條：企業支付給職工的工資和福利費，應當報送其支付標準和所依據的文件及有關資料，經當地稅務機關審核同意後，准予列支。企業不得列支其在中國境內工作的職工的境外社會保險費。

第二十五條：從事信貸、租賃等業務的企業，可以根據實際需要，報經當地稅務機關批准，逐年按年末放款餘額（不包括銀行間拆借），或者年末應收帳款、應收票據等應收款項的餘額，計提不超過3%的壞帳準備，從該年度應納稅所得額中扣除。

企業實際發生的壞帳損失，超過上一年度計提的壞帳準備部分，可列為當期的損失；少於上一年度計提的壞帳

準備部分，應當計入本年度的應納稅所得額。

前款所說的壞帳損失，須經當地稅務機關審核認可。

第二十六條：本細則第二十五條第二款所說的壞帳損失，是指下列應收款項：

1. 因債務人破產，在以其破產財產清償後，仍然不能收回的。

2. 因債務人死亡，在以其遺產償還後，仍然不能收回的。

3. 因債務人逾期未履行償債義務，已超過2年，仍然不能收回的。

第二十七條：企業已列為壞帳損失的應收款項，在以後年度全部或者部分收回時，應當計入收回年度的應納稅所得額。

第二十八條：外國企業在中國境內設立的機關、場所取得發生在中國境外的與該機構、場所有實際聯繫的利潤（股息）、利息、租金、特許權使用費和其他所得已在境外繳納的所得稅稅款，除國家另有規定外，可以作為費用扣除。

第二十九條：稅法第十八條所說的資產淨額或者剩餘財產，是指企業清算時的全部資產或者財產扣除各項負債及損失後的餘額。

第三章　資產的稅務處理

第三十條：企業的固定資產是指使用年限在1年以上的房屋、建築物、機器、機械、運輸工具和其他與生產、經營有關的設備、器具、工具等。不屬於生產、經營主要設備的物品，單位價值在2,000元以下或者使用年限不超過2年的，可以按實際使用數額列為費用。

第三十一條：固定資產的計價，應當以原價為準。購進的固定資產，

以進價加運費、安裝費和使用前所發生的其他有關費用為原價。自製、自建的固定資產，以製造、建造過程中所發生的實際支出為原價。作為投資的固定資產、應當按照資產新舊程度，以合同確定的合理價格或者參照有關的市場價格估定的價格加使用前發生的有關費用為原價。

第三十二條：企業的固定資產、應當從投入使用月份的次月起計算折舊；停止使用的固定資產，應當從停止使用月份的次月起，停止計算折舊。

從事開採石油資源的企業，在開發階段的投資，應當以油（氣）田為單位，全部累計作為資本支出，從本油（氣）油開始商業性生產月份的次月起計算折舊。

第三十三條：固定資產在計算折舊前，應當估計殘值，從固定資產原價中減除。殘值應當不低於原價的10%，需要少留或者不留殘值的，須經當地稅務機關批准。

第三十四條：固定資產的折舊，應當採用直線法計算；需要採用其他折舊方法的，可以由企業提出申請，經當地稅務機關審核後，逐級上報國家稅務局批准。

第三十五條：固定資產計算折舊的最短年限如下：

1.房屋、建築物為20年。

2.火車、輪船、機器、機械和其他生產設備為10年。

3.電子設備和火車、輪船以外的運輸工具以及與生產、經營業務有關的器具、工具、家具等為5年。

第三十六條：從事開採石油資源的企業，在開發階段及其以後的投資所形成的固定資產，可以綜合計算折舊，不留殘值，折舊的年限不得少於6年。

第三十七條：本細則第三十五條第1項所說的房屋、建築物，是指供

生產、經營使用和爲職工生活、福利服務的房屋、建築物及其附屬設施，範圍如下：

房屋包括廠房、營業用房、辦公用房、庫房、住宿用房、食堂及其他房屋等；建築物包括塔、池、槽、井、架、柵（不包括臨時工棚、車棚等簡易設施）、場、路、橋、平台、碼頭、船塢、涵洞、加油站以及獨立於房屋和機器設備之外的管道、烟囪、圍牆等；房屋、建築物的附屬設施，是指和房屋、建築物不可分割的，不單獨計算價值的配套設施，包括房屋、建築物內的通氣、通水、通油管道、通訊、輸電線路、電梯、衛生設備等。

第三十八條：本細則第三十五條第2項所說的火車、輪船、機器、機械和其他生產設備，範圍如下：

火車包括各種機車、客車、貨車以及不單獨計算價值的車上配套設施；輪船包括各種機動船舶以及不單獨計算價值的船上配套設施；機器、機械和其他生產設備，包括各種機器、機械、機組、生產線及其配套設備、各種動力、輸送、傳導設備等。

第三十九條：本細則第三十五條第3項所說的電子設備和火車、輪船以外的運輸工具，範圍如下：

電子設備，是指由集成電路、晶體管、電子管等電子元器件組成，應用電子技術（包括軟件）發揮作用的設備，包括電子計算機以及由電子計算機控制的機器人、數控或者程控系統等；火車、輪船以外的運輸工具，包括飛機、汽車、電車、拖拉機、摩托車（艇）、機帆船、帆船以及其他運輸工具。

第四十條：固定資產由於特殊原因需要縮短折舊年限的，可以由企業

提出申請，經當地稅務機關審核後，逐級上報國家稅務局
批准。

前款所說的由於特殊原因需要縮短折舊年限的固定資產，
包括：

1.受酸、鹼等強烈腐蝕的機器設備和常年處於震撼、顫動
　狀態的廠房和建築物。

2.由於提高使用率，加強使用強度，而常年處於日夜運轉
　狀態的機器、設備。

3.中外合作經營企業的合作期比本細則第三十五條規定的
　折舊年限短，並在合作期滿後歸中方合作者所有的固定
　資產。

第四十一條：企業取得已經使用過的固定資產，其尚可使用年限比本
細則第三十五條的折舊年限短的，可以提出證明憑據，
經當地稅務機關審核同意後，按其尚可使用年限計算折
舊。

第四十二條：固定資產在使用過程中，因擴廠、更換、翻修和技術改
造而增加價值所發生的支出，應當增加該固定資產原
價，其中，可以延長使用年限的，還應當延長折舊年
限，並相應調整計算折舊。

第四十三條：固定資產折舊足額後，可以繼續使用的，不再計算折
舊。

第四十四條：企業轉讓或者變更處理固定資產的收入，減除未折舊的
淨額或者殘值及處理費用後的差額，列為當年度的損
益。

第四十五條：企業接受贈與的固定資產，可以合理估價，計算折舊。

第四十六條：企業的專利權、專有技術、商標權、著作權、場地使用
權等無形資產的計價，應當以原價為準。

受讓的無形資產，以按照合理的價格實際支付的金額爲原價。

自行開發的無形資產，以開發過程中發生的實際支出額爲原價。

作爲投資的無形資產，以協議、合同規定的合理價格爲原價。

第四十七條：無形資產的攤銷，應當採用直線法計算。作爲投資或者受讓的無形資產，在協議、合同中規定使用年限的，可以按照該使用年限分期攤銷；沒有規定使用年限的，或者是自行開發的無形資產，攤銷期限不得少於10年。

第四十八條：從事開採石油資源的企業所發生的合理的勘探費用，可以在已經開始商業性生產的油（氣）田收入中分期攤銷；攤銷期限不得少於1年。

外國石油公司擁有的合同區，由於未發現商業性油（氣）田而終止作業，如果其不連續擁有關採油（氣）田資源合同；也不在中國境內保留開採油（氣）資源的經營管理機構或者辦事機構，其已投入終止合同區的合理的勘探費用，經稅務機關審查確認並出具證明後，從終止合同之日起10年內又簽訂新的合作開採油（氣）資源合同的，准予在其擁有合同區的生產收入中攤銷。

第四十九條：企業在籌辦期間發生的費用，應當從開始生產、經營月份的次月起，分期攤銷；攤銷期限不得少於5年。

前款所說的籌辦期，是指從企業被批准籌辦之日起至開始生產、經營（包括試生產、試營業）之日止的期間。

第五十條：企業的商品、產成品、半成品和原料、材料等存貨的計價，應當以成本價爲準。

第五十一條：各項存貨的發出或者領用，其實際成本價的計算方法，

可以在先進先出、移動平均、加權平均後進先出等方法中，由企業選用一種。

計價方法一經選用，不得隨意改變；確實需要改變計價方法的，應當在下一納稅年度開始前報當地稅務機關批准。

第四章　關聯企業業務往來

第五十二條：稅法第十三條所說的關聯企業，是指與企業有以下之一關係的公司、企業和其他經濟組織：

　　1.在資金、經營、購銷等方面，存在直接或者間接的擁有或者控制關係。

　　2.直接或者間接地同為第三者所擁有或者控制。

　　3.其他在利益上相關聯的關係。

第五十三條：稅法第十三條所說的獨立企業之間的業務往來，是指沒關聯關係的企業之間，按照公平成交價格和營業常規所進行的業務往來。

企業有義務就其與關聯企業之間的業務往來，向當地稅務機關提供有關的價格、費用標準等資料。

第五十四條：企業與關聯企業之間的購銷業務，不按獨立企業之間的業務往來作價的，當地稅務機關可以依照下列順序和確定的方法進行調整：

　　1.按獨立企業之間進行相同或者類似業務活動的價格。

　　2.按區銷售給無關聯關係的第三者價格所應取得的利潤水平。

　　3.按成本加合理的費用和利潤。

　　4.按其他合理的方法。

第五十五條：企業與關聯企業之間融通資金所支付或者收取的利息，

　　　　　超過或者低於沒有關聯關係所能同意的數額，或者其利
　　　　　率超過或者低於同類業務的正常利率的，當地稅務機關
　　　　　可以參照正常利率進行調整。

第五十六條：企業與關聯企業之間提供勞務，不按獨立企業之間業務
　　　　　往來收取和支付勞務費用的，當地稅務機關可以參照類
　　　　　似勞動活動的正常收費標準進行調整。

第五十七條：企業與關聯企業之間轉讓財產、提供財產使用權等業務
　　　　　往來，不按獨立企業之間業務往來作價或者收取，支付
　　　　　使用費的，當地稅務機關可以參照沒有關聯關係所能同
　　　　　意的數額進行調整。

第五十八條：企業不得列支向其關聯企業支付的管理費。

第五章　源泉扣繳

第五十九條：稅法第十九條第一款所說的利潤、利息、租金、特許權
　　　　　使用費和其他所得，除國家另有規定外，應當按照收入
　　　　　全部計算應納稅額。
　　　　　提供專利權、專有技術所收取的使用費全額，包括與其
　　　　　有關的圖紙資料費、技術服務費和人員培訓費以及其他
　　　　　有關費用。

第六十條：稅法第十九條所說的利潤，是指根據投資比例、股權、股
　　　　　份或者其他非債權關係分享利潤的權利取得的所得。

第六十一條：稅法第十九條所說的其他所得，包括轉讓在中國境內的
　　　　　房屋、建築物及其附屬設施、土地使用權等財產而取得
　　　　　的收益。
　　　　　前款所說的收益，是指轉讓收入減除該財產原值後的餘
　　　　　額。外國企業不能提供財產原值的正確憑證的，由當地
　　　　　稅務機關根據具體情況估定其財產的原值。

第六十二條：稅法第十九條第二款所說的支付的款額，是指現金支付、滙撥支付、轉帳支付的金額以及用非貨幣資產或者權益折價支付的金額。

第六十三條：稅法第十九條第三款第1項所說的從外商投資企業取得的利潤，是指從外商投資企業依照稅法規定繳納或者減負所得稅後的利潤中取得的所得。

第六十四條：稅法第十九條第三款第2項所說的國際金融組織，是指國際貨幣基金組織、世界銀行、亞洲開發銀行、國際開發協會、國際農業發展基金組織等國際金融組織。

第六十五條：稅法第十九條第三款第2項、第3項所說的中國國家銀行，是指中國人民銀行、中國工商銀行、中國農業銀行、中國銀行、中國人民建設銀行、交通銀行、中國投資銀行和其他經國務院批准的對外經營外滙存放款等信貸業務的金融機構。

第六十六條：稅法第十九條第三款第4項所規定的特許權使用費減徵、免徵所得稅的範圍如下：

　　1.在發展農、林、牧、漁業生產方面提供下列專有技術所收取的使用費：

　　　　‧改良土壤、草地、開發荒山以及充分利用自然資源的技術

　　　　‧培育動、植物新品種和生產高效低毒農藥的技術

　　　　‧對農、林、牧、漁業進行科學生產管理、保持生態平衡、增強抗禦自然災害能力等方面的技術

　　2.爲科學院、高等院校以及其他科研機構進行或者合作進行科學研究、科學實驗、提供專有技術所收取的使用費。

　　3.在開發能源、發展交通運輸方面提供專有技術所收取

的使用費。

4.在節約能源和防治環境傳污染方面提供專有技術所收取的使用費。

5.在開發重要科技領域方面提供下列專有技術所收取的使用費。

- 重大的、先進的機電設備生產技術
- 核能技術
- 大規模集成電路生產技術
- 光集成、微波半導體和微波集成電路生產技術及微波電子管製造技術
- 超高速電子計算機和微處理機製造技術
- 光導通訊技術
- 遠距離超高壓直流輸電技術
- 煤的液化、汽化及綜合利用技術

第六十七條：對外國企業在中國境內從事建築、安裝、裝配、勘探等工程作業和提供諮詢、管理、培訓等勞務活動的所得，稅務機關可以指定工程價款或者勞務費的支付人為所得稅的扣繳義務人。

第六章　稅收優惠

第六十八條：根據稅法第六條規定，對國家鼓勵的外商投資企業，需要在企業所得稅方面給予稅收優惠的，依照國家有關法律、行政法規的規定執行。

第六十九條：稅法第七條第一款所說的經濟特區，是指依法設立或者經國務院批准設立的深圳、珠海、汕頭、廈門和海南經濟特區；所說的經濟技術開發區，是指經國務院批准在沿海港口城市設立的經濟技術開發區。

第七十條：稅法第七條第二款所說的沿海經濟開放區，是指經國務院
　　　　　批准爲沿海經濟開放區的市、縣、區。

第七十一條：稅法第七條第一款所說的減按15%的稅率徵收企業所得
　　　　　稅，僅限於稅法第七條第一款所規定的企業在相應地區
　　　　　內從事生產、經營取得的所得。

　　　　　稅法第七條第二款所說的減按24%的稅率徵收企業所得
　　　　　稅，僅限於稅法第七條第二款所規定的企業在相應地區
　　　　　內從事生產、經營取得的所得。

第七十二條：稅法第七條第一款、第二款和第八條第一款所說的生產
　　　　　性外商投資企業，是指從事下列行業的外商投資企業：

1.機械製造、電子工業。

2.能源工業（不含開採石油、天然氣）。

3.冶金、化學、建材工業。

4.輕工、紡織、包裝工業。

5.醫療器械、製藥工業。

6.農業、林業、畜牧業、漁業和水利業。

7.建築業。

8.交通運輸業（不含客運）。

9.直接爲生產服務的科技開發、地質普查、產業信息諮
　詢和生產設備、精密儀器維修服務業。

10.經國務院稅務主管部門確定的其他行業。

第七十三條：稅法第七條第三款所說的可以減按15%的稅率徵收企業
　　　　　所得稅，適用於：

1.在沿海經濟開放區和經濟特區、經濟技術開發區所在
　城市的老市區設立的從事下列項目的生產性外商投資
　企業：

　·技術密集、知識密集型的項目

．外商投資在3,000萬美元以上，回收投資時間長的項目

．能源、交通、港口建設的項目

2. 從事港口碼頭建設的中外合資經營企業。

3. 在經濟特區和國務院批准的其他地區設立的外資銀行、中外合資銀行等機構，但以外國投資者投入資本或者分行由總行撥入營運資金超過1,000萬美元，經營期在10年以上的為限。

4. 在上海浦東新區設立的生產性外商投資企業以及從事機場、港口、鐵路、公路、電站等能源、交通建設項目的外商投資企業。

5. 在國務院確定的國家高新技術產業開發區設立的被認定為高新技術企業的外商投資企業，以及在北京市新技術產業開發試驗區設立的被認定為新技術企業的外商投資企業。

6. 在國務院規定的其他地區設立的從事國家鼓勵項目的外商投資企業。

屬於前款第1項所列項目的外商投資企業，應當在報國家稅務局批准後，減按15%的稅率徵收企業所得稅。

第七十四條：稅法第八條第一款所說的經營期，是指從外商投資企業實際開始生產、經營（包括試生產、試營業）之日起至企業終止生產、經營之日止的期間。

按照稅法第八條第一款規定可以享受免徵、減徵企業所得稅待遇的外商投資企業，應當將其從事的行業，主要產品名稱和確定的經營期等情況報當地稅務機關審核；未經審核同意的，不得享受免徵、減徵企業所得稅待

遇。

第七十五條：稅法第八條第二款所說的本法施行前國務院公布的規定，是指國務院發布，或者批准發布的下列免徵、減徵企業所得稅的規定：

1. 從事港口碼頭建設的中外合資經營企業，經營期在15年以上的，經企業申請，所在地的省、自治區、直轄市稅務機關批准，從開始獲利的年度起，第1年至第5年免徵企業所得稅，第6年至第10年減半徵收企業所得稅。

2. 在海南經濟特區設立的從事機場、港口、碼頭、鐵路、公路、電站、煤礦、水利等基礎設施項目的外商投資企業，和從事農業開發經營的外商投資企業，經營期在15年以上的，經企業申請，海南省稅務機關批准，從開始獲利的年度起，第1年至第5年免徵企業所得稅，第6年至第10年減半徵收企業所得稅。

3. 在上海浦東新區設立的從事機場、港口、鐵路、公路、電站等能源、交通建設項目的外商投資企業，經營期在15年以上的，經企業申請，上海市稅務機關批准，從開始獲利的年度起，第1年至第5年免徵企業所得稅，第6年至第10年減半徵收企業所得稅。

4. 在經濟特區設立的從事服務性行業的外商投資企業，外商投資超過500萬美元，經營期在10年以上的，經企業申請，經濟特區稅務機關批准，從開始獲利的年度起，第1年免徵企業所得稅，第2年和第3年減半徵收企業所得稅。

5. 在經濟特區和國務院批准的其他地區設立的外資銀行、中外合資銀行等金融機構，外國投資者投入資本

或者分行由總行撥入營運資金超過1,000萬美元，經
營期在10年以上的，經企業申請，當地稅務機關批
准，從開始獲利的年度起，第1年免徵企業所得稅，
第2年和第3年減半徵收企業所得稅。

6. 在國務院確定的國家高新技術產業開發區設立的被認
定為高新技術企業的中外合資經營企業，經營期在10
年以上的，經企業申請，當地稅務機關批准，從開始
獲利的年度起，第1年和第2年免徵企業所得稅。設在
經濟特區和經濟技術開發區的外商投資企業，依照經
濟特區和經濟技術開發區的稅收優惠規定執行。設在
北京市新技術產業開發試驗區的外商投資企業，依照
北京市新技術產業開發試驗區的稅收優惠規定執行。

7. 外商投資舉辦的產品出口企業，在依照稅法規定免
徵、減徵企業所得稅期滿後，凡當年出口產品產值達
到當年企業產品產值70%以上的，可以按照稅法規定
的稅率減半徵收企業所得稅。但經濟特區和經濟技術
開發區以及其他已經按15%的稅率繳納企業所得稅的
產品出口企業，符合上述條件的，按10%的稅率徵收
企業所得稅。

8. 外商投資舉辦的先進技術企業，依照稅法規定免徵、
減徵企業所得稅期滿後仍為先進技術企業的，可以按
照稅法規定的稅率延長3年減半徵收企業所得稅。

9. 在國務院已經發布或者批准發布的其他規定中有關免
徵、減徵企業所得稅的規定。
　　外商投資企業依照前款第6項、第7項或者第8項規定
申請免徵、減徵企業所得稅時，應當提交審核確認部
門出具的有關證明文件，由當地稅務機關審核批准。

第七十六條：稅法第八條第一款和本細則第七十五條所說的開始獲利
　　　　　　的年度，是指企業開始生產經營後，第1個獲得利潤的
　　　　　　納稅年度。企業開辦初期有虧損的，可以依照稅法第十
　　　　　　一條的規定逐年結轉彌補，以彌補後有利潤的納稅年度
　　　　　　爲開始獲利年度。

　　　　　　稅法第八條第一款和本細則第七十五條規定的免徵、減
　　　　　　徵企業所得稅的期限，應當從企業獲利年度起連續計
　　　　　　算，不得因中間發生虧損而推延。

第七十七條：外商投資企業於年度中間開業，當年獲得利潤而實際生
　　　　　　產經營期不足6個月的，可以選擇從下一年度起計算免
　　　　　　徵、減徵企業所得稅的期限；但企業當年所獲得的利
　　　　　　潤，應當依照稅法規定繳納所得稅。

第七十八條：從事開採石油、天然氣、稀有金屬、貴重金屬等資源的
　　　　　　企業，除國務院另有規定外，不適用稅法第八條第一款
　　　　　　的稅收優惠規定。

第七十九條：依照稅法第八條第一款和本細則第七十五條規定，已經
　　　　　　得到免徵、減徵企業所得稅的外商投資企業，其實際經
　　　　　　營期不滿規定年限的，除因遭受自然災害和意外事故造
　　　　　　成重大損失的以外，應當補繳已免徵、減徵的企業所得
　　　　　　稅稅款。

第八十條：稅法第十條所說的直接再投資，是指外商投資企業的外國
　　　　　　投資者將其從該企業取得的利潤在提取前直接用於增加註
　　　　　　冊資本，或者在提取後直接用於投資舉辦其他外商投資企
　　　　　　業。

　　　　　　在依照稅法第十條規定計算退稅時，外國投資者應當提供
　　　　　　能夠確認其用於再投資利潤所屬年度的證明，不能提供證
　　　　　　明的，由當地稅務機關採用合理的方法予以推算確定。

外國投資者應當自其再投資資金實際投入之日起1年內，持載明其投資金額、投資期限的增資或者出資證明，向原納稅地的稅務機關申請退稅。

第八十一條：稅法第十條所說的國務院另有優惠規定，是指外國投資者在中國境內直接再投資舉辦、擴建產品出口企業或者先進技術企業，以及外國投資者將從海南經濟特區內的企業獲得的利潤，直接再投資海南經濟特區內的基礎設施建設項目和農業開發企業，可以依照國務院的有關規定，全部退還其再投資部分已繳納的企業所得稅稅款。

外國投資者依照前款規定申請再投資退稅時，除依照本細則第八十條第二款、第三款的規定辦理外，應當提供審核確認部門出具的確認舉辦、擴建的企業為產品出口企業或者先進技術企業的證明。

外國投資者直接再投資舉辦、擴建的企業，自開始生產、經營起3年內沒有達到產品出口企業標準的，或者沒有被繼續確認為先進技術企業的，應當繳回已退稅款的60%。

第八十二條：稅法第十條和本細則第八十一條第一款規定的再投資退稅，其退稅額按下列公式計算：

退稅額＝再投資額÷（1－原實際適用的企業所得稅稅率＋地方所得稅稅率）×原實際適用的企業所得稅稅率×退稅率

第七章　稅額扣除

第八十三條：稅法第十二條所說的已在境外繳納的所得稅稅款，是指外商投資企業就來源於中國境外的所得，在境外實際繳

納的所得稅稅款，不包括納稅後又得到補償或者由他人代為承擔的稅款。

第八十四條：稅法第十二條所說的境外所得，依照本法規定計算的應納稅額，是指外商投資企業的境外所得，依照稅法和本細則的有關規定扣除為取得該項的所得所應攤計的成本、費用以及損失，得出應納稅所得額後計算的應納稅額。該應納稅額即為扣除限額，應當分國不分項計算，其計算公式如下：

境外所得稅稅款扣除限額＝境內、境外所得按稅法計算的應納稅總額×來源於某外國的所得額÷境內、境外所得總額。

第八十五條：外商投資企業就來源於境外所得，在境外實際繳納的所得稅稅款，低於依照本細則第八十四條規定計算出的扣除限額的，可以從應納稅額中扣除其在境外實際繳納的所得稅稅款；超過扣除限額的，其超過部分不得作為稅額扣除，也不得列為費用支出，但可以用以後年度稅額扣除不超過限額的餘額補扣，補扣期限最長不得超過5年。

第八十六條：本細則第八十三條至八十五條的規定，僅適用於總機構設在中國境內的外商投資企業，外商投資企業在依照稅法第十二條的規定扣除稅額時，應當提供境外稅務機關填發的同一年度納稅憑證原件，不得用複印件或者不同年度的納稅憑證，作為扣除稅額的憑據。

第八章　稅收徵管

第八十七條：企業在辦理工商登記後30日內，應當向當地稅務機關辦

理稅務登記。外商投資企業在中國境內設立或者撤銷分支機構時，應當在設立或者撤銷之日起30日內，向當地稅務機關辦理稅務登記、變更登記或者註銷登記。企業辦理前款登記，應當按規定提交有關文件、證照、資料。

第八十八條：企業遇有遷移、改組、合併、分立、終止以及變更資本額，經營範圍等主要登記事項時，應當在辦理工商變更登記後30日內或者註銷登記前，持有關證件向當地稅務機關辦理變更登記或者註銷登記。

第八十九條：外國企業在中國境內設立兩個或者兩個以上營業機構的，可以由其選定其中的一個營業機構合併申報繳納所得稅。但該營業機構應當具備以下條件：

1.對其他各營業機構的經營業務須有監督管理責任。

2.沒有完整的帳簿、憑證，能夠反映各營業機構的收入、成本、費用和盈虧情況。

第九十條：外國企業依照本細則第八十九條的規定，合併申報繳納所得稅的，應當由其選定的營業機構提出申請，經當地稅務機關審核後，依照下列規定報批：

1.合併申報納稅所涉及的各營業機構設在同一省、自治區、直轄市的，由省、自治區、直轄市稅務機關批准。

2.合併申報納稅所涉及的各營業機構設在兩個或者兩個以上省、自治區、直轄市的，由國家稅務局批准。外國企業經批准合併申報納稅後，遇有營業機構增設、合併、遷移、停業、關閉等情況時，應當在事前由負責合併申報納稅的營業機構向當地稅務機關報告。需要變更合併申報納稅營業機構的，依照前款規定辦理。

第九十一條：外國企業合併申報繳納所得稅，所涉及的營業機構適用

不同稅率納稅的，應當合理地分別計算各營業機構的應納稅所得額，按照不同的稅率繳納所得稅。

前款所說的各營業機構，有盈有虧，盈虧相抵後仍有利潤的，應當按有盈利的營業機構所適用的稅率納稅。發生虧損的營業機構，應當以該營業機構以後年度的盈利彌補其虧損，彌補虧損後仍有利潤的，再按該營業機構所適用的稅率納稅；其彌補額應當按為該虧損營業機構抵虧的營業機構所適用的稅率納稅。

第九十二條：雖有本細則第九十一條的規定，當負責合併申報繳納所得稅的營業機構不能合理地分別計算各營業機構的應納稅所得額時，當地稅務機關可以對其應納稅的所得總額，按照營業收入比例，成本和費用比例、資產比例、職工人數或者工資數額的比例，在各營業機構之間合理分配。

第九十三條：外商投資企業在中國境內設立分支機構的，在彙總申報繳納所得稅時，比照本細則第九十一條和九十二條的規定辦理。

第九十四條：企業根據稅法第十五條的規定分季預繳所得稅時，應當按季度的實際利潤額預繳，按季度實際利潤額預繳有困難的，可以按上一年度應納稅所得額的1/4，或者是經當地稅務機關認可的其他方法分季預繳所得稅。

第九十五條：企業在納稅年度內無論盈利或者虧損，應當依照稅法第十六條規定的期限，向當地稅務機關報送所得稅申報表和會計決算報表。在報送會計決算報表時，除國家另有規定外，應當附送中國註冊會計師的查帳報告。

企業遇特殊原因，不能按照稅法規定期限報送所得稅申報表和會計決算報表的，應當在報送期限內提出申請，

經當地稅務機關批准，可以適當延長。

第九十六條：分支機構或是營業機構在向總機構或者向合併申報繳納
　　　　　　所得稅的營業機構，報送會計決算報表時，應當同時報
　　　　　　送當地稅務機關。

第九十七條：企業在年度中間合併、分立、終止時，應當在停止生
　　　　　　產、經營之日起60日內，向當地稅務機關辦理當期所得
　　　　　　稅彙算清繳，多退少補。

第九十八條：企業所得為外國貨幣並已按照外匯牌價折合成人民幣繳
　　　　　　納稅款的，發生多繳稅款需要辦理退稅時，可以將應退
　　　　　　的人民幣稅款，按照原繳納稅款時的外匯牌價折合成外
　　　　　　國貨幣，再將該外國貨幣數額，按照填開退稅憑證當日
　　　　　　的外匯牌價，折合成人民幣退還稅款；發生少繳稅款需
　　　　　　要辦理補稅時，應當按照填開補稅憑證當日的外匯牌價
　　　　　　折合成人民幣補繳稅款。

第九十九條：外商投資企業進行清算時，應當在辦理工商註銷登記之
　　　　　　前，向當地稅務機關辦理所得稅申報。

第一百條：除國家另有規定外，企業應當在中國境內設置能夠正確計
　　　　　　算應納稅所得額的會計憑證、帳簿。

　　　　　　企業的會計憑證、帳簿和報表，應當使用中國文字填寫，
　　　　　　也可以使用中、外兩種文字填寫。

　　　　　　採用電子計算機記帳的企業，其由電子計算機儲存和輸出
　　　　　　的會計記錄，視同會計帳簿；凡未打印成書而記錄的磁
　　　　　　帶、磁盤應當完整保留。企業的會計憑證、帳簿和報表，
　　　　　　至少保存15年。

第一百零一條：企業的發票和收款憑證，須經當地稅務機關批准，方
　　　　　　　可印製、使用。企業的發票和收款憑證的印製和使用
　　　　　　　管理辦法，由國家稅務局制定。

第一百零二條：企業所得稅申報表和納稅憑證，由國家稅務局統一印製。

第一百零三條：企業繳納稅款期限和報送報表期限的最後一天是星期日或者其他法定休假日的，以休假日的次日爲期限的最後一天。

第一百零四條：對稅法第十九條第二款和本細則第六十七條規定的扣繳義務人，稅務機關可以按照其扣繳稅額的一定比例付給扣繳手續費，具體辦法由國家稅務局制定。

第一百零五條：納稅義務人或者扣繳義務人未按照規定接受稅務機關檢查的，或者未按照稅務機關規定的期限繳納滯納金的，當地稅務機關可以根據情節輕重，處以5,000元以下的罰款。

第一百零六條：企業違反本細則第八十七條、第九十條第二款、第九十五條、第九十六條、第九十七條、第九十九條、第一百條、第一百零一條規定的，稅務機關可以根據情節輕重處以5,000元以下的罰款。

第一百零七條：稅法第二十五條所說的逃稅，是指納稅義務人有意違反稅法規定，塗改、僞造、銷毀票據、記帳憑證或帳簿，虛列、多報成本、費用、隱瞞、少報應納稅所得額或者收入額、逃避納稅或者騙回已納稅款等違法行爲。

第一百零八條：稅務機關根據稅法和本細則規定對納稅義務人或扣繳義務人處罰時，應當製作處罰決定書。

第一百零九條：任何單位和個人對違反稅法的行爲和當事人都有權舉報。稅務機關應當爲舉報者保密，並按照規定給予獎勵。

第九章　附　則

第一百一十條：稅法公布前已經辦理工商登記的外商投資企業，在按照稅法規定的稅率繳納所得稅時，其稅收負擔高於稅法施行前的，可以在批准的經營期內，按其原適用的稅率繳納所得稅；未約定經營期的，可以在稅法施行之日起5年內，按照其原適用的稅率繳納所得稅。但在上述期間，發生年度的稅收負擔高於稅法規定的，應當自該納稅年度起改按稅法規定的稅率繳納所得稅。

第一百一十一條：稅法公布前已經辦理工商登記的外商投資企業，凡是依照稅法施行前的法律、行政法規享有免徵、減徵企業所得稅優惠待遇的，可以繼續執行，直至免徵、減徵期滿為止。

稅法公布前已經辦理工商登記的外商投資企業，尚未獲利或者獲利未滿5年的，可以依照稅法第八條第一款的規定，給予相應期限的免徵、減徵企業所得稅待遇。

第一百一十二條：稅法公布後，施行前辦理工商登記的外商投資企業，可以參照本細則第一百一十條、第一百一十一條的規定執行。

第一百一十三條：本細則由財政部、國家稅務局負責解釋。

第一百一十四條：本細則自「中華人民共和國外商投資企業和外國企業所得稅法」施行之日起施行。「中華人民共和國中外合資經營企業所得稅法施行細則」和「中華人民共和國外國企業所得稅法施行細則」同時廢止。

附錄二十二：

中華人民共和國個人所得稅法

1980年9月10日第五屆全國人民代表大會第三次會議通過，根據
1993年10月31日第八屆全國人民代表大會常務委員會第四次會議
「關於修改（中華人民共和國個人所得稅）的決定」修訂

第一條：在中國境內有住所，或者無住所而在境內居住滿1年的個
　　　　人，從中國境內和境外取得的所得，依照本法規定繳納個人
　　　　所得稅。

　　　　在中國境內無住所又不居住或者無住所而在境內居住不滿1
　　　　年的個人，從中國境內取得的所得，依照本法規定繳納個人
　　　　所得稅。

第二條：下例各項個人所得，應納個人所得稅：

　　　　1.工資、薪金所得。

　　　　2.個體工商戶的生產、經營所得。

　　　　3.對企業、事業單位的承包經營、承租經營所得。

　　　　4.勞務報酬所得。

　　　　5.稿酬所得。

　　　　6.特許權使用費所得。

　　　　7.利息、股息、紅利所得。

　　　　8.財產租賃所得。

　　　　9.財產轉讓所得。

　　　　10.偶然所得。

　　　　11.經國務院財政部門確定徵稅的其他所得。

第三條：個人所得稅的稅率：

　　　　1.工資、薪金所得，適用超額累進稅率爲5%～45%（稅率表

附後）。

2.個體工商戶的生產、經營所得和對企事業單位的承包經營、承租經營所得，適用5%～35%的超額累進稅率（稅率表附後）。

3.稿酬所得，適用比例稅率，稅率爲20%，並按應納稅額減徵30%。

4.勞務報酬所得，適用比例稅率，稅率爲20%，對勞務報酬所得一次收入畸高的，可以實行加成徵收，具體辦法由國務院規定。

5.特許權使用費所得、利息、股息、紅利所得、財產租賃所得、財產轉讓所得、偶然所得和其他所得，適用比例稅率，稅率爲20%。

第四條：下列各項個人所得，免納個人所得稅：

1.省級人民政府、國務院部委和中國人民解放軍以上單位，以及外國組織、國際組織頒發的科學、教育、技術、文化、衛生、體育、環境保護等方面的獎金。

2.儲蓄存款利息、國債和國家發行的金融債券利息。

3.按照國家統一規定發給的補貼、津貼。

4.福利費、撫恤金、救濟金。

5.保險賠款。

6.軍人的轉業費、復員費。

7.按照國家統一規定發給幹部職工的安家費、退職費、退休工資、離休工資、離休生活補助費。

8.依照中國有關法律規定應予免稅的各國駐華使館、領事館的外交代表、領事官員和其他人員的所得。

9.中國政府參加國際公約簽訂的協議中規定免稅的所得。

10.經國務院財政部門批准免稅的所得。

第五條：有下列情形之一的，經批准可以減徵個人所得稅：

　　1.殘疾、孤老人員和先烈遺屬的所得。

　　2.因嚴重自然災害造成重大損失的。

　　3.其他經國務院財政部門批准減稅的。

第六條：應納稅所得額的計算：

　　1.工資、薪金所得，以每月收入額減除費用800元後的餘額，為應納稅所得額。

　　2.個體工商戶的生產、經營所得，以每一納稅年度的收入總額減除成本、費用及損失後的餘額，為應納稅所得額。

　　3.對企事業單位承包經營、承租經營所得，以每一納稅年度的收入總額減除必要費用後的餘額，為應納稅所得額。

　　4.勞動報酬所得，稿酬所得，特許權使用費所得，財產租賃所得，每次收入不超過4,000元的，減除費用800元；4,000元以上的，減除20%的費用，其餘額為應納稅所得額。

　　5.財產轉讓所得，以轉讓財產的收入額減除財產原值和合理費用後的餘額，為應納稅所得額。

　　6.利息、股息、紅利所得、偶然所得和其他所得，以每次收入額為應納稅所得額。

　　個人將其所得對教育事業和其他公益事業捐贈的部分，按照國務院有關規定從應納稅所得中扣除。

　　對在中國境內無住所而在中國境內取得工資、薪金所得的納稅義務人和在中國境內有住所而在中國境外取得工資、薪金所得的納稅義務人，可以根據其平均收入水平、生活水平及滙率變化情況確定附加減除費用，附加減除費用適用的範圍和標準由國務院規定。

第七條：納稅義務人從中國境外取得的所得，准予其在應納稅額中扣除已在境外繳納的個人所得稅稅額。但扣除額不得超過該納

稅義務人境外所得，依照本法規定計算的應納稅額。

第八條：個人所得稅，以所得人為納稅義務人，以支付所得的單位或者個人為扣繳義務人。在兩處以上取得工資、薪金所得和沒有扣繳義務人的，納稅義務人應當自行申報納稅。

第九條：扣繳義務人每月所扣的稅款，自行申報納稅人每月應納的稅款，都應當在次月7日內繳入國庫，並向稅務機關報送納稅申報表。

工資、薪金所得應納的稅款，按月計徵，由扣繳義務人或者納稅義務人在次月7日內繳入國庫，並向稅務機關報送納稅申報表。特定行業的工資、薪金所得應納的稅款，可以實行按年計算、分月預繳的方式計徵，具體辦法由國務院規定。個體工商戶的生產、經營所得應納的稅款，按年計算、分月預繳，由納稅義務人在次月7日內預繳，年度終了後3個月內彙算清繳，多退少補。對企事業單位的承包經營、承租經營所得應納的稅款，按年計算，由納稅義務人在年度終了後30日內繳入國庫，並向稅務機關報送納稅申報表。納稅義務人在1年內分次取得承包經營、承租經營所得的，應當在取得每次所得後的7日內預繳，年度終了後3個月內彙算清繳，多退少補。從中國境外取得所得的納稅義務人，應當在年度終了後30日內，將應納的稅款繳入國庫，並向稅務機關報送納稅申報表。

第十條：各項所得的計算以人民幣為單位。所得為外國貨幣的，按照國家外滙管理機關規定的外滙牌價折合成人民幣繳納稅款。

第十一條：對扣繳義務人按照所扣繳的稅款，付給2%手續費。

第十二條：個人所得稅的徵收管理，依照「中華人民共和國稅收徵收管理法」的規定執行。

第十三條：國務院根據本法制定實施條例。

第十四條：本法自公布之日起施行。

個人所得稅稅率表一
（工資、薪金所得適用）

級數	全月應納稅所得額	稅率（％）
1	不超過500元	5
2	超過500元～2,000元的部分	10
3	超過2,000元～5,000元的部分	15
4	超過5,000元～20,000元的部分	20
5	超過20,000元～40,000元的部分	25
6	超過40,000元～60,000元的部分	30
7	超過60,000元～80,000元的部分	35
8	超過80,000元～100,000元的部分	40
9	超過100,000元的部分	45

（註：本表所稱全月應納稅所得額是指依照本法第六條的規定，以每月收入額減除費用800元後的餘額或者減除附加減除費用後的餘額。）

個人所得稅稅率表二
（個體工商戶的生產、經營所得和對企事業單位的承包經營、承租經營所得適用）

級數	全年應納稅所得額	稅率（％）
1	不超過5,000元	5
2	超過5,000元～10,000元的部分	10
3	超過10,000元～30,000元的部分	20
4	超過30,000元～50,000元的部分	30
5	超過50,000元的部分	35

（註：本表所稱全年應納稅所得額是指依照本法第六條的規定，以每一納稅年度的收入總額，減除成本、費用以及損失後的餘額。）

附錄二十三：
中華人民共和國個人所得稅法實施條例
1994年1月28日中華人民共和國國務院第142號發布

第一條：根據「中華人民共和國個人所得稅法」（以下簡稱稅法）的
　　　　規定，制定本條例。

第二條：稅法第一條第一款所說的在中國境內有住所的個人，是指因
　　　　戶籍、家庭、經濟利益關係而在中國境內習慣性居住的個
　　　　人。

第三條：稅法第一條第一款所說的在境內居住滿1年，是指在一個納
　　　　稅年度在中國境內居住365日。臨時離境的，不扣減日數。
　　　　前款所說的臨時離境，是指在一個納稅年度中一次不超過30
　　　　日或者多次累計不超過90日的離境。

第四條：稅法第一條第一款、第二款所說的從中國境內取得的所得，
　　　　是指來源於中國境內的所得；所說的從中國境外取得所得，
　　　　是指來源於中國境外的所得。

第五條：下列所得不論支付地點是否在中國境內，均為來源於中國境
　　　　內的所得：
　　　　1.因任職、受僱、履約等而在中國境內提供勞務取得的所
　　　　　得。
　　　　2.將財產出租給承租人在中國境內使用而取得的所得。
　　　　3.轉讓中國境內的建築物、土地使用權等財產或者在中國境
　　　　　內轉讓其他財產取得的所得。

　　　　4.許可各種特許權在中國境內使用而取得的所得。

　　　　5.從中國境內的公司、企業以及其他經濟組織或者個人取得
　　　　　的利息、股息、紅利所得。

第六條：在中國境內無住所，但是居住1年以上5年以下的個人，其來
　　　　源於中國境外的所得，經主管稅務機關批准，可以只就由中
　　　　國境內公司、企業以及其他經濟組織或者個人支付的部分繳
　　　　納個人所得稅；居住超過5年的個人，從第6年起，應當就其
　　　　來源於中國境外的全部所得繳納個人所得稅。

第七條：在中國境內無住所，但是在一個納稅年度中在中國境內連續
　　　　或者累計居住不超過90日的個人，其來源於中國境內的所
　　　　得，由境外僱主支付並且不由該僱主在中國境內的機構、場
　　　　所負擔的部分，免予繳納個人所得稅。

第八條：稅法第二條所說的各項個人所得的範圍：

　　　　1.工資、薪金所得，是指個人因任職或者受僱而取得的工
　　　　　資、薪金、獎金、年終加薪、勞動分紅、津貼、補貼以及
　　　　　與任職或者受僱有關的其他所得。

　　　　2.個體工商戶的生產、經營所得，是指：

　　　　　・個體工商戶從事工業、手工業、建築業、交通運輸業、
　　　　　　商業、飲食業、服務業、修理業以及其他行業生產、經
　　　　　　營取得的所得

　　　　　・個人經政府有關部門批准，取得執照，從事辦學、醫
　　　　　　療、諮詢以及其他有償服務活動取得的所得

　　　　　・其他個人從事工商業生產、經營取得的所得

　　　　　・上述個體工商戶和個人取得的與生產、經營有關的各項
　　　　　　應納稅所得

　　　　3.對企事業單位的承包經營、承租經營所得，是指個人承包
　　　　　經營、承租經營以及轉包、轉租取得的所得，包括個人按

月或者按次取得的工資、薪金性質的所得。

4.勞務報酬所得,是指個人從事設計、裝潢、安裝、製圖、化驗、測試、醫療、法律、會計、諮詢、講學、新聞、廣播、翻譯、審稿、書畫、雕刻、影視、錄音、錄影、錄影、演出、表演、廣告、展覽、技術服務、介紹服務、經紀服務、代辦服務以及其他勞務取得的所得。

5.稿酬所得,是指個人因其作品以圖書、報刊形式出版、發表而取得的所得。

6.特許權使用費所得,是指個人提供專利權、商標權、著作權、非專利技術以及其他特許權的使用權取得的所得;提供著作權的使用權取得的所得,不包括稿酬所得。

7.利息、股息、紅利所得,是指個人擁有債權、股權而取得的利息、股息、紅利所得。

8.財產租賃所得,是指個人出租建築物、土地使用權、機器設備、車船以及其他財產取得的所得。

9.財產轉讓所得,是指個人轉讓有價證券、股權、建築物、土地使用權、機器設備、車船以及其他財產取得的所得。

10.偶然所得,是指個人得獎、中獎、中彩以及其他偶然性質的所得。

個人取得的所得,難以界定應納稅所得項目的,由主管稅務機關確定。

第九條：對股票轉讓所得徵收個人所得稅的辦法,由財政部另行制定,報國務院批准施行。

第十條：個人取得的應納稅所得,包括現金、實物和有價證券。所得為實物的,應當按照取得的憑證上所註明的價格計算應納稅所得額;無憑證的實物或者憑證上所註明的價格明顯偏低的,由主管稅務機關參照當地的市場價格核定應納稅所得

額。所得為有價證券的，由主管稅務機關根據票面價格和市場價格核定應納稅所得額。

第十一條：稅法第三條第4項所說的勞務報酬所得一次收入畸高，是指個人一次取得勞務報酬，其應納稅所得額超過20,000元。

對前款應納稅所得額超過20,000元～50,000元的部分，依照稅法規定計算應納稅額後再按照應納稅額加徵五成；超過50,000元的部分，加徵十成。

第十二條：稅法第四條第二項所說的國債利息，是指個人持有中華人民共和國財政部發行的債券而取得的利息所得；所說的國家發行的金融債券利息，是指個人持有經國務院批准發行的金融債券而取得的利息所得。

第十三條：稅法第四條第3項所說的按照國家統一規定發給的補貼、津貼，是指按照國務院規定發給的政府特殊津貼和國務院規定免納個人所得稅的補貼、津貼。

第十四條：稅法第四條第4項所說的福利費，是指根據國家有關規定，從企業、事業單位、國家機關、社會團體提留的福利費或者工會經費中支付給個人的生活補助費；所說的救濟金，是指國家民政部門支付給個人的生活困難補助費。

第十五條：稅法第四條第8項所說的依照我國法律規定應予免稅的各國駐華使館、領事館的外交代表、領事官員和其他人員的所得，是指依照「中華人民共和國外交特權與豁免條例」和「中華人民共和國領事特權與豁免條例」規定免稅的所得。

第十六條：稅法第五條所說的減徵個人所得稅，其減徵的幅度和期限由省、自治區、直轄市人民政府規定。

第十七條：稅法第六條第一款第2項所說的的成本、費用，是指納稅

義務人從事生產、經營所發生的各項直接支出和分配計入成本的間接費用以及銷售費用、管理費用、財務費用；所說的損失，是指納稅義務人在生產，經營過程中發生的各項營業外支出。

從事生產、經營的納稅義務人未提供完整、準確的納稅資料，不能正確計算應納稅所得額的，由主管稅務機關核定其應納稅所得額。

第十八條：稅法第六條第一款第3項所說的第一納稅年度的收入總額，是指納稅義務人按照承包經營、承租經營合同規定分得的經營利潤和工資、薪金性質的所得；所說的減除必要費用，是指按月減除800元。

第十九條：稅法第六條第一款第5項所說的財產原值，是指：

1.有價證券，為買入價以及買入時按照規定交納的有關費用。

2.建築物，為建造費或者購進價格以及其他有關費用。

3.土地使用權，由取得土地使用權所支付的金額，開發土地的費用以及其他有關費用。

4.機器設備、車船，為購進價格，運輸費、安裝費以及其他有關費用。

5.其他財產參照以上方法確定。

納稅義務人未提供完整、準確的財產原值憑證，不能正確計算財產原值的，由主管稅務機關核定其財產原值。

第二十條：稅法第六條第一款第5項所說的合理費用，是指賣出財產時按照規定支付的有關費用。

第二十一條：稅法第六條第一款第4項、第6項所說的每次收入，是指：

1.勞務報酬所得，屬於一次性收入的，以取得該項收入

為一次；屬於同一項目連續性收入的，以1個月內取
得的收入為一次。

2.稿酬所得，以每次出版，發表取得的收入為一次。

3.特許權使用費所得，以一項特許權的一次許可使用所
取得的收入為一次。

4.財產租賃所得，以1個月內取得的收入為一次。

5.利息、股息、紅利所得，以支付利息、股息、紅利時
取得的收入為一次。

6.偶然所得，以每次取得該項收入為一次。

第二十二條：財產轉讓所得，按照一次轉讓財產的收入額減除財產原
值和合理費用後的餘額，計算納稅。

第二十三條：2個或者2個以上的個人共同取得同一項目收入的，應當
對每個人取得的收入分別按照稅法規定減除費用後計算
納稅。

第二十四條：稅法第六條第二款所說的個人將其所得對教育事業和其
他公益事業的捐贈，是指個人將其所得透過中國境內的
社會團體，國家機關向教育和其他社會公益事業以及遭
受嚴重自然災害地區、貧困地區的捐贈。

捐贈額未超過納稅義務人申報的應納稅所得額30%的部
分，可以從其應納稅所得額中扣除。

第二十五條：稅法第六條第三款所說的在中國境外取得工資、薪金所
得，是指在中國境外，任職或者受僱而取得的工資、薪
金所得。

第二十六條：稅法第六條第三款所說的附加減除費用，是指每月在減
除800元費用的基礎上，再減除本條例第二十八條規定
數額的費用。

第二十七條：稅法第六條第三款所說的附加減除費用適用的範圍，是

指：

1. 在中國境內的外商投資企業和外國企業中工作的外籍人員。
2. 應聘在中國境內的企業、事業單位、社會團體、國家機關中工作的外籍專家。
3. 在中國境內有住所而在中國境外任職或者受僱取得工資、薪金所得的個人。
4. 財政部確定的其他人員。

第二十八條：稅法第六條第三款所說的附加減除費用標準為3,200元。

第二十九條：華僑和香港、澳門、台灣同胞，參照本條例第二十六條、第二十七條、第二十八條的規定執行。

第三十條：在中國境內有住所或者無住所而在境內居住滿1年的個人，從中國境內和境外取得的所得，應當分別計算應納稅額。

第三十一條：稅法第七條所說的已在境外繳納的個人所得稅稅款，是指納稅義務人從中國境外取得的所得，依照該所得來源國家或者地區的法律應當繳納並且實際已經繳納的稅額。

第三十二條：稅法第七條所說的依照稅法規定計算的應納稅額，是指納稅義務人從中國境外取得的所得，區別不同國家或者地區和不同應稅項目，依照稅法規定的費用減除標準和適用稅率計算的應納稅額；同一國家或者地區內不同應稅項目的應納稅額之和，為該國家或者地區的扣除限額。

納稅義務人在中國境外一個國家或者地區實際已經繳納的個人所得稅稅額，低於依照前款規定計算出的該國家或者地區扣除限額的，應當在中國繳納差額部分的稅

款；超過該國家或者地區扣除限額的，其超過部分不得在本納稅年度的應納稅額中扣除，但是可以在以後納稅年度的該國家或者地區扣除限額的餘額中補扣，補扣期限最長不得超過5年。

第三十三條：納稅義務人依照稅法第七條的規定申請扣除已在境外繳納的個人所得稅稅額時，應當提供境外稅務機關填發的完稅憑證原件。

第三十四條：扣繳義務人在向個人支付應稅款項時，應當依照稅法規定代扣稅款，按時繳庫，並專項記載備查。

前款所說的支付，包括現金支付、滙撥支付、轉帳支付和以有價證券、實物以及其他形式的支付。

第三十五條：自行申報的納稅義務人，應當向取得所得的當地主管稅務機關申報納稅。從中國境外取得所得，以及在中國境內二處或者二處以上取得所得的，可以由納稅義務人選擇一地申報納稅；納稅義務人變更申報納稅地點的，應當經原主管稅務機關批准。

第三十六條：自行申報的納稅義務人，在申報納稅時，其在中國境內已扣繳的稅款，准予按照規定從應納稅額中扣除。

第三十七條：納稅義人兼有稅法第二條所列的二項或者二項以上的所得的，按項分別計算納稅。在中國境內二處或者二處以上取得稅法第二條第1項、第2項、第3項所得的，同項所得合併計算納稅。

第三十八條：稅法第九條第二款所說的特定行業，是指採掘業、遠洋運輸業、遠洋捕撈業以及財政部確定的其他行業。

第三十九條：稅法第九條第二款所說的按年計算、分月預繳的計徵方式，是指本條例第三十八條所列的特定行業職工的工資、薪金所得應納的稅款，按月預繳，自年度終了之日

起30日內，合計其全年工資、薪金所得，再按12個月平均並計算實際應納的稅款，多退少補。

第四十條：稅法第九條第四款所說的由納稅義務人在年度終了後30日內將應納的稅款繳入國庫，是指在年終一次性取得承包經營、承租經營所得的納稅義務人，自取得收入之日起30日內將應納的稅款繳入國庫。

第四十一條：依照稅法第十條的規定，所得為外國貨幣的，應當按照填開完稅憑證的上一月最後1日中國人民銀行公布的外滙牌價，折合成人民幣計算應納稅所得額。依照稅法規定，在年度終了後彙算清繳的，對已經按月或者按次預繳稅款的外用貨幣所得，不再重新折算；對應當補繳稅款的所得部分，按照上一納稅年度最後1日中國人民銀行公布的外滙牌價，折合成人民幣計算應納稅所得額。

第四十二條：稅務機關照稅法第十一條的規定付給扣繳義務人手續費時，應當按月填開收入退還書發給扣繳義務人，扣繳義務人持收入退還書向指定的銀行辦理退庫手續。

第四十三條：個人所得稅納稅申報表、扣繳個人所得稅報告表和個人所得稅完稅憑證式樣，由國家稅務總局統一製定。

第四十四條：稅法和本條例所說的納稅年度，自西元1月1日起到12月31日止。

第四十五條：1994年納稅年度起，個人所得稅依照稅法以及本條例的規定計算徵收。

第四十六條：本條例由財政部會同國家稅務總局解釋。

第四十七條：本條例自發布之日起施行。1987年8月8日國務院發布的「中華人民共和國國務院關於對來華工作的外籍人員工資、薪金所得減徵個人所得稅的暫行規定」同時廢止。

附錄二十四：
中華人民共和國土地增值稅暫行條例
中華人民共和國國務院令第138號

第一條：爲了規範土地、房地產市場交易秩序、合理調節土地增值收
　　　　益、維護國家權益，制定本條例。

第二條：轉讓國有土地使用權，地上的建築物及其附著物（以下簡稱
　　　　轉讓房地產）並取得收入的單位和個人，爲土地增值稅的納
　　　　稅義務人（以下簡稱納稅人），應當依照本條例繳納土地增
　　　　值稅。

第三條：土地增值稅按照納稅人轉讓房地產所取得的增值額和本條例
　　　　第七條規定的稅率計算徵收。

第四條：納稅人轉讓房地產所取得的收入減除本條例第六條規定扣除
　　　　項目金額後的餘額爲增值額。

第五條：納稅人轉讓房地產所取得的收入，包括貨幣收入、實物收入
　　　　和其他收入。

第六條：計算增值額的扣除項目：

　　　　1.取得土地使用權所支付的金額。

　　　　2.開發土地的成本、費用。

　　　　3.新建房及配套設施的成本、費用或者舊房及建築物的評估
　　　　　價格。

　　　　4.與轉讓房地產有關的稅金。

　　　　5.財政部規定的其他扣除項目。

第七條：土地增值稅實行4級超額累進稅率：

增值額未超過扣除項目金額50%的部分，稅率爲30%。

增值額超過扣除項目金額50%的部分，未超過扣除項目金額100%的部分，稅率爲40%。

增值額超過扣除項目金額100%，未超過扣除項目金額200%的部分，稅率爲50%。

增值額超過扣除項目金額200%的部分，稅率爲60%。

第八條：有下列情形之一的，免徵土地增值稅：

1.納稅人建造普通標準住宅出售，增值額未超過扣除項目金額20%的。

2.因國家建設需要依法徵用而收回的房地產。

第九條：納稅人有下列情形之一的，按照房地產評估價格計算徵收：

1.隱瞞、虛報房地產成交價格的。

2.提供扣除項目金額不實的。

3.轉讓房地產的成交價格低於房地產評估價格，又無正當理由的。

第十條：納稅人應當自轉讓房地產合同簽訂之日起7日內向房地產所在地主管稅務機關辦理納稅申報，並在稅務機關核定的期限內繳納土地增值稅。

第十一條：土地增值稅由稅務機關徵收。土地管理部門，房產管理部門應當向稅務機關提供有關資料，並協助稅務機關依法徵收土地增值稅。

第十二條：納稅人未按照本條例繳納土地增值稅的，土地管理部門、房產管理部門不得辦理有關的權屬變更手續。

第十三條：土地增值稅的徵收管理，依據「中華人民共和國稅收徵收管理法」及本條例有關規定執行。

第十四條：本條例由財政部負責解釋，實施細則由財政部制定。

第十五條：本條例自1994年1月1日起施行，各地區的土地增值費徵收
辦法，與本條例相牴觸的，同時停止執行。

附錄二十五：

中華人民共和國印花稅暫行條例

1988年8月6日國務院發布

第一條：在中華人民共和國境內書立，領受本條例所列舉憑證的單位
和個人，都是印花稅的納稅義務人（以下簡稱納稅人），應
當按照本條例規定繳納印花稅。

第二條：下列憑證爲應納稅憑證：

1.購銷、加工承攬、建設工程承包、財產租賃、貨物運輸、
倉儲保管、借款、財產保險、技術合同或者具有合同性質
的憑證。

2.產權轉移書據。

3.營業帳簿。

4.權利、許可證照。

5.經財政部確定徵稅的其他憑證。

第三條：納稅人根據應納稅憑證的性質，分別按比例稅率或者按定額
計算應納稅額。具體稅率、稅額的確定，依照本條例所附
「印花稅稅目稅率表」執行。

應納稅額不足壹角的，免納印花稅。應納稅額不足壹角以上
的，其稅額尾數不滿伍分的不計，滿伍分的按壹角計算繳
納。

第四條：下列憑證免納印花稅：

1.已繳納印花稅的憑證的副本或者抄本。

2.財產所有人將財產贈給政府、社會福利單位、學校所立的
　書據。

3.經財政部批准免稅的其他憑證。

第五條：印花稅實行由納稅人根據規定自行計算應納稅額，購買並一
　　　　次貼足印花稅票（以下簡稱貼花）的繳納辦法。為簡化貼花
　　　　手續，應納稅額較大或者貼花次數頻繁的，納稅人可向稅務
　　　　機關提出申請，採取以繳款書代替貼花或者按期彙總繳納的
　　　　辦法。

第六條：印花稅票應當黏貼在應納稅憑證上，並由納稅人在每枚稅票
　　　　的騎縫處蓋戳註銷或者劃銷。已貼用的印花稅票不得重用。

第七條：應納稅憑證應當於書立或者領受時貼花。

第八條：同一憑證，由兩方或者兩方以上當事人簽訂並各執一份的，
　　　　應當由各方所執的一份各自全額貼花。

第九條：已貼花的憑證，修改後所載金額增加的，其增加部分應當補
　　　　貼印花稅票。

第十條：印花稅由稅務機關負責徵收管理。

第十一條：印花稅票由國家稅務局監製，票面金額以人民幣為單位。

第十二條：發放或者辦理應納稅憑證的單位，負有監督納稅人依法納
　　　　　稅的義務。

第十三條：納稅人有下列行為之一的，由稅務機關根據情節輕重，予
　　　　　以處罰：

　　　　　1.在應納稅憑證上未貼或者少貼印花稅票的，稅務機關除
　　　　　　責令其補貼印花稅票外，可處以應補貼印花稅票金額20
　　　　　　倍以下的罰款。

　　　　　2.違反本條例第六條第一款規定的，稅務機關可處以未註
　　　　　　銷或者劃銷印花稅票金額10倍以下的罰款。

　　　　　3.違反本條例第六條第二款規定的，稅務機關可處以重用

印花稅票金額30倍以下的罰款。

僞造印花稅票的，由稅務機關提請司法機關依法追究刑事責任。

第十四條：印花稅的徵收管理，除本條例規定者外，依照「中華人民共和國稅收管理暫行條例」的有關規定執行。

第十五條：本條例由財政部負責解釋，施行細則由財政部制定。

第十六條：本條例自1988年10月1日起施行。

附件

印花稅稅目稅率表

稅目	範圍	稅率	納稅義務人	說明
1. 購銷合同	包括供應、預應、採購、購銷結合及協作、調劑、補償、易貨等合同	按購銷金額0.3‰貼花	立合同人	
2. 加工承攬合同	包括加工、定作、修繕、修理、印刷、廣告、測繪、測試等合同	按加工或承攬收入0.5‰貼花	立合同人	
3. 建設工程勘查設計合同	包括勘察設計合同	按收取費用0.5‰貼花	立合同人	
4. 建築安裝工程承包合同	包括建築、安裝工程承包合同	按承包金額0.3‰貼花	立合同人	
5. 財產租賃合同	包括租賃房屋、船舶、飛機、機動車輛、機械、器具、設備等	按租賃金額1‰貼花，稅額不足1元的按1元貼花	立合同人	單據作為合同使用的按合同貼花
6. 貨物運輸合同	包括民用航空、鐵路運輸、海上運輸、內河運輸、公路運輸和聯運合同	按運輸費用0.5‰貼花	立合同人	單據作為合同使用的，按合同貼花
7. 倉儲保管合同	包括倉儲保管合同	按倉儲保管費用1‰貼花	立合同人	它單據作為合同使用的，按合同貼花
8. 借款合同	銀行及其他金融組織和借款人（不包括銀行同業拆借）所簽訂的借款合同	按借款金額0.05‰貼花	立合同人	單據作為合同使用的，按合同貼花
9. 財產保險合同	包括財產、責任、保證、信用等保險合同	按投保金額0.3‰貼花	立合同人	單據作為合同使用的，按合同貼花
10. 技術合同	包括技術開發、轉讓等合同	按所載金額0.3‰貼花	立合同人	諮詢、服務貼花
11. 產權轉移	包括財產所有權和專利權、專有技術使用權轉移書據	按所載金額0.5‰貼花	立據人書據	版權、商標貼花
12. 營業帳簿	生產經營用帳冊	記載資金的帳簿按固定資產原值與自有流動資金金額0.5‰貼花，其他帳簿按件貼花5元	立帳簿人	
13. 權利許可證照	包括政府部門發給的房屋產權證、工商營業執照、商標註冊證、專利證、土地使用證	按件貼花5元	領受人	

附錄二十六：
中華人民共和國印花稅暫行條例施行細則
財政部1989年9月29日頒布

第一條：本施行細則依據「中華人民共和國印花稅暫行條例」（以下
　　　　簡稱條例）第十五條的規定制定。

第二條：條例第一條所說的在中華人民共和國境內書立，領受本條例
　　　　所列舉憑證，是指在中國境內其有法律效力，受中國法律保
　　　　護的憑證。

　　　　上述憑證無論在中國境內或者境外書立，均應依照條例規定
　　　　貼花。條例第一條所說的單位和個人，是指國內各類企業、
　　　　事業、機關、團體、部隊以及中外合資企業、合作企業、外
　　　　資企業、外國公司企業和其他經濟及其在華機構等單位和個
　　　　人。凡是繳納工商統一稅的中外合資企業、合作企業、外資
　　　　企業、外國公司企業和其他經濟組織，其繳納的印花稅，可
　　　　以從所繳納的工商統一稅中如數抵扣。

第三條：條例第二條所說的建設工程承包合同，是指建設工程勘察設
　　　　計合同和建築安裝工程承包合同。建設工程承包合同包括總
　　　　合同、分包合同和轉包合同。

第四條：條例第二條所說的合同，是指根據「中華人民共和國經濟合
　　　　同法」、「中華人民共和國涉外經濟合同法」和其他有關合
　　　　同法規訂立的合同。

　　　　具有合同性質的憑證，是指具有合同效力的協議契約、合

約、單據、確認書及其他各種名稱的憑證。

第五條：條例第二條所說的產權轉移書據，是指單位和個人產權的買賣、繼承、贈與、交換、分割等所立的書據。

第六條：條例第二條所說的營業帳簿，是指單位或者個人記載生產經營活動的財務會計核算帳簿。

第七條：稅目稅率表中的記載資金的帳簿，是指載有固定資產原值和自有流動資金的總分類帳簿，或者專門設置的記載固定資產原值和自有流動資金的帳簿。

其他帳簿，是指除上述帳簿以外的帳簿，包括日記帳簿和各明細分類帳簿。

第八條：記載資金的帳簿按固定資產原值和自有流動資金總額貼花後，以後年度資金總額比已貼花資金總額增加的，增加部分應按規定貼花。

第九條：稅目稅率表中自有流動資金的確定，按有關財務會計制度的規定執行。

第十條：印花稅只對稅目稅率表中列舉的憑證和經財政部確定徵稅的其他憑證徵稅。

第十一條：條例第四條所說的已繳納印花稅的憑證的副本或者抄本免納印花稅，是指憑證的正式簽署本已按規定繳納了印花稅，其副本或者抄本對外不發生權利義務關係，僅備存查的免貼印花。以副本或者抄本視同正本使用的，應另貼印花。

第十二條：條例第四條所說的社會福利單位，是指撫養孤老傷殘的社會福利單位。

第十三條：根據條例第四條第三款規定，對下列憑證免納印花稅：

1.國家指定的收購部門與村民委員會，農民個人書立的農副產品收購合同。

2.無息、貼息貸款合同。

3.外國政府或者國際金融機構向中國政府及國家金融機構提供優惠貸款所書立的合同。

第十四條：條例第七條所說的書立或者領受時貼花，是指在合同的簽訂時，書據的立據時，帳簿的啓用時和證照的領受時貼花。如果合同在國外簽訂的，應在國內使用時貼花。

第十五條：條例第八條所說的當事人，是指對憑證有直接權利義務關係的單位和個人，不包括保人、證人、鑒定人。

稅目稅率表中的立合同人，是指合同的當事人，當事人的代理人有代理納稅的義務。

第十六條：產權轉移書據由立據人貼花，如未貼或者少貼印花、書據的持有人應負責補貼印花。所立書據以合同方式簽訂的，應由持有書據的各方分別按全額貼花。

第十七條：同一憑證，因載有兩個或者兩個以上經濟事項而適用不同稅目稅率，如分別記載金額的，應分別計算應納稅額，相加後按合計稅額貼花；如未分別記載金額的，按稅率高的計稅貼花。

第十八條：按金額比例貼花的應稅憑證，未標明金額的，應按照憑證所載數量及國家牌價計算金額；沒有國家牌價的，按市場價格計算金額，然後按規定稅率計算應納稅額。

第十九條：應納稅憑證所載金額爲外國貨幣的，納稅人應按照憑證書立當日的中華人民共和國國家外滙管理局公布的外滙牌價折合人民幣，計算應納稅額。

第二十條：應納稅憑證黏貼印花稅票後應即註銷。納稅人有印章的，加蓋印章註銷；納稅人沒有印章的，可用鋼筆（圓珠筆）劃幾條橫線註銷。註銷標記應與騎縫處相交，騎縫處是指黏貼的印花稅票與憑證及印花稅票之間的交接處。

第二十一條：一份憑證應納稅額超過500元的，應向當地稅務機關申請填寫繳款書或者免稅證，將其中一聯黏貼在憑證上或者由稅務機關在憑證上加註免稅標記代替貼花。

第二十二條：同一種類應納稅憑證，需頻繁貼花的，應向當地稅務機關申請按期彙總繳納印花稅。

稅務機關對核准彙總繳納印花稅的單位，應發給彙繳許可證。彙總繳納的限期限額由當地稅務機關確定，但最長期限不得超過1個月。

第二十三條：凡彙總繳納印花稅的憑證，應加註稅務機關指定的彙繳戳記、編號並裝訂成冊後，將已貼印在或者繳款書的一聯黏附冊後，蓋章註銷，保存備查。

第二十四條：凡多貼印花稅票者，不得申請退稅或者抵用。

第二十五條：納稅人對納稅憑證應妥善保存。憑證的保存期限，凡國家已有明確規定的，按規定辦理；其餘憑證均應在履行完畢後保存1年。

第二十六條：納稅人對憑證不能確定是否應當納稅的，應及時攜帶憑證，到當地稅務機關鑒別。

納稅人和稅務機關對憑證的性質發生爭議的，應檢附該憑證報請上一級稅務機關核定。

第二十七條：條例第十二條所說的發放或者辦理應納稅憑證的單位，是指發放權力、許可證照的單位和辦理憑證的鑒證、公證及其他有關事項的單位。

第二十八條：條例第十二條所說的負有監督納稅人依法納稅的義務，是指發放或者辦理應納稅憑證的單位應對以下納稅事項監督：

1.應納稅憑證是否已黏貼印花。

2.黏貼的印花是否足額。

3.黏貼的印花是否按規定註銷。

對未完成以上納稅手續的，應督促納稅人當場貼花。

第二十九條：印花稅票的票面金額以人民幣為單位，分為壹角、貳角、伍角、壹元、貳元、伍元、拾元、伍拾元、壹佰元9種。

第三十條：印花稅票為有價證券，各地稅務機關應按照國家稅務局制定的管理辦法嚴格管理，具體管理辦法另定。

第三十一條：印花稅票可以委託單位或個人代售，並由稅務機關付給代售金額5%的手續費。支付來源從實徵印花稅款中提取。

第三十二條：凡代售印花稅票者，應先向當地稅務機關提出代售申請，必要時須提供保證人。稅務機關調查核准後，應與代售戶簽訂代售合同，發給代售許可證。

第三十三條：代售戶所售印花稅票取得的稅款，須專戶存儲，並按照規定的期限，向當地稅務機關結報，或者填開專用繳款書直接向銀行繳納。不得逾期不繳或者挪作他用。

第三十四條：代售戶領存的印花稅票及所售印花稅票的稅款，如有損失應負責賠償。

第三十五條：代售戶所領印花稅票，除合同另有規定者外，不得轉託他人代售或者轉至其他地區銷售。

第三十六條：對代售戶代售印花稅票的工作，稅務機關應經常進行指導，檢查和監督。代售戶須詳細提供領售印花稅票的情況，不得拒絕。

第三十七條：印花稅的檢查，由稅務機關執行。稅務人員進行檢查時，應當出示稅務檢查證，納稅人不得以任何藉口加以拒絕。

第三十八條：稅務人員查獲違反條例規定的憑證，應按有關規定處

理。如需要將憑證帶回的，應出具收據，交被檢查人收執。

第三十九條：納稅人違反本細則第二十二條規定，超過稅務機關核定的納稅期限，未繳或者少繳印花稅款的，稅務機關除令其限期補繳款外，並從滯納之日起，按日加收5%的滯納金。

第四十條：納稅人違反本細則第二十三條規定的，酌情處以5,000元以下罰款；情節嚴重的，撤銷其彙繳許可證。

第四十一條：納稅人違反本細則第二十五條規定的，酌情處以5,000元以下罰款。

第四十二條：代售戶違反本細則第三十三條、第三十五條、第三十六條規定的，視其情節輕重給予警告處分或者取消代售資格。

第四十三條：納稅人不按規定貼花、逃避納稅的，任何單位和個人都有權檢舉揭發，經稅務機關查實處理後，可按規定獎勵檢舉揭發人，並爲其保密。

第四十四條：本細則由國家稅務局負責解釋。

第四十五條：本細則與條例同時施行。

附錄二十七：

中華人民共和國中外合資經營企業法

1979年7月1日第五屆全國人民代表大會第二次會議通過，根據
1990年4月4日第七屆全國人民代表大會第三次會議「關於修改
（中華人民共和國中外合資經營企業法）的決定」修正

第一條：中華人民共和國爲了擴大國際經濟合作和技術交流，允許外
　　　　國公司、企業和其他經濟組織或個人（以下簡稱外國合營
　　　　者），按照平等互利的原則，經中國政府批准，在中華人民
　　　　共和國境內，和中國的公司、企業或其他經濟組織（以下簡
　　　　稱中國合營者）共同舉辦合營企業。

第二條：中國政府依法保護外國合營者按照經中國政府批准的協議、
　　　　合同、章程在合營企業的投資，應分得的利潤和其他合法權
　　　　益。

　　　　合營企業的一切活動應遵守中華人民共和國法律、法令和有
　　　　關條例規定。國家對合營企業不實行國有化和徵收；在特殊
　　　　情況下，根據社會公共利益的需要，對合營企業可以依照法
　　　　律程序實行徵收，並給予相應的補償。

第三條：合營各方簽訂的合營協議、合同、章程，應報國家對外經濟
　　　　貿易主管部門（以下稱審查批准機關）審查批准。審查批准
　　　　機關應在3個月內決定批准或不批准，合營企業經批准後，
　　　　向國家工商行政管理主管部門登記，領取營業執照，開始營
　　　　業。

第四條：合營企業的形式爲有限責任公司。在合營企業的註冊資本
　　　　中，外國合營者的投資比例一般不低於25%，合營各方按註
　　　　冊資本比例分享利潤和分擔風險及虧損。合營者的註冊資本

如果轉讓必須經合營各方同意。

第五條：合營企業各方可以現金、實物、工業產權等進行投資。外國合營者作為投資的技術和設備，必須確實是適合中國需要的先進技術和設備。如果有意以落後的技術和設備進行欺騙造成損失的，應賠償損失。

中國合營者的投資可包括為合營企業經營期間提供的場地使用權，如果場地地使用權未作為中國合營者投資的一部分，合營企業應向中國政府繳納使用費。

上述各項投資應在合營企業的合同和章程中加以規定，其價格（場地除外）由合營各方評議商定。

第六條：合營企業設董事會，其人數組成由合營各方協商，在合同、章程中確定，並由合營各方委派和撤換。董事長和副董事長由合營各方協商確定或由董事會選舉產生。中外合營者的一方擔任董事長的，由他方擔任副董事長。董事會根據平等互利的原則，決定合營企業的重大問題。

董事會的職權是按合營企業章程規定，討論決定合營企業的一切重大問題：企業發展規劃、生產經營活動方案、收支預算、利潤分配、勞動工資計劃、停業以及總經理、副總經理、總工程師、總會計師、審計師的任命或聘請及其職權和待遇等。

正副總經理（或正副廠長）由合營各方分別擔任。合營企業職工的僱用、解僱、依法由合營各方的協議、合同規定。

第七條：合營企業獲得的毛利潤，按中華人民共和國稅法規定繳納合營企業所得稅後，扣除合營企業章程規定的儲備基金、職工獎勵及福利基金、企業發展基金，淨利潤根據合營各方註冊資本的比例進行分配。

合營企業依照國家有關稅收的法律和行政法規的規定，可以

享受減稅、免稅的優惠待遇。外國合營者將分得的淨利潤用於在中國境內再投資時，可申請退還已繳納的部分所得稅。

第八條：合營企業應憑營業執照在國家外匯管理機關允許經營外匯業務的銀行或其他金融機構開立外匯帳戶。合營企業的有關外匯事宜，應遵照中華人民共和國外匯管理條例辦理。合營企業在其經營活動中，可直接向外國銀行籌措資金。合營企業的各項保險應向中國的保險公司投保。

第九條：合營企業生產經營計劃，應報主管部門備案，並透過經濟合同方式執行。合營企業所需原材料、燃料、配套件等，應儘先在中國購買，也可由合營企業自籌外匯，直接在國際市場上購買。

鼓勵合營企業向中國境外銷售產品，出口產品可由合營企業直接或與其有關的委託機構向國外市場出售，也可透過中國的外貿機構出售。合營企業產品也可在中國市場銷售。合營企業需要時可在中國境外設立分支機構。

第十條：外國合營者在履行法律和協議、合同規定的義務後分得的淨利潤，在合營企業期滿或者中止時所分得的資金以及其他資金，可按合營企業合同規定的貨幣，按外匯管理條例匯往國外，鼓勵外國合營者將可匯出的外匯存入中國銀行。

第十一條：合營企業的外籍職工的工資收入和其他正當收入，按中華人民共和國稅法繳納個人所得稅後，可按外匯管理條例匯往國外。

第十二條：合營企業的合營期限，按不同行業，不同情況，作不同的約定。有的行業的合營企業，應當約定合營期限，有的行業的合營企業，可以約定合營期限，也可以不約定合營期限。約定合營期限的合營企業，合營各方同意延長合營期限的，應在距合營期滿6個月前向審查批准機關提出申

請。審查批准機關應自接到申請之日起1個月內決定批准或不批准。

第十三條：合營企業如發生嚴重虧損，一方不履行合同和章程規定的義務、不可抗力等，經合營各方協商同意，報請審查批准機關批准，並向國家工商行政管理主管部門登記，可終止合同。如果因違反合同而造成損失的，應由違反合同的一方承擔經濟責任。

第十四條：合營各方發生糾紛，董事會不能協商解決時，由中國仲裁機構進行調解或仲裁，也可由合營各方協議在其他仲裁機構仲裁。

第十五條：本法自公布之日起生效。本法修改權屬於全國人民代表大會。

附錄二十八：
中華人民共和國中外合資經營企業法實施條例
1983年9月20日國務院發布

第一章　總　則

第一條：為了便於「中華人民共和國中外合資經營企業法」以下簡稱「中外合資經營企業法」的順利實施，特制定本條例。

第二條：依照「中外合資經營企業法」批准在中國境內設立的中外合資經營企業（以下簡稱合營企業）是中國的法人，受中國法律的管轄和保護。

第三條：在中國境內設立的合營企業，應能促進中國經濟的發展和科學技術水平的提高，有利於社會主義現代化建設。允許設立合營企業的主要行業是：

1.能源開發、建築材料工業、化學工業、冶金工業。

2.機械製造工業、儀器儀表工業、海上石油開採設備的製造業。

3.電子工業、計算機工業、通訊設備的製造業。

4.輕工業、紡織工業、食品工業、醫藥和醫療器械工業、包裝工業。

5.農業、牧業、養殖業。

6.旅遊和服務業。

第四條：申請設立的合營企業應注重經濟效益，符合下列一項或數項

要求：

1. 採用先進技術設備和科學管理方法，能增加產品品種，提高產品質量和產量，節約能源和材料。

2. 有利於企業技術改造，能做到投資少、見效快、收益大。

3. 能擴大產品出口，增加外匯收入。

4. 能培訓技術人員和經營管理人員。

第五條：申請設立合營企業有下列情況之一的，不予批准：

1. 有損中國主權的。

2. 違反中國法律的。

3. 不符合中國國民經濟發展要求的。

4. 造成環境污染的。

5. 簽訂的協議、合同、章程顯屬不公平、損害合營一方權益的。

第六條：除另有規定外，中國合營者的政府主管部門就是合營企業的主管部門（以下簡稱企業主管部門）。如合營企業有兩個或兩個以上的中國合營者並隸屬於不同的部門或地區時，應由有關部門和地區協商確定一個企業主管部門。

企業主管部門對合營企業負指導、幫助和監督的責任。

第七條：在中國法律、法規和合營企業協議、合同、章程規定的範圍內，合營企業有權自主地進行經營管理，各有關部門應給予支持和幫助。

第二章　設立與登記

第八條：在中國境內設立合營企業，必須經中華人民共和國對外經濟貿易部（以下簡稱對外經濟貿易部）審查批准。批准後，由對外經濟貿易部發給批准證書。

凡具備下列條件的，對外經濟貿易部得委託有關的省、自治

區、直轄市人民政府或國務院有關部、局（以下簡稱受託機構）審批：

1. 投資總額在國務院規定的金額內，中國合營者的資金來源已落實的。

2. 不需要國家增撥原材料，不影響燃料、動力、交通運輸、外貿出口配額等的全國平衡的。

受託機構批准設立合營企業後，應報對外經濟貿易部備案，並由對外經濟貿易部發給批准證書。

（對外經濟貿易部和受託機構，以下統稱為審批機構。）

第九條：設立合營企業按下列程序辦理：

1. 由中國合營者向企業主管部門呈報擬與外國合營者設立合營企業的項目建議書和初步可行性研究報告。該建議書與初步可行性研究報告，經企業主管部門審查同意並轉報審批機構批准後，合營各方才能進行以可行性研究為中心的各項工作，在此基礎上商簽合營企業協議、合同、章程。

2. 申請設立合營企業，由中國合營者負責向審批機構報送下列正式文件：

   ・設立合營企業的申請書

   ・合營各方共同編製的可行性研究報告

   ・由合營各方授權代表簽署的合營企業協議、合同和章程

   ・由合營各方委派的合營企業董事長、副董事長、董事人選名單

   ・中國合營者的企業主管部門和合營企業所在地的省、自治區、直轄市人民政府對設立該合營企業簽署的意見

上列各項文件必須用中文書寫，其中合管各方共同編製的可行性研究報告；由合營各方授權代表簽署的合營企業協議、合同和章程；由合營各方委派的合營企業董事長、副董事

長、董事人選名單等文件可同時用合營各方商定的一種外文書寫，兩種文字書寫的文件具有同等效力。

第十條：審批機構自接到本條例第九條第2項規定的全部文件之日起，3個月內決定批准或不批准。審批機構如發現前述文件有不當之處，應要求限期修改，否則不予批准。

第十一條：申請者應在收到批准證書後1個月內，按「中華人民共和國中外合資經營企業登記管理辦法」的規定，憑批准證書向合營企業所在地的省、自治區、直轄市工商行政管理局（以下簡稱登記機構）辦理登記手續。合營企業的營業執照簽發日期，即為該合營企業的成立日期。

第十二條：外國投資者有意在中國設立合營企業，但無中國方面具體合作對象的，可提出合營項目的初步方案，委託中國國際信託投資公司或有關省、自治區、直轄市的信託投資機構和有關政府部門、民間組織介紹合作對象。

第十三條：本章所述的合營企業協議，是指合營各方對設立合營企業的某些要點和原則達成一致意見而訂立的文件。合營企業合同，是指合營各方為設立合營企業就相互權利、義務關係達成一致意見而訂立的文件。

合營企業章程，是按照合營企業合同規定的原則，經合營各方一致同意，規定合營企業的宗旨，組織原則和經營管理方法等事項的文件。合營企業協議與合營企業合同有牴觸時，以合營企業合同為準。經合營各方同意，也可以不訂立合營協議而只訂立合營企業合同、章程。

第十四條：合營企業合同應包括下列主要內容：

1.合營各方的名稱、註冊國家、法定地址和法定代表的姓名、職務，國籍。

2.合營企業名稱、法定地址、宗旨、經營範圍和規模。

　　3.合營企業的投資總額、註冊資本、合營各方的出資額、
　　　出資比例、出資方式、出資的繳付期限以及出資額欠
　　　繳、轉讓的規定。

　　4.合營各方利潤分配和虧損分擔的比例。

　　5.合營企業董事會的組成、董事名額的分配以及總經理、
　　　副總經理及其他高級管理人員的職責、權限和聘用辦
　　　法。

　　6.採用的主要生產設備、生產技術及其來源。

　　7.原材料購買和產品銷售方式，產品在中國境內和境外銷
　　　售的比例。

　　8.外匯資金收支的安排。

　　9.財務會計、審計的處理原則。

　　10.有關勞動管理、工資、福利、勞動保險事項的規定。

　　11.合營企業期限、解散及清算程序。

　　12.違反合同的責任。

　　13.解決合營各方之間爭議的方式和程序。

　　14.合同文本採用的文字和合同生效的條件。

　　合營企業合同的附件，與合營企業合同具有同等效力。

第十五條：合營企業合同的訂立、效力、解釋、執行及其爭議的解
　　　　　決，均應適用中國的法律。

第十六條：合營企業章程應包括下列主要內容：

　　1.合營企業名稱及法定地址。

　　2.合營企業的宗旨、經營範圍和合營期限。

　　3.合營各方的名稱、註冊國家、法定地址、法定代表的姓
　　　名、職務、國籍。

　　4.合營企業的投資總額、註冊資本、合營各方的出資額、
　　　出資比例、出資額轉讓的規定、利潤分配和虧損分擔的

比例。

   5.董事會的組成、職權和議事規則、董事的任期、董事長、副董事長的職責。

   6.管理機構的設置、辦事規則、總經理、副總經理及其他高級管理人員的職責和任免方法。

   7.財務、會計、審計制度的原則。

   8.解散和清算。

   9.章程修改的程序。

第十七條：合營企業協議、合同和章程經審批機構批准後生效，其修改時亦同。

第十八條：審批機構和登記管理機構對合營企業合同、章程的執行負有監督檢查的責任。

第三章　組織形式與註冊資本

第十九條：合營企業為有限責任公司。合營各方對合營企業的責任以各自認繳的出資額為限。

第二十條：合營企業的投資總額（含企業借款），是指按照合營企業合同、章程規定的生產規模需要投入的基本建設資金和生產流動資金的總和。

第二十一條：合營企業的註冊資本，是指為設立合營企業在登記管理機構登記的資本總額，應為合營各方認繳的出資額之和。合營企業的註冊資本一般應以人民幣表示，也可以用合營各方約定的外幣表示。

第二十二條：合營企業在合營期內不得減少其註冊資本。

第二十三條：合營一方如向第三者轉讓其全部或部分出資額，須經合營他方同意，並經審批機構批准。合營一方轉讓其全部或部分出資額時，合營他方有優先購買權，合營一方向

第三者轉讓出資額的條件，不得比照合營他方轉讓的條件優惠。違反上述規定的，其轉讓無效。

第二十四條：合營企業註册資本的增加、轉讓或以其他方式處理，應由董事會會議通過，並報原審批機構批准，向原登記管理機構辦理變更登記手續。

第四章　出資方式

第二十五條：合營者可以用貨幣出資，也可以用建築物、廠房、機器設備或其他物料、工業產權、專有技術、場地使用權等作價出資。以建築物、廠房、機器設備或其他物料、工業產權、專有技術作爲出資的，其作價由合營各方按照公平合理的原則協商確定，或聘請合營各方同意的第三者評定。

第二十六條：外用合營者出資的外幣，按繳款當日中華人民共和國國家外匯管理局（以下簡稱國家外匯管理局）公布的外匯牌價折算成人民幣或套算成約定的外幣。中國合營者出資的人民幣現金如需折合外幣，按繳款當日國家外匯管理局公布的外匯牌價折算。

第二十七條：作爲外國合營者出資的機器設備或其他物料，必須符合下列各項條件：

　　1.爲合營企業生產所必不可少的。

　　2.中國不能生產或雖能生產但價格過高，或是在技術性能和供應時間上不能保證需要的。

　　3.作價不得高於同類機器設備或其他物料當時國際市場價格。

第二十八條：作爲外國合營者出資的工業產權或專有技術，必須符合下列條件之一：

1.能生產中國急需的新產品或出口適銷產品的。

2.能顯著改進現有產品的性能、質量、提高生產效率的。

3.能顯著節約原材料、燃料、動力的。

第二十九條：外國合營者以工業產權或專有技術作爲出資，應提交該工業產權或專有技術的有關資料，包括專利證書或商標註冊證書的複製件、有效狀況及其技術特性、實用價值，作價的計算根據與中國合營者簽訂的作價協議等有關文件，作爲合營合同的附件。

第三十條：外國合營者作爲出資的機器設備或其他物料、工業產權或專有技術，應經中國合營者的企業主管部門審查同意，報審批機構批准。

第三十一條：合營各方應按合同規定的期限繳淸各自的出資額，逾期未繳或未繳淸的，應按合同規定支付遲延利息或賠償損失。

第三十二條：合營各方繳付出資額後，應由中國註冊的會計師驗證，出具驗資報告後，由合營企業據以發給出資證明書。出資證明書載明下列事項：合營企業名稱；合營企業成立的年、月、日；合營者名稱（或姓名）及其出資額，出資的年、月、日；發給出資證明書的年、月、日。

第五章　董事會與經營管理機構

第三十三條：董事會是合營企業的最高權力機構，決定合營企業的一切重大問題。

第三十四條：董事會成員不得少於3人。董事名額的分配由合營各方參照出資比例協商確定。董事由合營各方委派，董事長由中國合營者委派，副董事長由外國合營者委派。董事

的任期為4年，經合營各方繼續委派可以連任。

第三十五條：董事會議每年至少召開一次，由董事長負責召集並主持。董事長不能召集時，由董事長委託副董事長或其他董事負責召集並主持董事會會議。經1/3以上董事提議，可由董事長召開董事會臨時會議。董事會會議應有2/3以上董事出席方能舉行，董事不能出席，可出具委託書委託他人代表其出席和表決。董事會會議一般應在合營企業法定地址所在地舉行。

第三十六條：下列事項由出席董事會會議的董事一致通過方可作出決議：

1.合營企業章程的修改。

2.合營企業的中止、解散。

3.合營企業註冊資本的增加、轉讓。

4.合營企業與其他經濟組織的合併。

其他事項，可以根據合營企業章程載明的議事規則作出決議。

第三十七條：董事長是合營企業的法定代表。董事長不能履行職責時，應授權副董事長或其他董事代表合營企業。

第三十八條：合營企業設經營管理機構，負責企業的日常經營管理工作。經營管理機構設總經理1人，副總經理若干人，副總經理協助總經理工作。

第三十九條：總經理執行董事會會議的各項決議，組織領導合營企業的日常經營管理工作。在董事會授權範圍內，總經理對外代表合營企業，對內任免下屬人員，行使董事會授予的其他職權。

第四十條：總經理、副總經理由合營企業董事會聘請，可以由中國公民擔任，也可以由外國公民擔任，經董事會聘請，董事

長、副董事長、董事可以兼任合營企業的總經理、副總經理或其他高級管理職務。總經理處理主要問題時，應同副總經理協商，總經理或副線總經理不得兼任其他經濟組織的總經理或副總經理，不得參與其他經濟組織對本企業的商業競爭。

第四十一條：總經理、副總經理及其他高級管理人員有營私舞弊或嚴重失職行為的，經董事會決議可以隨時解聘。

第四十二條：合營企業需要在國外和港、澳地區設立分支機構（含銷售機構）時，應報對外經濟貿易部批准。

第六章　引進技術

第四十三條：本章所說的引進技術，是指合營企業透過技術轉讓的方式，從第三者或合營者獲得所需要的技術。

第四十四條：合營企業引進的技術應是適用的、先進的，使其產品在國內具有顯著的社會經濟效益或在國際市場上具有競爭能力。

第四十五條：在訂立技術轉讓協議時，必須維護合營企業獨立進行經營管理的權利，並參照本條例第二十九條的規定，要求技術輸出方提供有關的資料。

第四十六條：合營企業訂立的技術轉讓協議，應經企業主管部門審查同意並報審批機構批准。技術轉讓協議必須符合以下規定：

　　1.技術使用費應公平合理，一般應採取提成方式支付。採取提成方式支付技術使用費時，提成率不得高於國際上通常的水平。提成率應按由該技術所生產產品的淨銷售額或雙方協議的其他合理方式計算。

　　2.除雙方另有協議外，技術輸出方不得限制技術輸入方

出口其產品的地區、數量和價格。

3.技術轉讓協議的期限一般不超過10年。

4.技術轉讓協議期滿後，技術輸入方有權繼續使用該項技術。

5.訂立技術轉讓協議雙方，相互交換改進技術的條件應對等。

6.技術輸入方有權按自己認爲合適的來源購買需要的機器設備、零部件和原材料。

7.不得含有爲中國的法律、法規所禁止的不合理的限制性條款。

第七章　場地使用權及其費用

第四十七條：合營企業使用場地，必須貫徹執行節約用地的原則。所需場地，應由合營企業向所在地的市（縣）級土地主管部門提出申請，經審查批准後，透過簽訂合同取得場地使用權。合同應訂明場地面積、地點、用途、合同期限、場地使用權的費用（以下簡稱場地使用費）、雙方的權利與義務、違反合同的罰則等。

第四十八條：合營企業所需場地的使用權，如已爲中國合營者擁有，則中國合營者可將其作爲對合營企業的出資，其作價金額應與取得同類場地使用權所應繳納的使用費相同。

第四十九條：場地使用費標準應根據該場地的用途、地理環境條件、徵地拆遷安置費用和合營企業對基礎設施的要求等因素，由所在地的省、自治區、直轄市人民政府規定，並向對外經濟貿易部和國家土地主管部門備案。

第五十條：從事農業、畜牧業的合營企業，經所在地的省、自治區、直轄市人民政府同意，可按合營企業營業收入的百分比向

所在地的土地主管部門繳納場地使用費。在經濟不發達地
區從事開發性的項目，場地使用費經所在地人民政府同
意，可以給予特別優惠。

第五十一條：場地使用費在開始用地的5年內不調整。以後隨著經濟
的發展、供需情況的變化和地理環境條件的變化需要調
整時，調整的間隔期應不少於3年，場地使用費作為中
國合資者投資的，在該合同期限內不得調整。

第五十二條：合營企業按本條例第四十七條取得的場地使用權，其場
地使用費應按合同規定的用地時間從開始起按年繳納，
第一日歷年用地時間超過半年的按半年計算，不足半年
的免繳。在合同期內，場地使用費如有調整，應自調整
的年度起按新的費用標準繳納。

第五十三條：合營企業對於准予使用的場地，只有使用權，沒有所有
權，其使用權不得轉讓。

第八章　計劃、購買與銷售

第五十四條：合營企業的基本建設計劃（包括施工力量、各種建築材
料、水、電、氣等），應根據批准的可行性研究報告編
製，並納入企業主管部門的基本建設計劃，企業主管部
門應優先予以安排和保證實施。

第五十五條：合營企業的基本建設資金，由合營企業的開戶銀行統一
管理。

第五十六條：合營企業按照合營合同規定的經營範圍和生產規模所制
定的生產經營計劃，由董事會核准執行，報企業主管部
門備案。企業主管部門和各級計劃管理部門，不對合營
企業下達指令性生產經營計劃。

第五十七條：合營企業所需的機器設備、原材料、燃料、配套件、運

輸工具和辦公用品等（以下簡稱物資），有權自行決定在中國購買或向國外購買，但在同等條件下應儘量先在中國購買。

第五十八條：合營企業在中國購買的物資，其供應渠道如下：

1. 屬於計劃分配的物資，納入企業主管部門供應計劃，由物資、商業部門或生產企業按合同保證供應。
2. 屬於物資，商業部門經營的物資，向有關的物資經營單位購買。
3. 屬於市場自由流通的物資，向生產企業或其經銷、代銷機構購買。
4. 屬於外貿公司經營的出口物資，向有關的外貿公司購買。

第五十九條：合營企業需要在中國購置的辦公、生活用品，按需要量購買，不受限制。

第六十條：中國政府鼓勵合營企業向國際市場銷售其產品。

第六十一條：合營企業生產的產品，屬於中國急需的或中國需要進口的，可以在中國國內市場銷售為主。

第六十二條：合營企業有權自行出口其產品，也可以委託外國公營者的銷售機構或中國的外貿公司代銷或經銷。

第六十三條：合營企業在合營合同規定的經營範圍內，進口本企業生產所需的機器設備、零配件、原材料、燃料，凡屬國家需要領取進口許可證的，每年編製一次計劃，每半年申領一次。外國合營者作為出資的機器設備或其他物料，可憑審批機構的批准文件直接辦理進口許可證進口。超出合營合同規定範圍進口的物資，凡國家規定需要領取進口許可證的，應另行申領。

合營企業生產的產品，可自主經營出口，凡屬國家規定

需要領取出口許可證的，合營企業按本企業的年度出口計劃，每半年申領一次。

第六十四條：合營企業在中國銷售產品，按下列辦法辦理：

1.屬於計劃分配的物資，透過企業主管部門列入物資管理部門的分配計劃，按計劃銷售給指定的用戶。

2.屬於物資、商業部門經營的物資，由物資、商業部門向合營企業訂購。

3.上述兩類物資的計劃收購外的部分，以及不屬於上述兩類的物資，合營企業有權自行銷售或委託有關單位代銷。

4.合營企業出口的產品，如屬中國的外貿公司所要進口的物資。合營企業可向中國的外貿公司銷售，收取外匯。

第六十五條：合營企業向國內購買物資和所需服務，其價格按下列規定執行：

1.用於直接生產出口產品的金、銀、鉑、石油、煤炭、木材6種原料，按照國家外匯管理局或外貿部門提供的國際市場價格計價，以外幣或人民幣支付。

2.購買中國的外貿公司經營的出口商品或進口商品，由供需雙方參照國防市場價格協商定價，以外幣支付。

3.購買用於生產在中國國內銷售產品所需的燃料用煤、車輛用油和除本條第1項、第2項所列的其他物資的價格，以及為合營企業提供水、電、氣、熱、貨物運輸、勞務、工程設計、諮詢服務、廣告等收取的費用，應與國營企業同等待遇，以人民幣支付。

第六十六條：合營企業在中國國內銷售的產品，除經物價管理部門批准可以參照國際市場價格定價的以外，應執行國家規定

價格，實行按質論價，收取人民幣。合營企業制定的產品銷售價格，應報企業主管部門和物價管理部門備案。合營企業的出口產品價格，由合營企業自行制定，報企業主管部門和物價管理部門備案。

第六十七條：合營企業與中國其他經濟組織之間的經濟往來，按照有關的法律規定和雙方訂立的合同承擔經濟責任，解決合同爭議。

第六十八條：合營企業必須按照有關規定，填報生產、供應、銷售的統計表，報企業主管部門、統計部門和其他有關部門備案。

第九章　稅務

第六十九條：合營企業應按照中華人民共和國有關法律的規定繳納各種稅款。

第七十條：合營企業的職工應根據「中華人民共和國個人所得稅法」繳納個人所得稅。

第七十一條：合營企業進口下列物資免徵關稅和工商統一稅：

　　1.按照合同規定作為外國合營者出資的機器設備、零部件和其他物料（其他物料係指合營企業建廠（場）以及安裝、加固機器所需材料，下同）。

　　2.合營企業以投資總額內的資金進口的機器、設備、零部件和其他物料。

　　3.經審批機構批准，合營企業以增加資本所進口的國內不能保證生產供應的機器設備、零部件和其他物料。

　　4.合營企業為生產出口產品，從國外進口的原材料、輔料、元器件、零部件和包裝物料。

　　上述免稅進口物資，經核准在中國國內轉賣或轉用於

在中國國內銷售的產品，應照常納稅或補稅。

第七十二條：合營企業生產的出口產品，除國家限制出口的以外，經中華人民共和國財政部批准，可免徵工商統一稅，合營企業生產的內銷產品，在開辦初期納稅有困難的，可以申請在一定期限內減徵或免徵工商統一稅。

第十章　外匯管理

第七十三條：合營企業的一切外匯事宜，按「中華人民共和國外匯管理暫行條例」和有關管理辦法的規定辦理。

第七十四條：合營企業憑中華人民共和國國家工商行政管理局發給的營業執照，在中國銀行或指定的其他銀行開立外幣存款帳戶和人民幣存款帳戶，由開戶銀行監督收付。

合營企業的一切外匯收入，都必須存入其開戶銀行的外匯存款帳戶；一切外匯支出，從其外匯存款帳戶中支付，存款利率按中國銀行公布的利率執行。

第七十五條：合營企業的外匯收支一般應保持平衡，根據批准的合營企業的可行性研究報告、合同、產品以內銷為主而外匯不能平衡的，由有關省、自治區、直轄市人民政府或國務院主管部門在留成外匯中調劑解決，不能解決的，由對外經濟貿易部會同中華人民共和國國家計劃委員會審批後納入計劃解決。

第七十六條：合營企業在國外或港、澳地區的銀行開立外匯存款帳戶，應經國家外匯管理局或其分局批准，並向國家外匯管理局或其分局報告收付情況和提供銀行對帳單。

第七十七條：合營企業在國外或港、澳地區設立的分支機構，凡當地有中國銀行的，應在中國銀行開立帳戶，其年度資產負債表和年度利潤表，應透過合營企業報送國家外匯管理

局或其分局。

第七十八條：合營企業根據經營業務的需要，可以按「中國銀行辦理
　　　　　　中外合資經營企業貸款暫行辦法」向中國銀行申請外匯
　　　　　　貸款和人民幣貸款。對合營企業的貸款利率按中國銀行
　　　　　　公布的利率執行。合營企業也可以從國外或港、澳地區
　　　　　　的銀行借入外匯資金，但必須向國家外匯管理局或其分
　　　　　　局備案。

第七十九條：合營企業的外籍職工和港、澳職工的工資和其他正當收
　　　　　　益依法納稅後，減去在中國境內使用的花費，其剩餘部
　　　　　　分可以向中國銀行申請全部匯出。

第十一章　財務與會計

第八十條：合營企業的財務與會計制度，應根據中國有關法律和財務
　　　　　會計制度的規定，結合合營企業的情況加以制定，並報當
　　　　　地財政部門稅務機關備案。

第八十一條：合營企業設總會計師，協助總經理負責主持企業的財務
　　　　　　會計工作，必要時可設副總會計師。

第八十二條：合營企業設審計師（小的企業可不設），負責審查、稽
　　　　　　核合營企業的財務收支和會計帳目，向董事會、總經理
　　　　　　提出報告。

第八十三條：合營企業會計年度採用日曆年制，自西元每年1月1日起
　　　　　　至12月31日止為一個會計年度。

第八十四條：合營企業會計採用國際通用的權責發生制和借貸記帳法
　　　　　　記帳。一切自製憑證、帳簿，報表必須用中文書寫，也
　　　　　　可以同時用合營各方商定的一種外文書寫。

第八十五條：合營企業原則上採用人民幣為記帳本位幣，經合營各方
　　　　　　商定，也可以採用某一種外國貨幣為本位幣。

第八十六條：合營企業的帳目除按記帳本位幣記錄外，對於現金、銀行存款、其他貨幣款項以及債權債務、收益和費用等，如與記帳本位幣不一致時，還應按實際收付的貨幣記帳，以外國貨幣記帳的合營企業，除編製外幣的會計報表外；還應另編折合爲人民幣的會計報表。

因匯率的差異而發生的匯兌損益，應以實現數爲準，作爲本年損益列帳，記帳匯率變動，有關外幣各帳戶的帳面餘額，均不作調整。

第八十七條：合營企業按照「中華人民共和國中外合資經營企業所得稅法」繳納所得稅後的利潤分配原則如下：

1. 提取儲備基金、職工獎勵及福利基金、企業發展基金，提取比例由董事會確定。

2. 儲備基金除用於墊補合營企業虧損外，經審批機構批准也可以用於本企業增加資本、擴大生產。

3. 按本條第1項規定提取三項基金後的可分配利潤，如董事會確定分配，應按照合營各方出資比例進行分配。

第八十八條：以前年度的虧損未彌補前不得分配利潤，以前年度未分配的利潤，可並入本年度利潤分配。

第八十九條：合營企業應向合營各方、當地稅務機關、企業主管部門和同級財政部門報送季度和年度會計報表。年度會計報表應抄報原審批機構。

第九十條：合營企業的下列文件、證件、報表，應經中國註冊的會計師驗證和出具證明，方爲有效：

1. 合營各方的出資證明書（以物料、場地使用權、工業產權、專有技術作爲出資的，應包括合營各方簽字同意的財產估價清單及其協議文件）。

2. 合營企業的年度會計報表。

　　　　3.合營企業清算的會計報表。

第十二章　職　工

第九十一條：合營企業職工的招收、招聘、辭退、辭職、工資、福
　　　　　利、勞工保險、勞工保護、勞工紀律等事宜,按照「中
　　　　　華人民共和國中外合資經營企業勞動管理規定」辦理。

第九十二條：合營企業應加強對職工的業務、技術培訓,建立嚴格的
　　　　　考核制度,使他們在生產、管理技能方面能夠適應現代
　　　　　化企業的要求。

第九十三條：合營企業的工資、獎勵制度必須符合按勞分配、多勞多
　　　　　得的原則。

第九十四條：正副總經理、正副工程師、正副總會計師、審計師等高
　　　　　級管理人員的工資待遇,由董事會決定。

第十三章　工　會

第九十五條：合營企業職工有權按照「中華人民共和國工會法」(以
　　　　　下簡稱「中國工會法」)和「中國工會章程」的規定建
　　　　　立基層工會組織,開展工會活動。

第九十六條：合營企業工會是職工利益的代表,有權代表職工與合同
　　　　　企業簽訂勞動合同,並監督合同的執行。

第九十七條：合營企業工會的基本任務是:依法維護職工的民主權利
　　　　　和物質利益;協助合營企業安排和合理使用福利、獎勵
　　　　　基金;組織職工學習政治、業務、科學、技術和業務知
　　　　　識,開展文藝、體育活動;教育職工遵守勞動紀律,努
　　　　　力完成企業的各項經濟任務。

第九十八條：合營企業董事會會議討論合營企業的發展規劃、生產經
　　　　　營活動等重大事項時,工會的代表有權列席會議,反映

職工的意見和要求。在董事會會議研究決定有關職工獎懲、工資制度、生活福利、勞動保護和保險等問題時，工會的代表有權列席會議，董事會應聽取工會的意見，取得工會的合作。

第九十九條：合營企業應積極支持本企業工會的工作。合營企業應按照「中國工會法」的規定為工會組織提供必要的房屋和設備，用於辦公、會議、舉辦職工集體福利、文化、體育事業。合營企業每月按企業職工實際工資總額的2%撥交工會經費，由本企業工會按照中華全國總工會制定的有關工會經費管理辦法使用。

第十四章　期限、解散與清算

第一百條：合營企業的合營期限，根據不同行業和項目的具體情況，由合營各方協商決定。一般項目的合營期限原則上為10年至30年，投資大、建設周期長、資金利潤低的項目，合營期限也可以在30年以上。

第一百零一條：合營企業的合營期限，由合營各方在合營企業協議、合同、章程中作出規定。合營期限從合營企業營業執照簽發之日起算。合營各方如同意延長合營期限，應在合營期滿前6個月，向審批機構報送由合營各方授權代表簽署的延長合營期限的申請書。審批機構應在接到申請書之日起1個月內予以批覆。

合營企業經批准延長合營期限後，應按照「中華人民共和國中外合資經營企業登記管理辦法」的規定，辦理變更登記手續。

第一百零二條：合營企業在下列情況下解散：

1.合營期限屆滿。

2.企業發生嚴重虧損，無力繼續經營。

3.合營一方不履行合營企業協議、合同、章程規定的義務，致使企業無法繼續經營。

4.因自然災害、戰爭等不可抗力遭受嚴重損失，無法繼續經營。

5.合營企業未達到其經營目的，同時又無發展前途。

6.合營企業合同、章程所規定的其他解散原因已經出現。

本條第2項、第3項、第4項、第5項、第6項情況發生，應由董事會提出解散申請書，報審批機構批准。在本條第3項情況下，不履行合營企業協議、合同、章程規定的義務一方，應對合營企業由此造成的損失負賠償責任。

第一百零三條：合營企業宣告解散時，董事會應提出清算的程序、原則和清算委員會人選，報企業主管部門審核並監督清算。

第一百零四條：清算委員會的成員一般應在合營企業的董事中選任。董事不能擔任或不適合擔任清算委員會成員時，合營企業可聘請在中國註冊的會計師、律師擔任。審批機構認為必要時可以派人進行監督。清算費用和清算委員會成員的酬勞應從合營企業現存財產中優先支付。

第一百零五條：清算委員會的任務是對合營企業的財產、債權、債務進行全面清查、編製資產負債表和財產目錄、提出財產作價和計算依據、制定清算方案，提請董事會會議通過後執行。清算期間，清算委員會代表該合營企業起訴和應訴。

第一百零六條：合營企業以其全部資產對其債務承擔責任，合營企業

清償債務後的剩餘財產按照合營各方的出資比例進行分配，但合營企業協議、合同、章程另有規定的除外。合營企業解散時，其資產淨額或剩餘財產超過註冊資本的增值部分視同利潤，應依法繳納所得稅。外國合營者分得的資產淨額或剩餘財產超過其出資額的部分，在匯往國外時應依法繳納所得稅。

第一百零七條：合營企業的清算上年結束後，由清算委員會提出清算結束報告，提請董事會會議通過後，報告原審批機構，並向原登記管理機構辦理註銷登記手續，繳銷營業執照。

第一百零八條：合營企業解散後，各項帳册及文件應由原中國合營者保存。

第十五章　爭議的解決

第一百零九條：合營各方如在解釋或履行合營企業協議、合同、章程時發生爭議，應盡量透過友好協商或調解解決。如經過協商或調解無效，則提請仲裁或司法解決。

第一百一十條：合營各方根據有關仲裁的書面協議，提請仲裁。可以在中國國際貿易促進委員會對外經濟貿易仲裁委員會仲裁，按該會的仲裁程序規則進行。如當事各方同意，也可以在被訴一方所在國或第三國的仲裁機構仲裁，按該機構的仲裁程序規則進行。

第一百一十一條：如合營各方之間沒有仲裁的書面協議，發生爭議的任何一方都可以依法向中國人民法院起訴。

第一百一十二條：在解決爭議期間，除爭議事項外，合營各方應繼續履行合營企業協議、合同、章程所規定的其他各項條款。

第十六章　附　則

第一百一十三條：合營企業的外籍職工和港、澳職工（包括其家屬），需要經常入、出中國國境的，中國主管簽證機關可簡化手續，予以方便。

第一百一十四條：合營企業的中國職工，因工作需要出國考察、洽談業務、學習或接受培訓，由企業主管部門負責申請並辦理出國手續。

第一百一十五條：合營企業的外籍職工和港、澳職工，可帶進必需的交通工具和辦公用品，按規定繳納關稅和工商統一稅。

第一百一十六條：在經濟特區設立的合營企業，如全國人民代表大會、全國人民代表大會常務委員會或國務院通過的法律、法規另有規定的，從其規定。

第一百一十七條：本條例的解釋權授予對外經濟貿易部。

第一百一十八條：本條例自公布之日起實施。

附錄二十九：

對外經濟貿易部關於「中華人民共和國中外合資經營企業法實施條例」第七十一條的解釋

1985年2月25日（85）文經貿法字第34號

「實施條例」第七十一條規定：「合營企業進口下列物資免徵關稅和工商統一稅：

　　1.按照合同規定作爲外國合營者出資的機器設備、零部件和其他物料（其他物料係指合營企業建廠（場）以及安裝、加固機器所需材料，下同）。

　　2.合營企業以投資總額內的資金進口的機器設備、零部件和其他物料。

　　3.經審批機構批准，合營企業以增加資本所進口的國內不能保證生產供應的機器設備、零部件和其他物料。

　　4.合營企業爲生產出口產品，從國外進口的原材料、輔料、元器件、零部件和包裝物料。

　　上述免稅進口物資，經批准在中國國內轉賣或轉用於在中國國內銷售的產品，應照章納稅或補稅。

　　解釋：關於中外合資建造經營旅遊賓館在投資（含增資）總額內進口物資，原則上也應按「實施條例」第七十一條規定辦理。根據旅遊賓館的特點，對其進口的物資免稅的範圍解釋如下：

　　1.建造旅遊賓館所需的各種機器設備、建築材料。

　　2.經營管理設備。

　　3.客房設備、用具。

4.廚房設備、用具。

5.文娛活動設備、用具（健康的）。

6.自用的合理數量的交通運輸工具（經營出租業務的除外）。

下列物資進口時應照章納稅：

1.辦公用品。

2.各種消耗性物品。

附錄三十：
對外經濟貿易部關於「中華人民共和國中外合資經營企業法實施條例」第七十四條的解釋
1985年5月3日（85）外經貿法字第30號

「實施條例」第七十四條規定：「合營企業憑中華人民共和國國家工商行政管理局發給的營業執照，在中國銀行或指定的其他銀行開立外幣存款帳戶和人民幣存款帳戶，由開戶銀行監督收付。合營企業的一切外匯收入，都必須存入其開戶銀行的外匯存款帳戶；一切外匯支出，從其外匯存款帳戶中支付，存款利率按中國銀行公布的利率執行。」

　　解釋：合營企業是設在中國境內的企業，應在中國境內的中國銀行或指定的其他銀行開立外幣帳戶和人民幣帳戶，其收付受開戶銀行監督。指定的其他銀行係指國家外匯管理局或其分局指定的銀行。合營企業申請開戶時，須提供工商行政管理局發給的營業執照。經審批機構批准的合營企業，在未領到營業執照前，如需辦理收付，經國家外匯管理局或其分局批准，可以開立臨時存款帳戶。

　　合營企業的一切外匯收入，都必須存入其開戶銀行的外匯存款帳戶，一切外匯支出，從其外匯存款帳戶中支付，存款利率按國家規定的利率執行。

國務院關於「中華人民共和國中外合營經營企業法實施條例」第一百條的修訂

1986年1月15日國務院修訂：國發（1986）6號

　　國務院於1983年9月20日發布的「中華人民共和國中外合資經營企業法實施條例」第一百條規定：「合營企業的合營期限，根據不同行業和項目的具體情況，由合營各方協商決定。一般項目的合營期限原則上爲10年至30年。投資大、建設周期長、資金利潤率低的項目，合營期限也可以在30年以上。」現修改爲：「合營企業的合營期限，根據不同行業和項目的具體情況，由合營各方協商決定。一般項目的合營期限爲10年至30年。投資大、建設周期長、資金利潤低的項目，由外國合營者提供先進技術或關鍵技術生產尖端產品的項目，或在國際上有競爭能力的產品的項目，其合營期限可以延長到50年。經國務院特別批准的可在50年以上。」

附錄三十一：
國務院關於修訂「中華人民共和國中外合資經營企業法實施條例」第八十六條第三款的通知
1987年12月21日國發（1987）110號

各省、自治區、直轄市人民政府、國務院各部委、各直屬機構：

國務院於1983年9月20日發布的「中華人民共和國中外合資經營企業法實施條例」第八十六條第三款規定：「因匯率的差異而發生的匯兌損益，應以實現數為準，作為本年損益列帳。記帳滙率變動，有關外幣各帳戶的帳面餘額，均不作調整。」現修改為：「因匯率的差異而發生的折合記帳本位幣差額，作為匯兌損益列帳。記帳匯率變動，有關外幣各帳戶的帳面餘額，於年終結帳時，應當按照中國有關法律和財務會計制度的規定進行會計處理。」

本修訂自發布之日起施行。

附錄三十二：
中華人民共和國涉外經濟合同法
1985年3月21日第六屆全國人民代表大會常務委員會第十次會議通過

第一章　總　則

第一條：為了保障涉外經濟合同當事人的合法權益，促進中國對外經濟關係的發展，特制定本法。

第二條：本法的適用範圍是「中華人民共和國的企業或者其他經濟組織與外國的企業和其他經濟組織或者個人之間訂立的經濟合同（以下簡稱合同）。但是，國際運輸合同除外。

第三條：訂立合同，應當依據平等互利、協商一致的原則。

第四條：訂立合同，必須遵守中華人民共和國法律，並不得損害中華人民共和國的社會公共利益。

第五條：合同當事人可以選擇處理合同爭議所適用的法律。當事人沒有選擇的，適用與合同有最密切聯繫的國家的法律。

在中華人民共和國境內履行的中外合資經營企業合同、中外合作經營企業合同、中外合作勘探開發自然資源合同，適用中華人民共和國法律。中華人民共和國法律未作規定的，可以適用國際慣例。

第六條：中華人民共和國締結或者參加的與合同有關的國際條約和中華人民共和國法律有不同規定的，適用該國際條約的規定。但是，中華人民共和國聲明保留的條款除外。

第二章　合同的訂立

第七條：當事人就合同條款以書面形式達成協議並簽字，即為合同成立，透過信件、電報、電傳達成協議，一方當事人要求簽訂確認書的，簽訂確認書時，方為合同成立。

中華人民共和國法律、行政法規規定應當由國家批准的合同，獲得批准時，方為合同成立。

第八條：合同訂明的附件是合同的組成部分。

第九條：違反中華人民共和國法律或者社會公共利益的合同無效。合同中的條款違反中華人民共和國法律或者社會公共利益的，經當事人協商同意予以取消或者改正後，不影響合同的效力。

第十條：採取欺詐或者脅迫手段訂立的合同無效。

第十一條：當事人一方對合同無效負有責任的，應當對另一方因合同無效而遭受的損失負賠償責任。

第十二條：合同一般應當具備以下條款：

　　1.合同當事人的名稱或者姓名、國籍、主營業所或者住所。

　　2.合同簽訂的日期、地點。

　　3.合同的類型和合同標的的種類、範圍。

　　4.合同標的的技術條件、質量、標準、規格、數量。

　　5.履行的期限、地點和方式。

　　6.價格條件、支付金額、支付方式和各種附帶的費用。

　　7.合同能否轉讓或者合同轉讓的條件。

　　8.違反合同的賠償和其他責任。

　　9.合同發生爭議時的解決方法。

　　10.合同使用的文字及其效力。

第十三條：合同應當視需要約定當事人對履行標的承擔風險的界限；
必要時應當約定對標的保險範圍。

第十四條：對於需要長期間連續履行的合同，當事人應當約定合同的
有效期限，並可以約定延長合同期限和提前終止合同的條
件。

第十五條：當事人可以在合同中約定擔保。擔保人在約定的擔保範圍
內承擔責任。

第三章　合同的履行和違反合同的責任

第十六條：合同依法成立，即具有法律約束力。當事人應當履行合同
約定的義務，任何一方不得擅自變更或者解除合同。

第十七條：當事人一方有另一方不能履行合同的確切證據時，可以暫
時中止履行合同，但是應當立即通知另一方；當另一方對
履行合同提供了充分的保證時，應當履行合同。當事人一
方沒有另一方不能履行合同的確切證據，中止履行合同
的，應當負違反合同的責任。

第十八條：當事人一方不履行合同或者履行合同義務不符合約定條
件，即違反合同的，另一方有權要求賠償損失或者採取其
他合理的補救措施。採取其他補救措施後，尚不能完全彌
補另一方受到的損失的，另一方仍然有權要求賠償損失。

第十九條：當事人一方違反合同的賠償責任，應當相當於另一方因此
所受到的損失，但是不得超過違反同一方訂立合同時應當
預見到的因違反合同可能造成的損失。

第二十條：當事人可以在合同中約定，一方違反合同時，向另一方支
付一定數額的違約金；也可以約定對於違反合同而產生的
損失賠償額的計算方法。

合同中約定的違約金，視為違反合同的損失賠償。但是，

　　　　　　　約定的違約金過份高於或者低於違反合同所造成的損失
　　　　　　　的，當事人可以請求仲裁機構或者法院予以適當減少或者
　　　　　　　增加。

第二十一條：當事人雙方都違反合同的，應當各自承擔相應的責任。

第二十二條：當事人一方因另一方違反合同而受到損失的，應當及時
　　　　　　　採取適當措施防止損失的擴大；沒有及時採取適當措施
　　　　　　　致使損失擴大的，無權就擴大的損失要求賠償。

第二十三條：當事人一方未按期支付合同規定的應付金額或者與合同
　　　　　　　有關的其他應付金額的，另一方有權收取遲延支付金額
　　　　　　　的利息。計算利息的方法，可以在合同中約定。

第二十四條：當事人因不可抗力事件不能履行合同的全部或者部分義
　　　　　　　務的，免除其全部或者部分責任。當事人一方因不可抗
　　　　　　　力事件不能按合同約定的期限履行的，在事件的後果影
　　　　　　　響持續的期間內，免除其遲延履行的責任。

　　　　　　　不可抗力事件是指當事人在訂立合同時不能預見，對其
　　　　　　　發生和後果不能避免並不能克服的事件，不可抗力事件
　　　　　　　的範圍，可以在合同中約定。

第二十五條：當事人一方因不可抗力事件不能履行合同的全部或者部
　　　　　　　分義務的，應當及時通知另一方，以減輕可能給另一方
　　　　　　　造成的損失，並應在合理期間內提供有關機構出具的證
　　　　　　　明。

第四章　合同的轉讓

第二十六條：當事人一方將合同權利和義務和全部或者部分轉讓給第
　　　　　　　三者的，應當取得另一方的同意。

第二十七條：中華人民共和國法律、行政法規應當由國家批准成立的
　　　　　　　合同，其權利和義務的轉讓，應當經原批准機關批准。

但是，已批准的合同中另有約定的除外。

第五章　合同的變更、解除和終止

第二十八條：經當事人協商同意後，合同可以變更。

第二十九條：有下列情形之一的，當事人一方有權通知另一方解除合同：

　　　　　　1.另一方違反合同，以致嚴重影響訂立合同所期望的經濟利益。

　　　　　　2.另一方在合同約定的期限內沒有履行合同，在被允許推遲履行的合理期限內仍未履行。

　　　　　　3.發生不可抗力事件，致使合同的全部義務不能履行。

　　　　　　4.合同約定的解除合同的條件已經出現。

第三十條：對於包含幾個相互獨立部分的合同，可以依據前條的規定，解除其中的一部分而保留其餘部分的效力。

第三十一條：有下列情形之一的，合同即告終止：

　　　　　　1.合同已按約定條件得到履行。

　　　　　　2.仲裁機構裁決或者法院判決終止合同。

　　　　　　3.雙方協商同意終止合同。

第三十二條：變更或者解除合同的通知或者協議，應當採用書面形式。

第三十三條：中華人民共和國法律、行政法規規定應當由國家批准成立的合同，其重大變更應當經原批准機關批准，其解除應當報原批准機關備案。

第三十四條：合同的變更、解除或者終止，不影響當事人要求賠償損失的權利。

第三十五條：合同約定的解決爭議的條款，不因合同的解除或者終止而失去效力。

第三十六條：合同約定的結算和清理條款，不因合同的解除或者終止
　　　　　　而失去效力。

第六章　爭議的解決

第三十七條：發生合同爭議時，當事人應當盡可能透過協商或者透過
　　　　　　第三者調解解決。當事人不願協商、調解的，或者協
　　　　　　商、調解不成的，可以依據合同中的仲裁條款或者事後
　　　　　　達成的書面仲裁協議，提交中國仲裁機構或者其他仲裁
　　　　　　機構仲裁。

第三十八條：當事人沒有在合同中訂立仲裁條款，事後，又沒有達成
　　　　　　書面仲裁協議的，可以向人民法院起訴。

第七章　附則

第三十九條：貨物買賣合同爭議提起訴訟或者仲裁的期限為4年，自
　　　　　　當事人知道或者應當知道其權利受到侵犯之日起計算。
　　　　　　其他合同爭議提起訴訟或者仲裁的期限由法律另行規
　　　　　　定。

第四十條：在中華人民共和國境內履行，經國家批准成立的中外合資
　　　　　　經營企業合同、中外合作經營企業合同、中外合作勘探開
　　　　　　發自然資源合同，在法律有新的規定時，可以仍然按照合
　　　　　　同的規定執行。

第四十一條：本法施行之日前成立的合同，經當事人協商同意，可以
　　　　　　適用本法。

第四十二條：國務院依據本法制定實施細則。

第四十三條：本法自1985年7月1日起施行。

附錄三十三：

中華人民共和國專利法

1984年3月12日第六屆全國人民代表大會常務委員會第四次會議通過

第一章　總　則

第一條：為了保護發明創造專利權，鼓勵發明創造，有利於發明創造的推廣應用，促進科學技術的發展，適應社會主義現代化建設的需要，特制定本法。

第二條：本法所稱的發明創造是指發明實用新型和外觀設計。

第三條：中華人民共和國專利局受理和審查專利申請，對符合本法規定的發明創造授予專利權。

第四條：申請專利的發明創造涉及國家安全或者重大利益需要保密的，按照國家有關規定辦理。

第五條：對違反國家法律、社會道德或者妨害公共利益的發明創造，不授予專利權。

第六條：執行本單位的任務或者主要是利用本單位的物質條件所完成的職務發明創造，申請專利的權利屬於該單位；非職務發明創造，申請專利的權利屬於發明人或者設計人。申請被批准後，全民所有制單位申請的，專利權歸該單位持有；集體所有制單位或者個人申請的，專利權歸該單位或者個人所有。在中國境內的外資企業和中外合資經營企業的工作人員完成的職務發明創造，申請專利的權利屬於發明人或者設計人。

申請被批准後，專利權歸申請的企業或者個人所有。專利權的所有人和持有人統稱專利權人。

第七條：對發明人或者設計人的非職務發明創造專利申請，任何單位或者個人不得壓制。

第八條：兩個以上單位協作或者一個單位接受其他單位委託的研究，設計任務所完成的發明創造，除另有協議的以外，申請專利的權利屬於完成或者共同完成的單位；申請被批准後，專利權歸申請的單位所有或者持有。

第九條：兩個以上的申請人分別就同樣的發明創造申請專利的，專利權授予最先申請的人。

第十條：專利申請權和專利權可以轉讓，全民所有制單位轉讓專利申請權或者專利權的，必須經上級主管機關批准。

中國單位或者個人向外國人轉讓專利申請權或者專利權的，必須經國務院有關主管部門批准、轉讓專利申請權或者專利權的，當事人必須訂立書面合同，經專利局登記和公告後生效。

第十一條：發明和實用新型專利權被授予後，除本法第十四條規定的以外，任何單位或者個人未經專利權人許可，都不得實施其專利，即不得為生產經營目的製造，使用或者銷售其專利產品，或者使用其專利方法。外觀設計專利權被授予後，任何單位或者個人未經專利權人許可都不得實施其專利，即不得為生產經營目的製造或者銷售其外觀設計專利產品。

第十二條：任何單位或者個人實施他人專利的，除本法第十四條規定的以外，都必須與專利權人訂立書面實施許可合同，向專利權人支付專利使用費。被許可人無權允許合同規定以外的任何單位或者個人實施該專利。

第十三條：發明專利申請公布後，申請人可以要求實施其發明的單位
　　　　　或者個人支付適當的費用。

第十四條：國務院有關主管部門和省、自治區、直轄市人民政府根據
　　　　　國家計劃，有權決定本系統內或者所管轄的全民所有制單
　　　　　位持有的重要發明創造專利允許指定的單位實施，由實施
　　　　　單位按照國家規定向持有專利權的單位支付使用費。
　　　　　中國集體所有制單位和國人的專利，對國家利益或者公共
　　　　　利益具有重大意義，需要提供應用的，由國務院有關主管
　　　　　部門報國務院批准後參照上款規定辦理。

第十五條：專利權人有權在其專利產品或者該產品的包裝上標明專利
　　　　　標記和專利號。

第十六條：專利權的所有單位或者持有單位應當對職務發明創造的發
　　　　　明人或者設計人給予獎勵；發明創造專利實施後，根據應
　　　　　用其推廣的範圍和取得的經濟效益，對發明人或者設計人
　　　　　給予獎勵。

第十七條：發明人或者設計人在專利文件中寫明自己是發明人或者設
　　　　　計人的權利。

第十八條：在中國沒有經常居所或者營業所的外國人、外國企業或者
　　　　　外國其他組織在中國申請專利的，依照其所屬國和中國簽
　　　　　訂的協議或者共同參加的國際條約，或者依照互惠原則，
　　　　　根據本法辦理。

第十九條：在中國沒有經常居所或者營業所的外國人、外國企業或者
　　　　　外國其他組織在中國申請專利和辦理其他專利事務的，應
　　　　　當委託中華人民共和國國務院指定的專利代理機構辦理。
　　　　　中國單位或者個人在國內申請專利和辦理其他專利事務
　　　　　的，可以委託專利代理機構辦理。

第二十條：中國單位或者個人將其在國內完成的發明創造向外國申請

　　　　　　　專利的，應當首先向專利局申請專利，並經國務院有關主
　　　　　　　管部門同意後，委託國務院指定的專利代理機構辦理。

第二十一條：在專利申請公布或者公告前，專利局工作人員及有關人
　　　　　　　員對其內容負有保密責任。

第二章　授予專利權的條件

第二十二條：授予專利權的發明和實用新型，應當具備新穎性、創造
　　　　　　　性和實用性。新穎性，是指在申請日以前沒有同樣的發
　　　　　　　明或者實用新型在國內外出版物上公開發表過，在國內
　　　　　　　公開使用過或者以其他方式為公眾所知，也沒有同樣的
　　　　　　　發明或者實用新型由他人向專利局提出過申請並且記載
　　　　　　　在申請日以後公布的專利申請文件中。創造性，是指與
　　　　　　　申請日以前已有的技術相比，該發明有突出的實質性特
　　　　　　　點和顯著的進步，該實用新型有實質性特點和進步。實
　　　　　　　用性，是指該發明或者實用新型能夠製造或者使用，並
　　　　　　　且能夠產生積極效果。

第二十三條：授予專利權的外觀設計，應當與申請日以前在國內外出
　　　　　　　版物上公開發表過或者國內公開使用過的外觀設計不相
　　　　　　　同或者不相近似。

第二十四條：申請專利的發明創造在申請日以前6個月內，有下列情
　　　　　　　形之一的，不喪失新穎性：
　　　　　　　1.在中國政府主辦或者承認的國際展覽會上首次展出
　　　　　　　　的。
　　　　　　　2.在規定的學術會議或者技術會議上首次發表的。
　　　　　　　3.他人未經申請人同意而洩露其內容的。

第二十五條：對下列各項，不授予專利權：
　　　　　　　1.科學發現。

2.智力活動的規則和方法。

3.疾病的診斷和治療方法。

4.食品、飲料和調味品。

5.藥品和用化學方法獲得的物質。

6.動物和植物品種。

7.用原子核變換方法獲得的物質。

對上款4項至第6項所列產品的生產方法，可以依照本法規定授予專利權。

第三章　專利的申請

第二十六條：申請發明或者實用新型專利的，應當提交請求書、說明書及其摘要和權利要求書等文件。請求書應當寫明發明或者實用新型的名稱、發明人或者設計人的姓名、申請人姓名或者名稱、地址以及其他事項，說明書應當對發明或者實用新型作出清楚、完整的說明，以所屬技術領域的技術人員能夠實現為準；必要的時候，應當有附圖。摘要應當簡要說明發明或者實用新型的技術要點。權利要求書應當以說明書為依據，說明要求專利保護的範圍。

第二十七條：申請外觀設計專利的，應當提交請求書以及該外觀設計的圖片或者照片等文件，並且應當寫明使用該外觀設計的產品及其所屬的類別。

第二十八條：專利局收到專利申請文件之日為申請日，如果申請文件是郵寄的，以寄出的郵戳日為申請日。

第二十九條：外國申請人就同一發明或者實用新型在外國第一次提出專利申請出之日起12個月內，或者就同一外觀設計在外國第一次提出專利申請之日起6個月內，又在中國提出

申請的，依照其所屬國與中國簽訂的協議或者共同參加的國際條約，或者依照相互承認優先權的原則，可以享有優先權，即以其在外國第一次提出申請之日為申請日。

申請人要求優先權，有本法第二十四條所列情形之一的，優先權的期限自該情形發生之日起計算。

第三十條：申請人要求優先權的，應當在申請的時候提出書面聲明，寫明在國外提出申請的申請日和受理該申請的國家，並且在3個月內提交經該國受理機關證明的該申請文件副本；未提出書面聲明或者逾期未提交文件的，即被視為未要求優先權。

第三十一條：一件發明或者實用新型專利申請應當限於一項發明或者實用新型。屬於一個總的發明構思的兩項以上的發明或者實用新型，可以作出一件申請提出。

一件外觀設計專利申請應當限於一種產品所使用的一項外觀設計。用於同一類別並且成套出售或者使用的產品的兩項以上的外觀設計，可以作為一件申請提出。

第三十二條：申請人可以在被授予專利權之前隨時撤回其專利申請。

第三十三條：申請人可以對其專利申請文件進行修改，但是不得超出原說明書記載的範圍。

第四章　專利申請的審查和批准

第三十四條：專利局收到發明專利申請後，經初步審查認為符合本法要求的，自申請日起18個月內，予以公布。專利局可以根據申請人的請求早日公布其申請。

第三十五條：發明專利申請自申請日起3年內，專利局可以根據申請人隨時提出的請求，對其申請進行實質審查，申請人無

正當理由逾期不請求實質審查的,該申請即被視為撤
回。專利局認為必要的時候,可以自行對發明專利申請
進行實質審查。

第三十六條:發明專利的申請人請求實質審查的時候,應當提交在申
請日前與其發明有關的參考資料。發明專利已經在外國
提出過申請的,申請人請求實質審查的時候,應當提交
該國為審查其申請進行檢索的資料或者審查結果的資
料,無正當理由不提交的,該申請即被視為撤回。

第三十七條:專利局對發明專利申請進行實質審查後,認為不符合本
法規定的,應當通告申請人,要求其在指定的期限內陳
述意見,或者對其申請進行修改;無正當理由逾期不答
覆的,該申請即被視為撤回。

第三十八條:發明專利申請經申請人陳述意見或者進行修改後,專利
局自然認為不符合本法規定的,應當予以駁回。

第三十九條:發明專利申請經實質審查沒有發現駁回理由的,專利局
應當作出審定,予以公告,並通知申請人。

第四十條:專利局收到實用新型和外觀設計專利申請後,經初步審查
認為符合本法要求的,不要進行實質審查,即行公告並通
知申請人。

第四十一條:專利申請自公告之日起3個月內,任何人都可以依照本
法規定向專利局對該申請提出異議。專利局應當將異議
的副本送交申請人,申請人應當在收到異議副本之日起
3個月內提出書面答覆;無正當理由逾期不提出書面答
覆的,該申請即被視為撤回。

第四十二條:專利局經審查認為異議成立的,應當作出駁回申請的決
定,並通知異議人和申請人。

第四十三條:專利局設立專利複審委員會。申請人對專利局駁回申請

的決定不服的，可以在收到通知之日起3個月內，向專
利複審委員會請求複審。專利複審委員會複審後，作出
決定，並通知申請人。

發明專利的申請人對專利複審委員會駁回複審請求的決
定不服時，可以在收到通知之日起3個月內向人民法院
起訴。專利複審委員會對申請人關於實用新型和外觀設
計的複審請求所作出的決定為終局決定。

第四十四條：對專利申請無異議或者經審查異議不成立的，專利局應
當作出授予專利權的決定，發給專利證書，並將有關事
項予以登記和公告。

第五章　專利權的期限、終止和無效

第四十五條：發明專利權的期限為15年，自申請日起計算。實用新型
和外觀設計專利權的期限為5年，自申請日起計算，期
滿前專利權人可以申請續展3年。專利權人享有優先權
的，專利權的期限自在中國申請之日起計算。

第四十六條：專利權人應當自被授予專利權的當年開始繳納年費。

第四十七條：有下列情形之一的，專利權在期限屆滿前終止：

1.沒有按照規定繳納年費的。

2.專利權人以書面聲明放棄其專利權的。

3.專利權的終止，由專利局登記和公告。

第四十八條：專利權被授予後，任何單位或者個人認為該專利權的授
予不符合本法規定的，都可以請求專利複審委員會宣告
該專利權無效。

第四十九條：專利複審委員會對宣告專利權無效的請求進行審查，作
出決定，並通知請求人和專利權人。宣告專利權無效的
決定，由專利局登記和公告，對專利複審委員會宣告發

明專利權無效或者維持發明專利權的決定不服的，可以在收到通知之日起3個月內向人民法院起訴。專利複審委員會對宣告實用新型和外觀設計專利權無效的請求所作出的決定為終局決定。

第五十條：宣告無效的專利權視為自始即不存在。

第六章　專利實施的強制許可

第五十一條：專利權人負有自己在中國製造其專利產品、使用其專利方法或者許可他人在中國製造其專利產品、使用其專利方法的義務。

第五十二條：發明和實用新型專利權人自專利權被授予之日起滿3年，無正常理由沒有履行本法第五十一條規定的義務的，專利局根據具備實施條件的單位的申請，可以給予實施該專利的強制許可。

第五十三條：一項取得專利權的發明或者實用新型比前已經取得專利權的發明或者實用新型在技術上先進，其實施又有賴於前一發明或者實用新型的實施的，專利局根據後一專利權人的申請，可以給予實施前一發明或者實用新型的強制許可。

在依照上款規定給予實施強制許可的情形下，專利局根據前一專利權人的申請，也可以給予實施後一發明或者實用新型的強制許可。

第五十四條：依照本法規定申請實施強制許可的單位或者個人，應當提出未能以合理條件與專利權人簽訂實施許可合同的證明。

第五十五條：專利局作出的給予實施強制許可的決定，應當予以登記和公告。

第五十六條：取得實施強制許可的單位或者個人不享有獨占的實施
權，並且無權允許他人實施。

第五十七條：取得實施強制許可的單位或者個人應當付給專利權人合
理的使用費，其數額由雙方商定；雙方不能達成協議
的，由專利局裁決。

第五十八條：專利權人對專利局關於實施強制許可的決定或者關於實
施強制許可的使用費的裁決不服的，可以在收到通知之
日起3個月內向人民法院起訴。

第七章　專利權的保護

第五十九條：發明或者實用新型專利權的保護範圍以其權利要求的內
容為準，說明書及附圖可以用於解釋權利要求。外觀設
計專利權的保護範圍以表示在圖片或者照片中的該外觀
設計專利產品為準。

第六十條：對未經專利權人許可，實施其專利的侵權行為，專利權人
或者利害關係人可以請求專利管理機關進行處理，也可以
直接向人民法院起訴。專利管理機關處理的時候，有權責
令侵權人停止侵權行為，並賠償損失；當事人不服的，可
以在收到通知之日起3個月內向人民法院起訴；期滿不起
訴又不履行的，專利管理機關可以請求人民法院強制執
行。在發生侵權糾紛的時候，如果發明專利是一項產品的
製造方法，製造同樣產品的單位或者個人應當提供其產品
製造方法的證明。

第六十一條：侵犯專利權的訴訟時效為2年，自專利權人或者利害關
係人得知或者應當得知侵權行為之日起計算。

第六十二條：有下列情形之一的，不視為侵犯專利權：

1.專利權人製造或者經專利權人許可製造的專利產品售

出後，使用或者銷售該產品的。

2.使用或者銷售不知道是未經專利權人許可而製造並售出的專利產品的。

3.在專利申請日前已經製造相同產品，使用相同方法或者已經作好製造、使用的必要準備，並且僅在原有範圍內繼續製造、使用的。

4.臨時通過中國領土、領水、領空的外國運輸工具，依照其所屬國與中國簽訂的協議或者共同參加的國際條約，或者依照互惠原則，為運輸工具自身需要而在其裝置和設備中使用有關專利的。

5.專為科學研究和實驗而使用有關專利的。

第六十三條：假冒他人專利的，依照本法第六十條的規定處理，情節嚴重的，對直接責任人員比照刑法第一百二十七條的規定追究刑事責任。

第六十四條：違反本法第二十條規定，擅自向外國申請專利，洩露國家重要機密的，由所在單位或者上級主管機關給予行政處分，情節嚴重的，依法追究刑事責任。

第六十五條：侵奪發明人或者設計人的非職務發明創造專利申請權和本法規定的其他權益的，由所在單位或者上級主管機關給予行政處分。

第六十六條：專利局工作人員及有關國家工作人員徇私舞弊的，由專利局或者有關主管機關給予行政處分，情節嚴重的，比照刑法第一百八十八條的規定追究刑事責任。

第八章　附　則

第六十七條：向專利局申請專利和辦理其他手續，應當按照規定繳納費用。

第六十八條：本法實施細則由專利局制定，報國務院批准後施行。

第六十九條：本法自1985五年4月1日起施行。

附錄三十四：
中華人民共和國專利法實施細則
1985年1月19日國務院批准
1985年1月19日中國專利局公布

第一章　　總　　則

第一條：根據「中華人民共和國專利法」（以下簡稱專利法）第六十
八條的規定，制定本細則。

第二條：專利法所稱的發明是指對產品、方法或者其改進所提出的新
的技術方案。專利法所稱的實用新型是指對產品的形狀、構
造或者其結合所提出的適於實用的新的技術方案。專利法所
稱的外觀設計是指對產品的形狀、圖案、色彩或者其結合所
作出的富有美感並適於工業上應用的新設計。

第三條：專利法和本細則規定的各種手續，應當以書面形式辦理。

第四條：依照專利法和本細則規定提交的各種文件應當使用中文，對
於國家有統一規定的科技術語，應當採用規範詞。外國人
名、地名和科技術語無統一中文譯文的，應當註明原文，依
照專利法和本細則規定提交的各種證件和證明文件是外文
的，專利局可以要求在指定期間內附送中文譯本。

第五條：專利局郵寄的各種文件送達地是省和自治區轄市以上城市
的，自文件發出之日起滿7日，其他地區滿15日，推定為收
件人收到文件之日。申請人向專利局郵寄的各種文件，以寄
出的郵戳日為遞交日。如信封上寄出的郵戳日不清晰，除申

請人能提出證明外，以專利局收到日為遞交日。

第六條：專利法和本細則規定的各種期限的第一日不計算在期限內，期限以年或者月計算的，以其最後一月的相應日為期限屆滿日；該月無相應日的，以該月最後一日為期限屆滿日。期限屆滿日是法定節假日的，以節假日後的第一個工作日為期限屆滿日。

第七條：申請人、專利權人或者其他利害關係人因不可抗拒的事由或者其他正當理由而耽誤專利法或者本細則規定的期限，或者專利局指定的期限的，在障礙消除後1個月內，可以說明理由，請求順延期限。但專利法第二十四條、第二十九條、第四十一條第一句、第四十五條和第六十一條規定的期限除外。在專利局指定的期限屆滿前，申請人因有正當理由要求延長期限的，應當向專利局提出請求，並附具有關的證明。

第八條：國防系統各單位申請專利的發明創造，涉及國家安全需要保密的，其專利申請由國防科技主管部門設立的專利機構受理，專利局應當根據該機構的審查意見作出決定。

第九條：除前條規定外，專利局受理專利申請後，應當將需要進行保密審查的申請轉送國務院有關主管部門審查；有關主管部門應當在收到之日起4個月內，將審查結果通知專利局；申請專利的發明創造需要保密的，專利局按保密專利申請處理，並且通知申請人。

第十條：專利法第六條所稱執行本單位的任務所完成的職務發明創造是指：

1.在本職工作中作出的發明創造。

2.履行本單位交付的本職工作之外的任務所作出的發明創造。

3.退職、退休或者調動工作後1年內作出的，與其在原單位

　　承擔的本職工作或者分配的任務有關的發明創造。

　　專利法第六條所稱的本單位的物質條件是指本單位的資金設備、零部件、原材料或者不向外公開的技術資料等。

第十一條：專利法所稱的發明人或者設計人是指對發明創造的實質性特點作出了創造性貢獻的人。在完成發明創造過程中，只負責組織工作的人，爲物質條件的利用提供方便的人或者從事其他輔助工作的人，不應當被認爲是發明人或者設計人。

第十二條：專利法第九條規定的兩個以上的申請人在同一日期分別就同樣的發明創造申請專利的，應當在收到專利局的通知後自行協商確定申請人。

第十三條：專利權人應當將其與他人簽訂的實施專利許可合同在合同生效後3個月內向專利局備案。

第十四條：專利法第十九條第一款和第二十條所稱的專利代理機構是指中國國際貿易促進委員會、上海專利事務所和中國專利代理有限公司以及國務院指定的其他專利代理機構。

第十五條：申請人委託專利代理機構向專利局申請專利和辦理其他專利事務的，應當同時提交委託書，寫明委託權限。

第二章　專利的申請

第十六條：申請專利應當向專利局提交申請文件一式兩份。

第十七條：專利法第二十六條第二款所稱的請求書中的其他事項是指：

　　1.申請人的國籍。

　　2.申請人是企業或者其他組織的，其總部所在的國家。

　　3.申請人委託專利代理機構的，專利代理機構的名稱、地址和專利代理機構的名稱、地址和專利代理人的姓名。

4.申請人是單位的，代表人的姓名。

5.要求優先權的，應當註明的有關事項。

6.申請人的簽字或者蓋章。

7.申請文件清單。

8.附加文件清單。

申請人有兩個以上而未委託專利代理機構的，應當提名一人爲代表人，未指定代表人的，以第一署名人爲代表人。申請外觀設計的，必要時還應當寫明外觀設計的簡要說明。

第十八條：發明或者實用新型專利申請的說明書，除發明或者實用新型的性質需要其他方式和順序說明的以外，應當按照下列順序撰寫：

1.發明或者實用新型的名稱，該名稱應當與請求書中的名稱一致。

2.發明或者實用新型所屬技術領域。

3.就申請人所知，寫明對發明或者實用新型的理解、檢索、審查有參考作用的現有技術，並且引證反映該項技術的文件。

4.發明或者實用新型的目的。

5.清楚、完整地寫明發明或者實用新型的內容，以所屬技術領域的普通技術人員能夠實現爲準。

6.發明或者實用新型與現有技術相比所具有的優點或者積極效果。

7.如有附圖，應當有圖畫說明。

8.詳細描述申請人認爲實現發明或者實用新型的最好方式，有附圖的應當對照附圖。發明或者實用新型說明書可以有化學式或者數學式，但不得有商業性宣傳用語。

第十九條：發明或者實用新型的幾幅附圖可以繪在一張圖紙上，每幅附圖應當用阿拉伯數字編號，並且按照順序排列，附圖的大小及清晰度，應當保證在該圖縮小到2/3時，仍能清楚地分辨出圖中的各個細節。

同一申請中使用的附圖標記應當前後一致。發明或者實用新型說明書未提及的標記不得在附圖中出現。附圖中除必需的詞語之外，不應當含有其他註釋。

第二十條：權利要求書應當說明發明或者實用新型的技術特徵，清楚和簡要地表達請求保護的範圍。權利要求書有幾項權利要求的，應當用阿拉伯數字順序編號。權利要求書中使用的科技術語應當與說明書中使用的一致，可以有化學式或者數學式，但不得有插圖。除有絕對必要外，不得使用「如說明書……部分所述」或者「如圖……所示」的用語。

第二十一條：權利要求書可以包括獨立權利要求和從屬權利要求。獨立權利要求應當從整體上反映發明或者實用新型的主要技術內容，記載構成發明或者實用新型必要的技術特徵，引用一項或者幾項權利要求的從屬權利要求，只能引用在前的權利要求。

第二十二條：除發明或者實用新型的性質需要其他方式表達的以外，獨立權利要求應當按照下列規定撰寫：

　　1.前序部分：說明發明或者實用新型所屬技術領域以及所有技術中與發明或者實用新型主題密切相關的技術特徵。

　　2.特徵部分：使用「本發明（或者實用新型）的特徵是……」或者類似的簡明語言，說明發明或者實用新型的技術特徵。這些特徵，與前序部分說明的特徵一起，構成要求保護的技術特徵。一項發明或者實用新

型應當只有一個獨立權利要求，並且寫在同一發明或者實用新型的從屬權利要求之前。

第二十三條：除發明或者實用新型的性質需要用其他方式表達的以外，從屬權利要求應當按照下列規定撰寫：

1. 引用部分：寫明被引用的權利要求的編號，可能時把編號寫在句首。

2. 特徵部分：寫明發明或者實用新型附加的技術特徵，對引用部分的技術特徵作進一步限定。引用兩項及以上其他權利要求的從屬權利要求，不得互相引用。

第二十四條：摘要應當寫明發明或者實用新型所屬的技術領域，需要解決的技術問題，主要技術特徵和用途。摘要可以包含最能說明發明的化學式或者說明發明、實用新型的一幅附圖。全文以不超過200個字為宜。

第二十五條：申請專利的發明是涉及新的微生物學方法或者其產品，而且使用的微生物是公眾不能得到的，除申請應當符合專利法和本細則的有關規定外，申請人還應當辦理下列手續：

1. 在申請日前，或者最遲在申請日，將該微生物菌種提交專利局指定的微生物菌種保藏單位保藏。

2. 在申請文件中，提供有關微生物特徵的資料；

3. 在請求書中寫明該微生物分類命名（註明拉丁文名稱）和保藏該微生物菌種的單位名稱、提交日期和保藏編號，並且附具該單位的證明。

第二十六條：有關微生物的發明專利申請公布後，任何單位或者個人需要將專利申請所涉及的微生物作為實驗目的使用的，應當向專利局提出請求，寫明下列事項：

1. 請求人的姓名或者名稱和地址。

2.請求人不向其任何人提供菌種的保證。

3.在授予專利權之前,只作為實驗目的使用的保證。

第二十七條：依照專利法第二十七條規定提交的外觀設計的圖片或者照片,不得小於3厘米×8厘米,也不大於19厘米×27厘米。申請人可以就每件外觀設計提交不同角度、不同側面或者不同狀態的圖片或者照片,以清楚地顯示請求保護的對象,每幅圖片或者照片應當寫明外觀設計的角度、側面和狀態,並且在圖片或者照片背面的左、右上方分別標上順序編號和申請人的姓名或者名稱。

第二十八條：請求保護色彩的外觀設計專利申請,應當提交彩色或黑白的圖片或者照片各一份,並且在黑白的圖片或者照片上註明請求保護的色彩。

第二十九條：專利局認為必要時,可以要求外觀設計專利申請人提交使用外觀設計的產品樣品或者模型。樣品或者模型的體積不得超過30厘米×30厘米×30厘米,重量不得超過15公斤。易腐、易損或者危險品不得作為樣品或者模型提交。

第三十條：專利法第二十四條第2項所稱的學術會議或者技術會議是指國務院有關主管部門或者全國性學術團體組織召開的學術會議或者技術會議。

第三十一條：專利申請有專利法第二十四條第1項或者第2項規定情形的,申請人應當在提出專利申請時聲明,並且自申請日起2個月內,提交有關國際展覽會或者學術會議、技術會議的組織單位出具的有關發明創造已經展出或者發表,以及展出或者發表日期的證明文件。

專利申請有專利法第二十四條第3項規定情形的,專利局在必要時可以要求申請人提出證明文件。

第三十二條：發明專利的申請人要求優先權的，應當自其在外國第一
　　　　　　次提出申請之日起15個月內提交受理該項申請的國家給
　　　　　　予的申請號。

第三十三條：申請人對一項專利申請要求兩項以上優先權的，該申請
　　　　　　的優先權期限從最早的優先權日起算。

第三十四條：在中國沒有經常居所或者營業所的外國人、外國企業或
　　　　　　者外國其他組織申請專利的，專利局認為有疑義時可以
　　　　　　要求其提供下列文件：

　　1.國籍證明。

　　2.外國企業或者外國其他組織總部所在地的證明文件。

　　3.外國人、外國企業、外國其他組織的所屬國，承認中
　　　國公民或者單位可以按照該國國民的同等條件，在該
　　　國享有專利權和其他與專利有關的權利的證明文件。

第三十五條：根據專利法第三十一條第一款的規定，發明或者實用新
　　　　　　型專利申請的權利要求可以是下列各項之一：

　　1.兩項以上不能包括在一個權利要求以內的同類產品的
　　　方法的獨立權利要求。

　　2.產品和專用於製造該產品的方法的獨立權利要求。

　　3.產品和該產品的用途的獨立權利要求。

　　4.產品、專用於製造該產品的方法和該產品的用途的獨
　　　立權利要求。

　　5.產品、專用於製造該產品的方法和該方法的專用設備
　　　的獨立權利要求。

　　6.方法和為使用該方法而專門設計的專用設備的獨立權
　　　利要求。

　　7.方法和直接使用該方法製造的產品的獨立權利要求。

第三十六條：依專利照法第三十一條第二款規定將兩項以上外觀設計

作為一件申請提出的，應當將各件外觀設計順序編號，並且在請求書中寫明使用每件外觀設計的產品，外觀設計的順序編號應當標在每件使用外觀設計產品的圖片背面的左下方。

第三十七條：申請人撤回專利申請的，應當向專利局提出聲明，寫明發明創造的名稱、申請號和申請日，撤回專利申請的聲明是在專利局作好公布專利申請文件的印刷準備工作之後提出的，申請文件仍予公布。

第三章　專利申請的審查和批准

第三十八條：對專利申請進行審查，複審的審查員或者專利複審委員會委員有下列情形之一的，應當自行迴避，申請人或者其他利害關係人也可以要求其迴避：

1.是申請人或者專利代理人的近親屬的。

2.與專利申請有利害關係的。

3.與申請人或者專利代理人有其他關係，可能影響對專利申請的公正審查的。

專利複審委員會委員曾參與原申請的審查時，適用前款的規定。

第三十九條：專利局收到發明或者實用新型專利申請的請求書、說明書（實用新型必須包括附圖）和權利要求書，或者外觀設計專利申請的請求書和外觀設計的圖片或者照片後，應當明確申請日，給予申請號並且通知申請人。

第四十條：專利申請文件中缺少請求書、說明書或者權利要求書，或者不符合專利法第二十七條規定的，專利局不予受理，並且通知申請人。

第四十一條：在發明說明書中寫有「對附圖的說明」而無附圖的，申

請人應當在專利局指定的期限內補交附圖或者予以取消「對附圖的說明」。申請人補交附圖的，以向專利局提交或者郵寄附圖之日爲申請日；取消「對附圖的說明」的，保留原申請日。

第四十二條：一件專利申請包括兩項以上發明、實用新型或者外觀設計的，申請人可以在依照專利法第三十九條或者第四十條規定的公告前的任何時候，或者在公告後，專利局認爲有提出分案申請的正當理由的時候，向專利局提出分案的要求，自行將其申請分爲幾個申請。專利局認爲專利申請不符合專利法第三十一條和本細則第三十五條規定的，應當通知申請人在指定的期限內，將其專利申請分案；申請人無正當理由期滿不答覆的，該申請被視爲撤回。

第四十三條：依照本細則第四十二條規定提出的分案申請，可以保留原申請日，但不得超出原說明書記載的範圍。

第四十四條：經初步審查，專利局認爲專利申請明顯屬於專利法第五條或者第二十五條規定，或者明顯不符合專利法第十八條、第十九條或者本細則第二條規定的，應當通知申請人，要求其在指定期限內陳述意見；申請人無正當理由期滿不答覆的，其申請被視爲撤回。專利申請法經申請人陳述意見後，專利局仍然認爲明顯不符合前款所列各條規定的，應當予以駁回。

第四十五條：專利申請有下列情形之一的，申請人應當在專利局指定的期限內補正：

1.請求書未使用規定的格式或者填寫不符合要求的。

2.發明或者實用新型說明書及其附圖以及權利要求書不符合規定的。

3.發明或者實用新型專利申請缺少摘要的。

4.外觀設計專利申請的圖片或者照片不符合規定的。

5.委託專利代理機構而未提交委託書的。

6.其他應當予以補正的事項。

申請人無正當理由期滿不補正的,其申請被視爲撤回。

專利申請經補正後,仍然不符合專利法或者本細則有關規定的,應當予以駁回。

第四十六條：申請人請求早日公布其發明專利申請的,應當向專利局聲明。專利局對該申請進行初步審查之後,除予以駁回的以外,應當立即將申請予以公布。

第四十七條：申請人依照專利法第二十七條規定寫明使用外觀設計的產品及其所屬類別時,應當使用專利局公布的外觀設計產品分類表,未寫明使用外觀設計的產品所屬類別或者所寫的類別不確切的,專利局可以予以補充或者修改。

第四十八條：自發明專利申請公布日起至審定公告前,任何人均可以對不符合專利法規定的申請向專利局提出意見,並且說明理由。

第四十九條：發明專利申請人因有正當理由無法提交專利法第三十六條規定的檢索資料或審查結果資料的,應當向專利局聲明並且在得到該項資料後補交。

第五十條：專利局依照專利法第三十五條第二款規定對專利申請自行進行審查時,應當通知申請人。

第五十一條：發明專利申請人在自申請日起15個月內,在提出實質審查請求或者在對異議提出答覆時,可以對發明專利申請的說明書或者權利要求書主動提出修改。發明或者實用新型專利申請的說明書或者權利要求書的修改部分,除個別文字修改或者增刪外,應當按照規定格式提交替換

頁。

第五十二條：實用新型或者外觀設計專利申請人自申請日起至申請公
告前，或者在對異議提出答覆時，可以對實用新型或者
外觀設計專利申請主動提出修改。對外觀設計專利申請
進行修改的，不得變更外觀設計的基本組成部分。

第五十三條：依專利照法的規定，專利申請應當予以駁回的情形是
指：

1. 申請不符合專利法第三條和本細則第二條規定的。

2. 申請屬於專利法第五條、第二十五條規定或者不符合
專利法第二十二條、第二十三條規定的。

3. 依照專利法第六條、第八條、第十八條規定申請人無
權申請專利，或者依照專利法第九條規定不能取得專
利權的。

4. 申請不符合專利法第二十六條第三款、第四款或者第
三十一條規定的。

5. 申請的修改或者分案的申請超出原說明書記載範圍
的。

第五十四條：依照專利法第四十一條規定，對專利局公告的發明或者
實用新型專利申請可以提出異議的情形是指：

1. 申請專利的發明不符合專利法第三條和本細則第二條
第一款規定，申請專利的實用新型不符合專利法第三
條和本細則第二條第二款規定的。

2. 申請屬於專利法第五條、第二十五條規定或者不符合
專利法第二十二條規定的。

3. 申請人依照專利法第六條、第八條、第十八條規定無
權申請專利，或者申請的主要內容是取自他人的說明
書、附圖、模型、設備等，或者取自他人使用的方法

而未經其同意的。

4.申請不符合專利法第二十六條第三款或者第四款規定
的。

5.申請的修改或者分案的申請超出原說明書記載範圍
的。

第五十五條：依專利照法第四十二條規定，對專利局公告的外觀設計
專利申請可以提出異議的情形是指：

1.申請專利的外觀設計不符合專利法第三條和本細則第
二條第三款規定的。

2.申請專利的外觀設計屬於專利法第五條規定或者不符
合第二十三條規定的。

3.申請人依照專利法第六條、第八條、第十八條規定無
權申請專利，或者依照專利法第九條規定不能取得專
利權，或者申請專利的外觀設計的基本組織部分是取
自他人的設計、圖片、照片、物品或者模型，而未經
其同意的。

4.對申請的修改，變更了外觀設計的基本組成部分的。

第五十六條：任何人依照專利法第四十一條規定提出異議的，應當向
專利局提交異議書一式兩份，並且說明異議的理由。

第五十七條：專利局收到異議書後應當進行審查，對不符合規定的異
議書，應當通知異議人在指定的期限內補正；未在指定
的期限內補正的，被視為未提出異議。異議書中未寫明
反對授予專利權的理由或者提出的理由不符合本細則第
五十四條或者第五十五條規定的，不予受理。

第五十八條：專利複審委員會由專利局指定有經驗的技術和法律專家
組成，其主任委員由專利局局長兼任。

第五十九條：申請人依照專利法第四十三條第一款的規定向專利複審

委員會請求複審的，應當提出複審請求書，說明理由並且附具有關的證明文件。請求書和證明文件應當一式兩份。

申請人請求複審時，可以修改專利申請，但修改應當僅限於駁回申請的決定所涉及的部分。

第六十條：複審請求書不符合規定格式的，複審請求人應當在專利複審委員會指定的期限內補正，未在該期限內補正的，該複審請求被視為撤回。

第六十一條：專利複審委員會應當將受理的複審請求書轉交原審查部門提出意見，由專利複審委員會作出決定，並且通知申請人。

第六十二條：專利複審委員會進行複審後，為複審請求不符合專利法規定的，應當通知複審請求人，要求其在指定的期限內陳述意見，無正當理由期滿不答覆的，其複審請求被視為撤回。

第六十三條：複審請求人在專利複審委員會作出決定前，可以隨時撤回其複審請求。

第六十四條：專利局作出授予專利權利的決定後，應當通知申請人於2個月內繳納專利證書費並且領取專利證書；申請人期滿未繳納專利證書費的，視為放棄取得專利權的權利。

第四章　專利權的無效宣告

第六十五條：依照專利法第四十八條規定，請求宣告專利權無效或者部分無效的，應當向專利複審委員會提出請求書，說明理由，必要時應當附具有關文件，無效宣告請求書和有關文件應當一式兩份。

第六十六條：專利權無效宣告請求書不符合規定格式的，請求人應當

在專利複審委員會指定的期限內補正；未在該期限內補正，該無效宣告請求被視爲撤回。

請求無效宣告的理由適用本細則第五十四條、第五十五條的規定。無效宣告請求書中未說明理由或者所提出的理由不符合本細則第五十四條、第五十五條規定的，不予受理。

第六十七條：專利複審委員會應當將專利權無效宣告請求書的副本和有關文件的副本送交專利權人，要求其在指定的期限內陳述意見；無正當理由期滿不答覆的，被視爲無反對意見。

第五章　專利實施的強制許可

第六十八條：任何單位依照專利法第五十二條規定或者任何專利權人依照第五十三條規定，請求給予實施發明或者實用新型專利的強制許可的，該單位或者專利權人應當向專利局提交強制許可請求書，並且附具未能以合理條件與專利權人簽訂實施許可合同的證明文件，各一式兩份。

任何單位依照專利法第五十二條規定請求給予實施發明或者實用新型專利的強制許可的，還應當提交該單位具備實施條件的說明文件一式兩份。專利局在受理強制許可請求書後，應當通知有關專利權人在指定期限內陳述意見；無正當理由期滿不答覆的，被視爲無反對意見。專利局在對強制判許可請求書和有關專利權人的意見進行審查後，應當作出決定並且通知請求人和有關專利權人。

第六十九條：依照專利法第五十七條規定請求專利局裁決使用費數額的，當事人應當提出裁決請求書，並且附具雙方不能達

成協議的證明文件。專利局在收到請求書後應當在3個
月內作出裁決,並且通知當事人。

第六章　對職務發明創造的發明人或者設計人的獎勵

第七十條：專利法第十六條所稱的獎勵,包括發給發明人或者設計人
的獎金和報酬。

第七十一條：專利權被授予後,專利權的持有單位應當對發明人或者
設計人發給獎金。一項發明專利的獎金最低不少於200
元;一項實用新型專利或者外觀設計專利的獎金最低不
少於50元。由於發明人或者設計人的建議被其所屬單位
採納而完成的發明創造,專利權被授予後,專利權的持
有單位應當從優發給獎金。

對上述獎金,企業單位可以計入成本,事業單位可以從
事業費中列支。

第七十二條：專利權的持有單位在專利權有效期限內,實施發明創造
專利後,每年應當從實施發明或者實用新型所得利潤納
稅後提取0.5%～2%,或者從實施外觀設計所得利潤納
稅後提取0.05%～0.2%,作為報酬發給發明人或者設計
人;或者參照上述比例,發給發明人或者設計人一次性
報酬。

第七十三條：發明創造專利權的持有單位許可其他單位或個人實施其
專利的,應當從收取的使用費中納稅後提取5%～10%
作為報酬發給發明人或者設計人。

第七十四條：本細則規定的報酬,一律從製造專利產品,使用專利方
法所獲得的利潤和收取的使用費中列支,不計入單位的
獎金總額,不計徵獎金稅。但發明人或者設計的個人所
得,應當依法納稅。

第七十五條：本章關於獎金和報酬的規定，集體所有制單位和其他企業可以參照執行。

第七章　專利管理機關

第七十六條：專利法第六十條和本細則所稱的專利管理機關是指國務院有關主管部門和省、自治區、直轄市、開放城市和經濟特區人民政府設立的專利管理機關。

第七十七條：對於在發明專利申請公布後，專利權授予前使用發明而未支付適當費用的單位或者個人，在專利權授予後；專利權人可以請求專利管理機關進行調處，也可以直接向人民法院起訴，專利管理機關調處的時候，有權決定該單位或者個人在指定的期限內支付適當的費用。當事人對專利管理機關的決定不服的，可以向人民法院起訴。

前款規定准用於實用新型或者外觀設計專利申請。

第七十八條：發明人或者設計人與其所屬單位對其發明創造是否屬於職務發明創造以及對職務發明創造是否提出專利申請有爭議的，發明人或者設計人可以請求上級主管部門或者單位所在地區專利管理機關處理。

第七十九條：屬於跨部門或者跨地區的侵權糾紛，當事人請求專利管理機關處理的，應當由發生侵權行為地區的專利管理機關或者侵權單位上級主管部門的專利管理機關處理。

第八章　專利登記和專利公報

第八十條：專利局設置專利登記簿，登記下列專利權有關事項：

1.專利權的授予。

2.專利權的轉讓。

3.專利權期限的續展。

　　4.專利權的終止和無效。

　　5.專利實施的強制許可。

　　6.專利權人的姓名或者名稱、國籍和地址的變更。

第八十一條：專利局定期出版專利公報，公布或者公告下列內容：

　　1.專利申請請求書中記載的著錄事項。

　　2.發明或者實用新型說明書的摘要。

　　3.對發明專利申請的實質審查請求和專利局對該項申請自行進行實質審查的決定。

　　4.發明專利申請的審定和實用新型、外觀設計申請的公告。

　　5.專利申請的駁回。

　　6.異議的審查決定和對專利申請的修改。

　　7.專利權的授予。

　　8.專利權的終止。

　　9.專利權的無效宣告。

　　10.專利權的轉讓。

　　11.專利實施的強制許可的給予。

　　12.專利權期限的續展。

　　13.專利申請的撤回，視為撤回和放棄。

　　14.專利權人的姓名或者名稱、地址的變更。

　　15.對地址不明的申請人的通知。

　　16.其他有關事項。

　　發明或者實用新型說明書及其附圖，權利要求書和外觀設計專利申請的圖片或者照片，另行全文出版。

第九章　費　用

第八十二條：向專利局申請專利和辦理其他手續時，應當按照情況繳

納下列費用：

1.申請費和申請維持費。

2.審查費、複審費和異議費。

3.年費。

4.辦理其他專利事務手續費、專利權期限續展費、著錄事項變更費、專利證書費、優先權證明費、無效宣告請求費、強制許可請求費和強制許可使用費的裁決請求費。

上述各種費用數額由專利局另行規定。

第八十三條：專利法和本細則規定的各種費用，可以透過郵局或者銀行匯付，也可以直接向專利局繳納。透過郵局或者銀行匯付的，應當在匯單上寫明費用名稱、發明創造的名稱、申請號或者專利號。沒有申請號或者專利號的，應當註明提出申請的日期。透過郵局或者銀行匯付費用的，以費用匯出日為繳款日。

第八十四條：申請專利未按時繳納或者未繳足申請費的，申請人可以自提交申請之日起1個月繳納或者繳足期滿未繳納或者未繳足的，其申請被視為撤回。

第八十五條：申請人請求實質審查或者請求複審，任何人提出異議或者請求宣告專利權無效，未按規定繳納費用的，可以在自提出請求或者異議之日起15天內繳納，但繳費日不得超過專利法規定請求實質審查、複審或者提出異議的期限，期滿未繳納的，被視為未提出請求或者異議。

第八十六條：發明專利申請人自申請日起滿2年尚未被授予專利權的，自第三年度起每年繳納申請維持費，第一次申請維持費應當在第三年度的第一個月內繳納，以後的申請維持費應當在前一年度期滿前一個月內預繳。

第八十七條：第一次年費應當於領取專利證書繳納。在授予專利權時
　　　　　　已經繳納當年申請維持費的，專利權人應當按照當年年
　　　　　　費數額補繳差額。以後的年費應當在前一年度期滿前一
　　　　　　個月預繳。

第八十八條：申請人或者專利權人未按時繳納申請維持費或者年費，
　　　　　　以及繳納的申請維持費或者年費數額不足的，專利局應
　　　　　　當通知申請人在應當繳納申請維持費或者年費期滿之日
　　　　　　起6個月補繳，同時繳納金額爲申請維持費或者年費的
　　　　　　25％的滯納金；期滿未繳納的，自應當繳納申請維持費
　　　　　　或者年費期滿日起，其申請被視爲撤回或者專利權終
　　　　　　止。

第八十九條：依照專利法第四十五條第二款規定，申請續展實用新型
　　　　　　或者外觀設計專利權期限的，應當在專利權期滿前6個
　　　　　　月內提出請求，並且繳納續展費，期滿未繳納續展費
　　　　　　的，被視爲未提出請求。

第九十條：個人申請專利和辦理其他手續，繳納本細則第八十二條規
　　　　　　定的各種費用有困難的，可以按規定向專利局提出減繳或
　　　　　　者緩繳的請求。減繳或者緩繳的辦法由專利局另行規定。

第十章　附　則

第九十一條：任何人經專利局同意後，可以查閱或者複製已經公布或
　　　　　　者公告的專利申請案卷、專利登記簿和有關證明文件。

第九十二條：申請人向專利局提交的文件應當使用專利局製定的統一
　　　　　　格式，由申請人或者其專利代理人簽字或蓋章。

第九十三條：向專利局提交有關申請或者專利權的文件或者物品時，
　　　　　　應當標明申請號或專利號和發明創造的名稱。郵寄文件
　　　　　　或者物品必須掛號。

第九十四條：各類申請文件應當打字或者印刷，字跡應當整齊清晰，不得塗改。紙張只限使用正面。附圖應當用製圖工具和黑色墨水繪製，線條應當均勻清晰。

第九十五條：本細則由專利局負責解釋。

第九十六條：本細則自1985年4月1日起施行。

附錄三十五：
中華人民共和國外匯管理暫行條例
國務院1980年12月發布

第一章　總　則

第一條：為了加強外匯管理，增加國家外匯收入，節約外匯支出，有
利於促進國民經濟的發展，並維護國家權益，特制定本條
例。一切外匯的收入和支出，各種外匯票證的發行和流通以
及外匯、貴金屬和外匯票證等進出中華人民共和國國境，都
應當遵守本條例的規定。

第二條：本條例所稱外匯係指：

1.外國貨幣：包括鈔票、鑄幣等。

2.外幣有價證券：包括政府公債、國庫券、公司債券、股
票、息票等。

3.外幣支付憑證：包括票據、銀行存款憑證、郵政儲蓄憑證
等。

4.其他外匯資金。

第三條：中華人民共和國對外匯實行由國家集中管理、統一經營的方
針。中華人民共和國管理外匯的機關為國家外匯管理總局及
其分局，中華人民共和國經營外匯業務的專業銀行為中國銀
行。非經國家外匯管理總局批准，其他任何金融機構都不得
經營外匯業務。

第四條：在中華人民共和國境內，除法律、法令和本條例另有規定者外，一切中外機構或者個人的外匯收入，都必須賣給中國銀行，所需外匯由中國銀行按照國家批准的計劃或者有關規定賣給。在中華人民共和國境內，禁止外幣流通、使用、質押，禁止私自買賣外匯及禁止以任何形式進行套匯、逃匯。

第二章　對國家單位和集體經濟組織的外匯管理

第五條：中國境內的機關、部隊、團體、學校、國營企業、事業單位、城鄉集體經濟組織（以下統稱境內機構）的外匯收入和支出，都實行計劃管理。國家允許境內機構按照規定持有留成外匯。

第六條：境內機構除經國家外匯管理總局或者分局批准，不得私自保存外匯，不得將外匯存放境外，不得以外匯收入抵作外匯支出，不得借用、調用國家駐外機構以及設在外國和港、澳等地區的企業、事業單位的外匯。

第七條：境內機構非經國務院批准，不得在國內外發行具有外匯價值的有價證券。

第八條：境內機構接受外國或者港、澳等地區銀行、企業的貸款，必須分別由國務院主管部門或省、市、自治區人民政府匯總，編製年度貸款計劃，報經國家外匯管理總局和外國投資管理委員會核報國務院批准。貸款審批辦法，另行規定。

第九條：境內機構的留成外匯，非貿易和補償貿易項下先收後付的備付外匯，貸入的自由外匯，以及經國家外匯管理總局或者分局批准持有的其他外匯，都必須在中國銀行並立外匯存款帳戶，或者外匯額度帳戶，按照規定的範圍使用，並受中國銀行監督。

第十條：境內機構進出口貨物，經辦銀行應當憑海關查驗後的進出口

許可證，或者憑進出口貨物報關單，檢查其外匯收支。

第十一條：國家駐外機構必須按照國家批准的計劃使用外匯。設在外
國和港、澳等地區的企業、事業單位從事經營所得的利
潤，除按國家批准的計劃可以留存當地營運者外，都必須
按期調回，賣給中國銀行，一切駐外機構不得自行為境內
機構保存外匯。

第十二條：臨時派往外國和港、澳等地區的代表團、工作組，必須分
別按照各該專項計劃使用外匯。公畢回國，必須將剩餘的
外匯及時調回，經核銷後賣給中國銀行。前款代表團、工
作組及其成員，從事各項業餘活動所得外匯，必須及時調
回，除經國家外匯總局或者分局批准，不得存放境外。

第三章　對個人的外匯管理

第十三條：居住在中國境內的中國人、外國僑民和無國籍人，由外國
和港、澳等地區匯入的外匯，除國家允許留存的部分外，
必須賣給中國銀行。

第十四條：居住在中國境內的中國人、外國僑民和無國籍人，存放在
中國境內的外匯，允許個人持有。前款外匯，不得私自攜
帶、託帶或者郵寄出境；如需出售，必須賣給中國銀行，
同時允許按照規定的比例留存部分外匯。

第十五條：居住在中國境內的中國人在中華人民共和國成立前，華僑
在回國定居前，港、澳同胞在回鄉定居前，存放在外國或
者港、澳等地區的外匯，調回境內的，允許按照國家規定
的比例留存部分外匯。

第十六條：派赴外國或者港、澳等地區的工作人員、學習人員公異返
回，如匯入或者攜入屬於個人所有的外匯，允許全部留
存。

第十七條：本條例第十三條、第十四條、第十五條規定的允許個人留存的外匯，其留存比例另行規定。本條例第十三條、第十四條、第十五條、第十六條規定的允許個人留存的外匯，必須存入中國銀行。此項外匯存款，可以賣給中國銀行，可以透過中國銀行匯出境外，也可以憑中國銀行證明攜出境外；但是，不得將存款憑證私自攜帶、託帶或者郵寄出境。

第十八條：來中國的外國人、短期回國的華僑、回鄉的港、澳同胞、應聘在中國境內機構工作的外籍專家、技術人員、職工以及外籍留學生、實習生等，由外國或香港等地區匯入或者攜入的外匯，可以自行保存，可以賣給或者存入中國銀行，也可以匯出或者攜出境外。

第十九條：居住在中國境內的中國人、外國僑民和無國籍人，如需購買外匯，匯出或者攜出境外，可以向當地外匯管理分局申請，經批准後，由中國銀行賣給，應聘在中國境內機構工作的外籍專家、技術人員和職工，匯出或者攜出外匯，由中國銀行按照合同協議的規定辦理。

第四章　對外國駐華機構及其人員的外匯管理

第二十條：各國駐華外交代表機構、領事機構、商務機構、駐華的國際組織機構和民間機構、外交官、領事官及各該機構所屬常駐人員，由外國或者港、澳等地區匯入或者攜入的外匯，可以自行保存、賣給或者存入中國銀行，也可以匯出或者攜出境外。

第二十一條：各國駐華外交代表機構、領事機構，收取中國公民以人民幣交付的簽證費、認證費，如要求兌成外匯，必須經國家外匯管理局或者分局批准。

第五章 對僑資企業、外資企業、中外合資經營企業及其人員的外匯管理

第二十二條：僑資企業、外資企業、中外合資經營企業的一切外匯收入，都必須存入中國銀行，一切外匯支出，從其外匯存款帳戶中支付。前款企業必須定期向國家外匯管理總局或者分局填送外匯業務報表，國家外匯管理總局或者分局有權檢查其外匯收支的活動情況。

第二十三條：僑資企業、外資企業、中外合資經營企業與中華人民共和國境內的企業或者個人之間的結算，除經國家外匯管理總局或者分局核准者外，都應當使用人民幣。

第二十四條：僑資企業、外資企業、中外合資經營企業的外國合營者依法納稅後的純利潤和其他正當收益，可以向中國銀行申請從企業的外匯存款帳戶中匯出。前款企業，外國合營者，如將外匯資本轉移到中國境外，應當向國家外匯管理總局或者分局申請，從企業的外匯存款帳戶中匯出。

第二十五條：僑資企業、外資企業、中外合資經營企業中的外籍職工和港、澳職工依法納稅後，匯出或者攜出外匯，以不超過其本人工資等正當淨收益的50%為限。

第二十六條：依法停止營業的僑資企業、外資企業、中外合資經營企業，在中國境內的未了債務、稅務事項，應當在有關主管部門和國家外匯管理總局或者分局的共同監督下，負責按期清理。

第六章 對外匯、貴金屬和外匯票證等進出國境的管理

第二十七條：攜帶外匯、貴金屬、貴金屬製品進入中國國境，數量不

受限制，但是必須向入境地海關申報。攜帶或者復帶外匯出境，海關憑中國銀行證明或者憑原入境時的申報單放行。攜帶或者復帶貴金屬、貴金屬製品出境，海關區別情況按照國家規定或者按照原入境時的申報單放行。

第二十八條：攜帶人民幣旅行支票、旅行信用證等人民幣外匯票證，入境時，海關憑申報單放行；出境時，海關憑中國銀行證明或者憑原入境時的申報單放行。

第二十九條：居住在中國境內的中國人，持有境外的債券、股票、房地契以及與處理境外債權、遺產、房地產和其他外匯資產有關的各種證書、契約，非經國家外匯管理總局或者分局批准，不得攜帶、託帶或者郵寄出境。

第三十條：居住在中國境內的中國人、外國僑民和無國籍人所持有的人民幣支票、匯票、存摺、存單等人民幣有價憑證，不得攜帶、託帶或者郵寄出境。

第七章　附則

第三十一條：對違反本條例規定者，任何單位，個人都有權檢舉揭發。對檢舉揭發有功的單位、個人給予獎勵，對違法案件，由國家外匯管理總局、分局或者由公安部門、工商行政管理部門、海關按其情節輕重，強制實行收兌外匯，單處或者並處罰款、沒收財務，或者由司法機關依法懲處。

第三十二條：經濟特區、邊境貿易和邊民往來的外匯管理辦法，由有關省、市、自治區人民政府根據本條例規定結合當地具體情況制定，報國務院批准後施行。

第三十三條：本條例的施行細則，由國家外匯管理總局制定。

附錄三十六：
違反外匯管理處罰施行細則

1985年3月25日國務院批准
1985年4月5日國家外匯管理局公布（85）國函字46號

第一條：為貫徹執行「中華人民共和國外匯管理暫行條例」第三十一
　　　　條、第三十三條的規定，特制定本細則。

第二條：下列行為，都屬於套匯：

　　　1.除經國家外匯管理局及其分局（以下簡稱管匯機關）批准
　　　　或者國家另有規定者外，以人民幣償付應當以外匯支付的
　　　　進口貨款或者其他款項的。

　　　2.境內機構以人民幣為駐外機構、外國駐華機構、僑資企
　　　　業、外資企業、中外合資經營企業、短期入境個人支付其
　　　　在國內的各種費用，由對方付給外匯，沒有賣給國家的。

　　　3.駐外機構使用其在中國境內的人民幣為他人支付各種費
　　　　用，由對方付給外匯的。

　　　4.外國駐華機構、僑資企業、外資企業、中外合資經營企業
　　　　及其人員，以人民幣為他人支付各種費用，而由他人以外
　　　　匯或者其他相類似的形式償還的。

　　　5.未經管匯機關批准，派往外國或者港、澳等地區的代表
　　　　團、工作組及其人員，將出國經費或者從事各項業務活動
　　　　所得購買物品或者移作他用，以人民幣償還的。

　　　6.境內機構以出口收入或者其他收入的外匯抵償進口物品費
　　　　用或其他支出的。

第三條：對套匯者區別情況作如下處罰：

1.套入方所得外匯尚未使用的，責令其限期調回，強制收兌；套入方所得外匯已被使用，責令其補交等值的外匯，強制收兌，或者扣減相應的外匯額度；套入方所得外匯已被使用而無外匯歸還的，補交所購物品的國內外差價；以上並可另按套匯金額處以10%～30%的罰款。

2.對套出外匯方，根據情節輕重按套匯金額處以10%～30%的罰款。

第四條：下列行為，都屬於逃匯：

1.未經管匯機關批准，境內機構將收入的外匯私自保存、使用、存放境外的。

2.違反「對僑資企業、外資企業、中外合資經營企業外匯管理施行細則」的規定，將收入的外匯存放境外的。

3.境內機構、僑資企業、外資企業、中外合資經營企業以低報出口貨價、佣金等手段少報外匯收入，或者以高報價進口貨價、費用、佣金等手段多報外匯支出，將隱匿的外匯和私自保存或者存放境外的。

4.駐外機構以及在境外設立的中外合資經營企業的中方投資者，不按國家規定將應當調回的利潤留在當地營運或移作他用的。

5.除經管匯機關批准，派往外國或者港、澳等地區的代表團、工作組及其人員不按各該專項計劃使用外匯，將出國經費或者從事各項業務活動所得外匯存放境外或者移作他用的。

第五條：對逃匯者區別情況作如下處罰：

1.逃匯所得外匯尚未使用的，責令違法者或者其主管部門限期調回、強制收兌，或者沒收全部或部分外匯，並可另按

逃匯金額處以10%～50%的罰款。

2.逃匯所得外匯已被使用的，責令其補交等值的外匯，強制收兌或者予以沒收，並可另按逃匯金額處以10%～50%的罰款。

3.逃匯所得外匯已被使用而無外匯歸還的，按逃匯金額處以30%以上，等值以下的罰款，或者沒收非法所得，或者罰、沒並處。

第六條：下列行為，都屬於擾亂金融：

1.未經國家外匯管理局批准經營外匯業務，或者超越批准經營範圍擴大外匯業務的。

2.未經國務院或者國務院授權機關批准，境內機構在國內外發行具有外匯價值的有價證券，接受外國或者港、澳等地區的銀行、企業貸款的。

3.除經管匯機關批准，境內機構以外匯計價結算、借貸、轉讓、質押或者以外幣流通使用的。

4.私自買賣外匯、變相買賣外匯或者超過國家外匯管理局規定價格買賣外匯及倒買倒賣外匯的。

第七條：對犯有前條違法行為者區別情況作如下處罰：

1.對犯有第1項違法行為者，分別責令其停止經營外匯業務、停止超越批准經營範圍的外匯業務、沒收非法所得、處以非法經營額等值以下的罰款或者罰、沒並處。

2.對犯有第2項違法行為者，不准其發行新的債券或接受新的貸款，並可按其債券或貸款金額處以20%以下的罰款。

3.對犯有第3項、第4項違法行為者，強制收兌違法外匯、沒收非法所得，或者處以違法外匯等值以下的罰款，或罰、沒並處。

第八條：對第二條、第四條、第六條未作具體規定的其他違反外匯管

理的違法行為，可以區別情況，參照本細則最相類似的條款處理。

第九條：違反外匯管理，情節輕微或者主動向管匯機關坦白交待違法事實、真誠悔改、檢舉立功的，可以從寬處理直至免予處罰；抗拒檢查、掩蓋違法事實、屢教不改的，按照本細則第三條、第五條、第七條的規定從重處罰。

第十條：套匯、逃匯、擾亂金融，情節嚴重的案件，應當移送司法機關依法處理。

第十一條：管匯機關查處違反外匯管理案件，為了防止違法單位轉移資金，可以通知銀行凍結其違法款項，凍結時間不超過2個月，屆期自動解凍。遇有特殊情況需要適當延長凍結時間的，管匯機關應當重新辦理通知手續。對於拒不繳付罰、沒款項的違法單位，管匯機關可以從其開戶銀行帳戶中強制扣款。

第十二條：管匯機關處理違反外匯管理案件，應當制發處罰決定書，通知被查處的單位或者個人。當事人對管匯機關的處罰決定不服，可以在接到處罰決定書之日起的15日內，向上一級管匯機關申請複議，當事人不服複議決定的，可以向當地人民法院起訴。

第十三條：違反外匯管理的案件，由管匯機關處理；透過貨物、行李物品、郵遞物品、運輸工具進出國境，從而具有走私性質的套匯、逃匯案件，由海關處理；利用外匯、外幣商證進行投機倒把的案件，由工商行政管理機關處理。

第十四條：經濟特區違反外匯管理處罰辦法，由廣東省、福建省人民政府參照本細則另行制定。

第十五條：本細則由國家外匯管理局負責解釋。

第十六條：本則自公布之日起施行。

附錄三十七：
中國人民銀行關於進一步改革外匯管理體制的公告
1993年12月28日中國人民銀行發布

　　為促進社會主義市場經濟體制的建立和進一步對外開放，推動中國國民經濟的持續、快速、健康發展，根據國務院決定，從1994年1月1日起，進一步改革中國的外匯管理體制。現公告如下：

一、實行外匯收入結匯制，取消外匯分成

　　境內所有企事業單位、機關和社會團體的各類外匯收入必須及時調回境內。屬於下列範圍內的外匯收入（外商投資企業除外），均須按銀行掛牌匯率，全部結售給外匯指定銀行：

　　1.出口或轉口貨物及其他交易行為取得的外匯。

　　2.交通運輸、郵電、旅遊、保險等業提供服務和政府機構往來取得的外匯。

　　3.銀行經營外匯業務應上繳的外匯淨收入，境外勞務承包和境外投資應調回境內的外匯利潤。

　　4.外匯管理部門規定的其他應結售的外匯。

　　下列範圍內的外匯收入，允許在外匯指定銀行開立現匯帳戶：

　　1.境外法人或自然人作為投資匯入的外匯。

　　2.境外借款和發行債券、股票取得的外匯。

　　3.勞務承包公司境外工程合同期內調入境內的工程往來款項。

　　4.經批准具有特定用途的捐贈外匯。

5.外國駐華使領館、國際組織及其他境外法人駐華機構的外匯。

6.個人所有的外匯。

上述範圍內用於支付境內費用的部分，均應向外匯指定銀行兌換人民幣辦理支付。取消現行的各類外匯留成、上繳和額度管理制度。對現有留成外匯額度餘額和前述允許開立現匯帳戶範圍以外的現匯存款，按以下原則處理：

留成外匯額度餘額允許按1993年12月31日公布的外匯牌價繼續使用。對匯率並軌前已辦理結匯，尚未分配入帳的留成外匯額度，應在1994年1月31日以前辦完入帳，也允許按1993年12月31日公布的外匯牌價繼續使用。

前述允許開立現匯帳戶範圍以外的現匯存款，在實行結匯制後，可繼續保留原有現匯帳戶，只許支用，不許存入，用完爲止。帳戶內餘額允許用於經常項目支付，償還外匯債務或向銀行結售。

二、實行銀行售匯制，允許人民幣在經常項目下有條件可兌換

在實行售匯制後，取消經常項目正常對外支付用匯的計劃審批。境內企事業單位、機關和社會團體在此項下的對外支付用匯，持如下有效憑證，用人民幣到外匯指定銀行辦理兌付：

1.實行配額或進口控制的貨物進口，持有關部門頒發的配額、許可證或進口證明以及相應的進口合同。

2.實行自動登記制的貨物進口，持登記證明和相應的進口合同。

3.除上述兩項以外，其他符合國家進口管理規定的貨物進口、持進口合同和境外金融機構的支付通知書。

4.非貿易項下的經營性支付，持支付協議或合同和境外金融、非金融機構的支付通知書。非經營性支付購匯或購提現鈔，按財務和外匯管理有關規定辦理。對向境外投資、貸款、捐贈的匯出，繼續實行審批制度，作爲一項過渡措施，改革初期對出口

企業按結匯額的50％在外匯指定銀行設立台帳。出口企業出口
所需用匯及貿易從屬費，持前述有效憑證，由銀行在其台帳餘
額內辦理兌付。出口企業出口所需用匯，超過台帳餘額的部
分，仍可以按國家規定的辦法，持有效憑證到外匯指定銀行辦
理兌付。

三、建立銀行間外匯市場、改進匯率形成機制、保持合理及相對穩定的人民幣匯率

實行銀行結匯、售匯制後，建立全國統一的銀行間外匯交易市
場。外匯指定銀行是外匯交易市場的主體。銀行間外匯交易市場主要
職能是為各外匯指定銀行相互調劑餘缺和清算服務。銀行間外匯交易
市場，由中國人民銀行透過國家外匯管理局監督管理。

1994年1月1日開始，實行人民幣匯率並軌。並軌後的人民幣匯
率，實行以市場供求為基礎的、單一的、有管理的浮動制。由中國人
民銀行根據前一日銀行間外匯交易市場形成的價格，每日公布人民幣
對美元交易的中間價，並參照國際外匯市場變化，同時公布人民幣對
其他重要貨幣的匯率。各外匯指定銀行以此為依據，在中國人民銀行
規定的浮動幅度範圍內自行掛牌，對客戶買賣外匯。在穩定境內通貨
的前提下，透過銀行間外匯買賣和中國人民銀行向外匯交易市場吞吐
外匯，保持各銀行掛牌匯率的基本一致和相對穩定。

四、強化外匯指定銀行的依法經營和服務職能

外匯指定銀行辦理結匯所需人民幣資金原則上應由各銀行用自有
資金解決。國家對外匯指定銀行的結算周轉外匯實行比例管理。各銀
行結算周轉外匯的比例，由中國人民銀行根據其資產和外匯結算工作
核定。各銀行持有超過其高限比例的結算周轉外匯，必須出售給其他
外匯指定銀行或中國人民銀行；持有結算周轉外匯降到低限比例以下

時，應及時從其他外匯指定銀行或中國人民外匯購入補足。

　　爲使有遠期支付合同或償債協議的用匯單位避免匯率風險，外匯指定銀行可依據有效憑證辦理人民幣與外幣的保值業務，各外匯指定銀行要保持合理的資產負債結構，按規定辦理結匯、售匯和開戶、存貸等業務，努力提高服務質量，降低服務費用，依法經營，公平競爭。

五、嚴格外債管理建立償債基金，確保國家對外信譽

　　對境外資金的借用和償還，國家繼續實行計劃管理，金融條件審批和外債登記制度。爲境外法人（含中資控股的機構和企業）借款出具擔保，必須嚴格按照國家外匯管理局（境內機構對提供外匯擔保管理辦法）辦理。

　　爲確保國家的對外信譽，必須加強外債償還的管理，繼續實行「誰借誰還」的原則。債務人應加強對借用外債項目的管理，提高項目的經濟效益和創匯能力。國家鼓勵和支持各地區有關部門和外債較多的企業按債務餘額的一定比例建立償債基金，在外匯指定銀行開立現匯帳戶存儲。國家批准的專項還貸出口收匯，可以直接進入該帳戶。專戶資金只能用於對外支付本息，不得轉移或用於其他支付。

　　債務人還本付息應從其償債基金專戶中支付，如發生困難，經外匯管理部門審查批准，根據借款協議，憑外債登記證和還本付息核准憑證，用人民幣到外匯指定銀行辦理兌付。債務人要求在貸款協議規定到期日之前提前對外償付的，須按規定經外匯管理部門批准。未辦理登記手續的外債和境內機構違反規定爲境外法人借債提供擔保引起的支付責任，各銀行不得擅自爲其辦理對外支付。

　　已發放的境內金融機構自營外匯貸款，債務人可用創匯收入直接償還，也可按貸款協議規定，用人民幣向外匯指定銀行購匯償還。實行新體制後，境內金融機構借入境外貸款和吸收外幣存款發現的貸

款，仍採取貸外匯還外匯的方式，還款外匯按上述辦法解決。

六、外商投資企業外匯管理體制仍維持現行辦法

外商投資企業的外匯收入，允許在外匯指定銀行或境內外資銀行開立現匯帳戶。外商投資企業在國家規定允許的範圍內對外支付和償還境內金融機構外匯貸款本息，可從其現匯帳戶餘額中直接辦理；超出現匯帳戶餘額的生產、經營，還本付息和紅利匯出的用匯，由國家外匯管理部門根據國家授權部門批准的文件及合同審核批准後，向外匯指定銀行購買。

七、取消境內外幣計價結算，禁止外幣在境內流通

自1994年1月1日起，取消任何形式的境內外幣計價結算；境內禁止外幣流通和指定金融機構以外的外匯買賣停止發行外匯券，已發行流通的外匯券，可繼續使用，逐步兌回。

八、加強國際收支的宏觀管理

加強對外匯收支和國際收支平衡情況及變化趨勢的分析，預測逐步完善中國國際收支的宏觀調控體系。建立國際收支統計申報制度，加強對收、付匯和借還外債的核銷、統計、監督和管理、堵塞漏洞、減少、杜絕外匯流失。各有關部門應密切配合、及時協調、解決工作中出現的問題，確保外匯管理體制改革的順利實施。

附錄三十八：

中華人民共和國稅收徵收管理法

1992年9月4日第七屆全國人民代表大會常務委員會第二十七次會議通過

第一章　總　則

第一條：為了加強稅收徵收管理，保障國家稅收收入，保護納稅人的合法權益，制定本法。

第二條：凡依法由稅務機關徵收的各種稅收的徵收管理，均適用本法。

第三條：稅收的開徵、停徵以及減稅、免稅、退稅、補稅，依照法律的規定執行；法律授權國務院規定的，依照國務院制定的行政法規的規定執行。任何機關、單位和個人不得違反法律、行政法規的規定，擅自作出稅收開徵、停徵以及減稅、免稅、退稅、補稅的決定。

第四條：法律、行政法規規定負有納稅義務的單位和個人為納稅人。法律、行政法規規定負有代扣代繳、代收代繳稅款義務的單位和個人為扣繳義務人。納稅人、扣繳義務人必須依照法律、行政法律的規定繳納稅款，代扣代繳、代收代繳稅款。

第五條：國務院稅務主管部門主管全國稅收徵收管理工作。地方各級人民政府應當加強對本行政區域內稅收徵收管理工作的領導，支持稅務機關依法執行職務，完成稅收徵收任務。各有關部門和單位應當支持，協助稅務機關依法執行職務。稅務

機關依法執行職務，任何單位和個人不得阻撓。

第六條：稅務人員必須秉公執法、忠於職守，不得索賄受賄、徇私舞弊、怠忽職守、不徵或者少徵應徵稅款；不得濫用職權多徵稅款或者故意刁難納稅人和扣繳義務人。

第七條：任何單位和個人都有權檢舉違反稅收法律、行政法規的行為，稅務機關應當為檢舉人保密，並按照規定給予獎勵。

第八條：本法所稱稅務機關是指各級稅務局、稅務分局和稅務所。

第二章　稅務管理

第一節　稅務登記

第九條：企業、企業在外地設立的分支機構和從事生產、經營的場所，個體工商戶和從事生產、經營的事業單位（以下統稱從事生產、經營的納稅人）自領取營業執照之日起30日內，持有關證件，向稅務機關申報辦理稅務登記。稅務機關審核後發給稅務登記證件。前款規定以外的納稅人辦理稅務登記的範圍和辦法，由國務院規定。

第十條：從事生產、經營的納稅人，稅務登記內容發生變化時，自工商行政管理機關辦理變更登記之日起30日內或者在向工商行政管理機關申請辦理註銷登記之前，持有關證件向稅務機關申報辦理變更或者註銷稅務登記。

第十一條：納稅人按照國務院稅務主管部門的規定使用稅務登記證件。稅務登記證件不得轉借、塗改、損毀、買賣或者偽造。

第二節　帳簿、憑證管理

第十二條：從事生產、經營的納稅人、扣繳義務人按照國務院財政、稅務主管部門的規定設置帳簿，根據合法、有效憑證記

帳，進行核算。個體工商戶確實不能設置帳簿的，經稅務機關核准，可以不設置帳簿。

第十三條：從事生產、經營的納稅人的財務，會計制度或者財務、會計處理辦法，應當報送稅務機關備案。從事生產、經營的納稅人的財務、會計制度或者財務、會計處理辦法與國務院或者國務院財政、稅務主管部門有關稅收的規定牴觸的，依照國務院或者國務院財政、稅務主管部門有關稅收的規定計算納稅。

第十四條：發票必須由省、自治區，直轄市人民政府稅務主管部門指定的企業印製；未經省、自治區、直轄市人民政府稅務主管部門指定不得印製發票，發票管理辦法由國務院規定。

第十五條：從事生產、經營的納稅人、扣繳義務人必須按照國務院財政、稅務主管部門規定的保管期限保管帳簿、記帳憑證、完稅憑證及其他有關資料。帳簿、記帳憑證、完稅憑證及其他有關資料不得偽造、變造或者擅自損毀。

第三節　納稅申報

第十六條：納稅人必須在法律、行政法規規定或者稅務機關依照法律、行政法規的規定確定的申報期限內辦理納稅申報，報送納稅申報表，財務會計報表以及稅務機關根據實際需要要求納稅人報送的其他納稅資料。

扣繳義務人必須在法律、行政法規定或者稅務機關依照法律、行政法規的規定確定的申報期限內報送代扣代繳、代收代繳稅款報告表以及稅務機關根據實際需要要求扣繳義務人報送的其他有關資料。

第十七條：納稅人、扣繳義務人不能按期辦理納稅申報或者報送代扣代繳、代收代繳稅款報告表的，經稅務機關核准，可以延

期申報。

第三章　稅款徵收

第十八條：稅務機關依照法律、行政法規的規定徵收稅款，不得違反法律、行政法規的規定開徵、停徵、多徵或者少徵稅款。

第十九條：扣繳義務人依照法律、行政法規的規定履行代扣、代收稅款的義務。對法律、行政法規沒有規定負有代扣、代收稅款義務的單位和個人，稅務機關不得要求其履行代扣、代收稅款義務。

扣繳義務人依法履行代扣、代收稅款義務時，納稅人不得拒絕。納稅人拒絕的，扣繳義務人應當及時報告稅務機關處理。稅務機關按照規定付給扣繳義務人代扣、代收手續費。

第二十條：納稅人、扣繳義務人按照法律、行政法規規定或者稅務機關依照法律、行政法規的規定確定的期限繳納或者解繳稅款。納稅人因有特殊困難，不能按期繳納稅款的，經縣以上稅務局（分局）批准，可以延期繳納稅款，但最長不得超過3個月。

納稅人未按照前款規定期限繳納稅款的，扣繳義務人未按照前款規定期限解繳稅款的，稅務機關除責令限期繳納外，從滯納稅款之日起，按日加收納稅款2‰的滯納金。

第二十一條：納稅人可以依照法律、行政法規的規定向稅務機關書面申請減稅、免稅。減稅、免稅的申請須經法律、行政法規規定的減稅、免稅審查批准機關審批；地方各級人民政府、各級人民政府主管部門、單位和個人，違反法律、行政法規規定，擅自作出減稅、免稅決定無效。

第二十二條：稅務機關徵收稅款和扣繳義務人代扣、代收稅款時，必

須給納稅人開具完稅憑證。

第二十三條：納稅人有下列情形之一的，稅務機關有權核定其應納稅額：

1.依照本法規定可以不設置帳簿的。

2.依照本法規定應當設置但未設置帳簿的。

3.雖設置帳簿但帳目混亂或者成本資料、收入憑證、費用憑證殘缺不全，難以查帳的。

4.發生納稅義務未按照規定的期限辦理納稅申報，經稅務機關責令限期申報，逾期仍不申報的。

第二十四條：企業或者外國企業在中國境內設立的從事生產、經營的機構、場所與其關聯企業之間的業務往來，應當按照獨立企業之間的業務往來收取或者支付價款、費用；不按照獨立企業之間的業務往來收取或者支付價款、費用，而減少其應納稅的收入或者所得額的，稅務機關有權進行合理調整。

第二十五條：對未取得營業執照從事經營的單位或者個人，除由工商行政管理機關依法處理外，由稅務機關核定其應納稅額，責令繳納；不繳納的，稅務機關可以扣押其價值相當於應納稅款的商品、貨物；扣押後繳納應納稅款的，稅務機關必須立即解除扣押，並歸還所扣押的商品、貨物；扣押後仍不繳納應納稅款的，經縣以上稅務局（分局）局長批准，拍賣所扣押的商品、貨物，以拍賣所得抵繳稅款。

第二十六條：稅務機關有根據認為從事生產、經營的納稅人有逃避納稅義務行為的，可以在規定的納稅期之前，責令限期繳納應納稅款；在限期內發現納稅人有明顯的轉移、隱匿其應納稅的商品、貨物以及其他財產或者應納稅的收入

的跡像的，稅務機關可以責成納稅人提供納稅擔保。如果納稅人不能提供納稅擔保，經縣以上稅務局（分局）局長批准，稅務機關可以採取下列稅收保全措施：

1.書面通知納稅人開戶銀行或者其他金融機構，暫停支付納稅人的金額相當於應納稅款的存款。

2.扣押、查封納稅人的價值相當於應納稅款的商品、貨物或者其他財產。

納稅人在前款規定的限期內繳納稅款的，稅務機關必須立即解除稅收保全措施；限期期滿仍未繳納稅款的，經縣以上稅務局（分局）局長批准，稅務機關可以書面通知納稅人開戶銀行或者其他金融機構，從其暫停支付的存款中扣繳稅款，或者拍賣所扣押、查封的商品、貨物或者其他財產，以拍賣所得抵繳稅款。

採取稅收保全措施不當，或者納稅人在限期內已繳納稅款，稅務機關未立即解除稅收保全措施，使繳稅人的合法利益遭受損失的，稅務機關應當承擔賠償責任。

第二十七條：從事生產、經營的納稅人及扣繳義務人按照規定的期限繳納或者解繳稅款，納稅擔保人未按照規定的期限繳納所擔保的稅款，由稅務機關責令限期繳納，逾期仍未繳納的，經縣以上稅務局（分局）局長批准，稅務機關可以採取下列強制執行措施：

1.書面通知其開戶銀行或者其他金融機構從其存款中扣繳稅款。

2.扣押、查封、拍賣其價值相當於應納稅款的商品、貨物或者其他財產，以拍賣所得抵繳稅款。

稅務機關採取強制執行措施時，對前款所列納稅人、扣繳義務人、納稅擔保人未繳納的滯納金，同時強制執

行。

第二十八條：欠繳稅款的納稅人需要出境的，應當在出境前向稅務機
關結清應納稅款或者提供擔保。未結清稅款又不提供擔
保的，稅務機關可以通知出境管理機關阻止其出境。

第二十九條：稅務機關扣押商品、貨物或者其他財產時，必須並付收
據，查封商品、貨物或者其他財產時，必須並付清單。

第三十條：納稅人超過應納稅額繳納的稅款，稅務機關發現後，應當
立即退還；納稅人自結算繳納稅款之日起3年內發現的，
可以向稅務機關要求退還，稅務機關查實後應當立即退
還。

第三十一條：因稅務機關的責任，致使納稅人、扣繳義務人未繳或者
少繳稅款的，稅務機關在3年內可以要求納稅人、扣繳
義務人補繳稅款，但是不得加收滯納金；因納稅人、扣
繳義務人計算錯誤等失誤，未繳或者少繳稅款的，稅務
機關在3年內可以追徵；有特殊情況的，追徵期可以延
長到10年。

第四章　稅務檢查

第三十二條：稅務機關有權進行下列稅務檢查：

1. 檢查納稅人的帳簿、記帳憑證、報表和有關資料，檢
   查扣繳義務人代扣代繳、代收代繳稅款帳簿、記帳憑
   證和有關資料。

2. 到納稅人的生產、經營場所和貨物存放地，檢查納稅
   人應納稅的商品、貨物或者其他財產，檢查扣繳義務
   人與代扣代繳、代收代繳稅款有關的經營情況。

3. 責成納稅人、扣繳義務人提供與納稅或者代扣代繳、
   代收代繳稅款有關的文件、證明材料和有關資料。

　　　　　4.詢問納稅人、扣繳義務人與納稅或者代扣代繳、代收
　　　　　　代繳稅款有關的問題和情況。

　　　　　5.到車站、碼頭、機場、郵政企業及其分支機構檢查納
　　　　　　稅人託運、郵寄應納稅商品、貨物或者其他財產有關
　　　　　　單據、憑證和有關資料。

　　　　　6.經縣以上稅務局（分局）局長批准，憑全國統一格式
　　　　　　的檢查存款帳戶許可證明，查核從事生產、經營的納
　　　　　　稅人、扣繳義務人在銀行或者其他金融機構的存款帳
　　　　　　戶；查核從事生產、經營的納稅人的儲蓄存款，須經
　　　　　　銀行縣、市支行或者市分行的區辦事處核對，指定所
　　　　　　屬儲蓄所提供資料。

第三十三條：納稅人、扣繳義務人必須接受稅務機關依法進行的稅務
　　　　　　檢查，如實反映情況，提供有關資料，不得拒絕、隱
　　　　　　瞞。

第三十四條：稅務機關依法進行稅務檢查時，有關部門和單位應當支
　　　　　　持、協助向稅務機關如實反映納稅人、扣繳義務人和其
　　　　　　他當事人的與納稅或者代扣代繳、代收代繳稅款有關的
　　　　　　情況，提供有關資料及證明材料。

第三十五條：稅務機關調查稅務違法案件時，對與案件有關的情況和
　　　　　　資料，可以記錄、錄音、錄影、照像和複製。

第三十六條：稅務機關派出的人員進行稅務檢查時，應當出示稅務檢
　　　　　　查證件，並有責任為被檢查人保守秘密。

第五章　法律責任

第三十七條：納稅人有下列行為之一的，由稅務機關責令限期改正，
　　　　　　逾期不改正的，可以處以2,000元以下的罰款，情節嚴重
　　　　　　的處以2,000元以上10,000元以下的罰款：

　　　　1.未按照規定的期限申報辦理稅務登記、變更或者註銷
　　　　　登記的。

　　　　2.未按照規定設置、保管帳簿或者保管記帳憑證和有關
　　　　　資料的。

　　　　3.未按照規定將財務、會計制度或者財務、會計處理辦
　　　　　法報送稅務機關備查的。

第三十八條：扣繳義務人未按照規定設置、保管代扣代繳、代收代繳
　　　　　稅款帳簿或者保管代扣代繳、代收代繳稅款記帳憑證及
　　　　　有關資料的，由稅務機關責令限期改正，逾期不改正的
　　　　　可處以2,000元以下的罰款，情節嚴重的處以2,000元以
　　　　　上5,000元以下的罰款。

第三十九條：納稅人未按照規定的期限辦理納稅申報的，或者扣繳義
　　　　　務人未按照規定的期限向稅務機關報送代扣代繳、代收
　　　　　代繳稅款報告表的，由稅務機關責令限期改正，可處以
　　　　　2,000元以下的罰款；逾期不改正的，可以處以2,000元
　　　　　以上10,000元以下的罰款。

第四十條：納稅人採取偽造、變造、隱匿、擅自銷毀帳簿、記帳憑
　　　　　證，在帳簿上多列支出或者不列、少列收入，或是進行虛
　　　　　假的納稅申報的手段，不繳或少繳應納稅款的是逃稅。逃
　　　　　稅數額占應納稅額的10%以上並且逃稅數額在10,000元以
　　　　　上的，或者因逃稅被稅務機關給予2次行政處罰又逃稅
　　　　　的，除由稅務機關追繳其逃稅款外，依照關於懲治逃稅、
　　　　　抗稅犯罪的補充規定第一條的規定處罰；逃稅數額不滿
　　　　　10,000元或者逃稅數額占應納稅額不到10%的，由稅務機
　　　　　關追繳其逃稅款，處以逃稅數額5倍以下的罰款。

　　　　扣繳義務人採取前款所列手段，不繳或者少繳已扣、已收
　　　　稅款，數額占應繳稅額的10%以上並且數額在10,000元以

上的，依照關於懲治逃稅、抗稅犯罪的補充規定第一條的規定處罰；數額不滿10,000元或數額占應繳稅額不到10%的，由稅務機關追繳其不繳或者少繳的稅款，處以不繳或者少繳的稅款5倍以下的罰款。

第四十一條：納稅人欠繳應納稅款，採取轉移或者隱匿財產的手段，致使稅務機關無法追繳欠繳的稅款，數額在10,000元以上的，除由稅務機關追繳欠繳的稅款外，依照關於懲治逃稅、抗稅犯罪的補充規定第二條的規定處罰；數額不滿10,000元的，由稅務機關追繳欠繳的稅款，處以欠繳稅款5倍以下的罰款。

第四十二條：企業事業單位犯有第四十條、第四十一條規定的違法行為，構成犯罪的，依照關於懲治逃稅、抗稅犯罪的補充規定第三條的規定處罰；未構成犯罪的，由稅務機關追繳其不繳或者少繳的稅款，處以不繳或者少繳的稅款5倍以下的罰款。

第四十三條：納稅人向稅務人員行賄，不繳或者少繳應納稅款的，依照關於懲治逃稅、抗稅犯罪的補充規定第四條的規定處罰。

第四十四條：企業事業單位採取對所生產或者經營的商品假報出口等欺騙手段，騙取國家出口退稅款，數額在10,000元以上的，除由稅務機關追繳其騙取的退稅款外，依照關於懲治逃稅、抗稅犯罪的補充規定第五條第一款的規定處罰；騙取的國家出口退稅款數額不滿10,000元的，由稅務機關追繳其騙取的退稅款，處以騙取稅款5倍以下的罰款。

前款規定以外的單位或者個人騙取國家出口退稅款的，除由稅務機關追繳其騙取的退稅款外，依照關於懲治逃

稅、抗稅犯罪的補充規定第五條第二款的規定處罰；數額較小、未構成犯罪的，由稅務機關追繳其騙取的退稅款，處以騙取稅款5倍以下的罰款。

第四十五條：以暴力、威脅方法拒不繳納稅款的，是抗稅，除由稅務機關追繳其拒繳的稅款外，依照關於懲治逃稅、抗稅犯罪的補充規定第六條第二款的規定處以罰金。

第四十六條：從事生產、經營的納稅人、扣繳義務人在規定期限內不繳或者少繳應納或者應解繳的稅款，經稅務機關責令限期繳納，逾期仍未繳納的，稅務機關除依照本法第二十七條的規定採取強制執行措施，追繳其不繳或者少繳的稅款外，可以處以不繳或者少繳的稅款5倍以下的罰款。

第四十七條：扣繳義務人應扣未扣、應收未收稅款的，由扣繳義務人繳納應扣未扣、應收未收稅款。但是，扣繳義務人已將納稅人拒絕代扣、代收的情況及時報告稅務機關的除外。

第四十八條：違反本法第十四條規定，非法印製發票的，由稅務機關銷毀非法印製的發票、沒收違法所得並處罰款。

第四十九條：本法規定的行政處罰，由縣以上稅務局（分局）決定；對個體工商戶及未取得營業執照從事經營的單位，個人罰款額在1,000元以下的，由稅務所決定。稅務機關罰款必須並付收據。

第五十條：以暴力、威脅方法阻礙稅務人員依法執行職務的，依照刑法第一百五十七條的規定追究刑事責任；拒絕、阻礙稅務人員依法執行職務未使用暴力、威脅方法的，由公安機關依照治安管理處罰條例的規定處罰。

第五十一條：人民法院和稅務機關的罰沒收入，一律上繳回庫。

第五十二條：稅務人員與納稅人、扣繳義務人勾結，唆使或者協助納稅人、扣繳義務人犯本法第四十條、第四十一條、第四十二條、第四十四條罪的，按照刑法關於共同犯罪的規定處罰；未構成犯罪的給予行政處分。

第五十三條：稅務人員利用職務上的便利，收受或者索取納稅人、扣繳義務人財物，構成犯罪的，按照受賄罪追究刑事責任；未構成犯罪的，給予行政處分。

第五十四條：稅務人員怠忽職守、不徵或者少徵應徵稅款，致使國家稅收遭受重大損失的，依照刑法第一百八十七條的規定追究刑事責任；未構成犯罪的，給予行政處分。稅務人員濫用職權，故意刁難納稅人、扣繳義務人的，給予行政處分。

第五十五條：違反法律、行政法規的規定，擅自決定稅收的開徵、停徵或者減稅、免稅、退稅、補稅的，除依照本法規定撤銷其擅自作出的決定外，補徵應徵而未徵稅款，退還不應徵收而徵收的稅款，並由上級機關追究直接責任人員的行政責任。

第五十六條：納稅人、扣繳義務人、納稅擔保人與稅務機關在納稅上發生爭議時，必須先依照法律、行政法規的規定繳納或者解繳稅款及滯納金，然後可以在收到稅務機關填發的繳款憑證之日起60日內向上一級稅務機關申請複議。上一級稅務機關應當自收到複議申請之日起60日內作出複議決定。對複議決定不服的，可以在接到複議決定書之日起15日內向人民法院起訴。

當事人對稅務機關的處罰決定，強制執行措施或者稅收保全措施不服的，可以在接到處罰通知之日起或者稅務機關採取強制執行措施、稅收保全措施之日起15日內向

作出處罰決定或者採取強制執行措施，稅收保全措施的機關的上一級機關申請複議；對複議決定不服的，可以在接到複議決定之日起15日內向人民法院起訴。當事人也可以在接到處罰通知之日起或者稅務機關採取強制執行措施、稅收保全措施之日起15日內直接向人民法院起訴。複議和訴訟期間，強制執行措施和稅收保全措施不停止執行。當事人對稅務機關的處罰決定逾期不申請複議也不向人民法院起訴而又不履行的，作出處罰決定的稅務機關可以申請人民法院強制執行。

第六章　附　則

第五十七條：納稅人、扣繳義務人可以委託稅務代理人代爲辦理稅務事宜。

第五十八條：農業稅、牧業稅、耕地占用稅、契稅的徵收管理，參照本法有關規定執行。關稅、船舶噸稅及海關代徵稅收的徵收管理，依照法律、行政法規的有關規定執行。

第五十九條：中華人民共和國與外國締結的有關稅收的條約、協定和本法有不同規定的，依照條約、協定的規定辦理。

第六十條：本法施行前頒布的稅收法律與本法有不同規定的，適用本法規定。

第六十一條：國務院根據本法制定實施細則。

第六十二條：本法自1993年1月1日起施行。1986年4月21日國務院發布的（中華人民共和國稅收徵收管理暫行條例）同時廢止。

附錄三十九：
中華人民共和國稅收徵收管理法實施細則
1993年8月4日國務院第123號令發布

第一章　總　則

第一條：根據（中華人民共和國稅收徵收管理法）（以下簡稱稅收徵
　　　　管法）的規定，制定本實施細則。

第二條：凡依法由稅務機關徵收的各種稅收的徵收管理，均適用稅收
　　　　徵管法及本細則；稅收徵管法及本細則沒有規定的，依照其
　　　　他有關稅收法律、行政法規的規定執行。

第三條：稅收的開徵、停徵以及減稅、免稅、退稅、補稅依照稅收法
　　　　律、行政法規的規定執行。稅務機關有權拒絕執行與稅收法
　　　　律、行政法規相牴觸的決定，並向上級稅務機關報告。

第四條：稅收徵管法第五條和本細則所稱國務院稅務主管部門，是指
　　　　財政部、國家稅務總局。

第二章　稅務登記

第五條：稅收徵管法第九條第二款所稱納稅人，是指不從事生產、經
　　　　營活動，但是依照法律、行政法規規定負有納稅義務的單位
　　　　和個人。其辦理稅務登記的範圍和辦法另行規定。

第六條：從事生產、經營的納稅人，應當在規定的時間內向稅務機關
　　　　書面申報辦理稅務登記，如實填寫稅務登記表。稅務登記表

的主要內容包括：

1. 單位名稱、法定代表人或者業主姓名及其居民身分證、護照或者其他合法證件的號碼。

2. 住所、經營地點。

3. 經濟性質。

4. 企業形式、核算方式。

5. 生產經營範圍、經營方式。

6. 註冊資金（資本）、投資總額、開戶銀行及帳號。

7. 生產經營期限、從業人數、營業執照號碼。

8. 財務負責人、辦稅人員。

9. 其他有關事項。

企業在外地設立的分支機構或者從事生產、經營的場所，還應當登記總機構名稱、地址、法定代表人、主要業務範圍及財務負責人。

第七條：納稅人向稅務機關填報稅務登記表時，應當根據不同情況相應提供下列有關證件、資料：

1. 營業執照。

2. 有關合同、章程、協議書。

3. 銀行帳號證明。

4. 居民身分證、護照或者其他合法證件。

5. 稅務機關要求提供的其他有關證件、資料。

第八條：對納稅人填報的稅務登記表，提供的證件和資料，稅務機關應當自收到之日起30日內審核完畢；符合規定的，予以登記並發給稅務登記證件。稅務登記證件的式樣，由國家稅務總局製定。

第九條：稅務登記內容發生變化時，納稅人在工商行政管理機關辦理註冊登記的，應當自工商行政管理機關辦理變更登記之日起

30日內，持有關證件向原稅務登記機關申報辦理變更稅務登記；按照規定納稅人不需要在工商行政管理機關辦理註冊登記的，應當自有關機關批准或者宣布變更之日起30日內，持有關證件向原稅務登記機關申報辦理變更稅務登記。

第十條：納稅人發生解散、破產、撤銷以及其他情形，依法終止納稅義務的，應當在向工商行政管理機關辦理註銷登記前，持有關證件，向原稅務登記機關申報辦理註銷稅務登記；按照規定不需要在工商行政管理機關辦理註冊登記的，應當自有關機關批准或者宣告終止之日起15日內，持有關證件向原稅務登記機關申報辦理註銷稅務登記。

納稅人因住所、經營地點變動而涉及改變稅務登記機關的，應當在向工商行政管理機關申請辦理變更或註銷登記前或者住所、經營地點變動前，向原稅務登記機關申報辦理註銷稅務登記，並向遷達地稅務機關申請辦理稅務登記。

納稅人被工商行政管理機關吊銷營業執照的，應當自營業執照被吊銷之日起15日內，向原稅務登記機關申報辦理註銷稅務登記。

第十一條：納稅人在辦理註銷稅務登記前，應當向稅務機關結清應納稅款、滯納金、罰款、繳銷發票和其他稅務證件。

第十二條：除按照規定不需要發給稅務登記證件的以外，納稅人辦理下列事項時必須持稅務登記證件：

1.申請減稅、免稅、退稅。

2.領購發票。

3.外出經營活動稅收管理證明。

4.其他有關稅務事項。

第十三條：依照稅收法律、行政法規規定負有代扣代繳、代收代繳稅款的扣繳義務人，應當向主管稅務機關申報領取代扣代繳

或者代收代繳稅款憑證。

第十四條：稅務機關對稅務登記證件實行定期驗證和換證制度，納稅人應當在規定的期限內持有關證件到主管稅務機關辦理驗證或者換證手續。

第十五條：納稅人領取的稅務登記證件和扣繳義務人領取的代扣代繳、代收代繳稅款憑證，不得轉借、塗改、損毀、買賣或者偽造。納稅人遺失稅務登記證件或者扣繳義務人遺失代扣代繳、代收代繳稅款憑證，應當書面報告主管稅務機關並公開聲明作廢，同時申請補發。

第十六條：從事生產、經營的納稅人到外縣（市）從事生產、經營活動的，必須持所在地稅務機關填發的外出經營活動稅收管理證明，向營業地稅務機關報驗登記，接受稅務管理。

第三章　帳簿、憑證管理

第十七條：從事生產、經營的納稅人應當依照稅收徵管法第十二條規定，自領取營業執照之日起15日內設置帳簿。前款所稱帳簿是指總帳、明細帳、日記帳以及其他補助性帳簿。總帳、日記帳必須採用訂本式。

第十八條：生產經營規模小又確無建帳能力的個體工商戶，可以聘請註冊會計師或者經稅務機關認可的財會人員代為建帳和辦理帳務；聘請註冊會計師或者經稅務機關認可的財會人員有實際困難的，經縣以上稅務機關批准，可以按照稅務機關的規定建立收支憑證黏貼簿、進貨銷貨登記簿等。

第十九條：從事生產、經營的納稅人應當自領取稅務登記證件之日起15日內，將其財會、會計制度或者財務、會計處理辦法報送稅務機關備案。

第二十條：扣繳義務人應當自稅收法律、行政法規規定的扣繳義務發

生之日起起10日內，按照所代扣、代收的稅種，分別設置代扣代繳、代收代繳稅款帳簿。

第二十一條：納稅人、扣繳義務人採用計算機記帳的，應當在使用前將其記帳軟件、程序和使用說明書及有關資料報送主管稅務機關備案。納稅人、扣繳義務人會計制度健全，能夠透過計算機正確、完整計算其收入或者所得的，其計算機儲存和輸出的會計記錄，可視同會計帳簿，但是應當打印成書面記錄並完整保存；會計制度不健全，不能透過電子計算機正確、完整計算其收入或者所得的，應當建立總帳和與納稅或者代扣代繳、代收代繳稅款有關的其他帳簿。

第二十二條：帳簿、會計憑證和報表，應當使用中文。民族自治地方可以同時使用當地通用的一種民族文字。外商投資企業和外國企業可以同時使用一種外國文字。

第二十三條：帳簿、會計憑證、報表、完稅憑證及其他有關納稅資料應當保存10年。但是法律、行政法規另有規定的除外。

第四章　納稅申報

第二十四條：納稅人、扣繳義務人必須在法律、行政法規規定的或者稅務機關依照法律、行政法規的規定確定的申報期限內，到主管稅務機關辦理納稅申報或者報送代扣代繳、代收代繳稅款報告表。納稅人享受減稅、免稅待遇的，在減稅、免稅期間應當按照規定辦理納稅申報。納稅人到稅務機關辦理納稅申報有困難的，經稅務機關批准，可以郵寄申報。郵寄申報以寄出地的郵戳日期為實際申報日期。

第二十五條：納稅人、扣繳義務人的納稅申報或者代扣代繳、代收代

　　　　　繳稅款報告表的主要內容包括：稅種、稅目、應納稅項
　　　　　目或者應代扣代繳、代收代繳稅款項目，適用稅率或者
　　　　　單位稅額、計稅依據、扣除項目及標準、應納稅額或應
　　　　　代扣代繳、代收代繳稅額及稅款所屬期限等。

第二十六條：納稅人辦理納稅申報時，應當如實填寫納稅申報表，並
　　　　　根據不同情況相應報送下列有關證件、資料：
　　　　　1.財務、合計報表及其說明材料。
　　　　　2.與納稅有關的合同、協議書。
　　　　　3.外出經營活動稅收管理證明。
　　　　　4.境內或者境外公證機構出具的有關證明文件。
　　　　　5.稅務機關規定應當報送的其他有關證件、資料。

第二十七條：扣繳義務人辦理代扣代繳、代收代繳稅款報告時，應當
　　　　　如實填寫代扣代繳、代收代繳稅款報告表，並報送代
　　　　　扣代繳、代收代繳稅款的合法憑證以及稅務機關規定的其
　　　　　他有關證件、資料。

第二十八條：納稅人、扣繳義務人按照規定的期限辦理納稅申報或者
　　　　　報送代扣代繳、代收代繳稅款報告表確有困難，需要延
　　　　　期的，應當在規定的期限內向稅務機關提出書面延期申
　　　　　請。經稅務機關核准，在核准的期限內辦理。
　　　　　納稅人、扣繳義務人因不可抗力，不能按期辦理納稅申
　　　　　報或者報送代扣代繳、代收代繳稅款報告表的，可以延
　　　　　期辦理。但是，應當在不可抗力情形消除後，立即向稅
　　　　　務機關報告。稅務機關應當查明事實，予以核准。

第五章　稅款徵收

第二十九條：依照法律、行政法規的規定，由稅務機關徵收的各種稅
　　　　　收，其應收的稅款、滯納金、罰款由稅務機關上繳國

庫。

第三十條：納稅人因有特殊困難，依照稅收徵管法第二十條第一款規定，經稅務機關批准延期繳納稅款的，在批准的期限內不加收滯納金。

第三十一條：稅務機關可以採取查帳徵收、查定徵收、查驗徵收、定期定額徵收以及其他方式徵收稅款。

第三十二條：稅務機關根據國家有關規定可以委託有關單位代徵少數零星分散的稅收，並發給委託代徵證書。受託單位按照代徵證書的要求，以稅務機關的名義依法徵收稅款。

第三十三條：納稅人郵寄申報納稅的，應當在郵寄納稅申報表的同時，匯寄應納稅款。稅務機關收到納稅申報表和稅款後，必須向納稅人開具完稅憑證，辦理稅款繳庫手續。

第三十四條：稅收徵管法第二十二條所稱完稅憑證，是指各種完稅證、繳款書、印花稅票、扣（收）稅憑證以及其他完稅證明。完稅憑證的式樣，由國家稅務總局製定。

第三十五條：納稅人有稅收徵管法第二十三條所列情形之一的，稅務機關有權採用下列任何一種方式核定其應納稅額：

1.參照當地同類行業或者類似行業中經營規模和收入水平相近的納稅人的收入額和利潤率核定。

2.按照成本加合理的費用和利潤核定。

3.按照耗用的原材料、燃料、動力等推算或者測算核定。

4.按照其他合理的方法核定。

採用前款所列一種方法不足以正確核定應納稅額時，可以同時採用兩種以上的方法核定。

第三十六條：稅收徵管法第二十四條所稱關聯企業，是指有下列關係之一的公司、企業、其他經濟組織：

1.在資金、經營、購銷等方面，存在直接或者間接的擁
有或者控制關係。

2.直接或者間接地同爲第三者所擁有或者控制。

3.其他在利益上具有相關聯的關係。

納稅人有義務就其與關聯企業之間的業務往來，向當地
稅務機關提供有關的價格、費用標準等資料。

第三十七條：稅收徵管法第二十四條所稱獨立企業之間的業務往來，
是指沒有關聯關係的企業之間，按照公平成交價格和營
業常規所進行的業務往來。

第三十八條：納稅人與關聯企業之間的購銷業務，不按照獨立企業之
間的業務往來作價的，稅務機關可以按照下列順序和確
定的方法調整其計稅收入額或者所得額，核定其應納稅
額：

1.按照獨立企業之間進行相同或者類似業務活動的價
格。

2.按照再銷售給無關聯關係的第三者的價格，所應取得
的收入和利潤水平。

3.按照成本加合理的費用和利潤。

4.按照其他合理的方法。

第三十九條：納稅人與關聯企業之間融通資金所支付或者收取的利
息，超過或者低於所有關聯關係的企業之間所能同意的
數額，或者其利率超過或者低於同類業務正常利率的，
主管稅務機關可以參照正常利率予以調整。

第四十條：納稅人與關聯企業之間提供勞務，不按照獨立企業之間業
務往來收取或者支付勞務費用的，主管稅務機關可以參照
類似勞務活動的正常收費標準予以調整。

第四十一條：納稅人與關聯企業之間轉讓財產，提供財產使用權等業

務往來，不按照獨立企業之間業務往來作價或者收取、支付費用的，主管稅務機關可以參照沒有關聯關係的企業之間業務往來作價或者收取、支付費用的，主管稅務機關可以參照沒有關聯關係的企業之間所能同意的數額予以調整。

第四十二條：對未領取營業執照從事工程承包或者提供勞務的單位和個人，稅務機關可以令其提交納稅保證金。有關單位和個人應當在規定的期限內到稅務機關進行納稅清算；逾期未清算的，以保證金抵繳稅款。

第四十三條：對未取得營業執照從事經營的單位或者個人，稅務機關依照稅收徵管法第二十五條的規定，扣押其商品、貨物的，當事人應當自扣押之日起15日內繳納稅款。對扣押的鮮活、易腐爛變質或者易失效的商品、貨物，稅務機關可以在其保質期內先行拍賣，以拍賣所得抵繳稅款。

第四十四條：稅收徵管法第二十六條、第二十八條所稱納稅擔保，包括由納稅人提供並經稅務機關認可的納稅擔保人，以及納稅人所擁有的未設置抵押權的財產。納稅擔保人，是指在中國境內具有納稅擔保能力的公民、法人或者其他經濟組織，國家機關不得作納稅擔保人。

第四十五條：納稅擔保人同意為納稅人提供納稅擔保的，應當填寫納稅擔保書，寫明擔保對象、擔保範圍、擔保期限和擔保責任以及其他有關事項。擔保書須經納稅人、納稅擔保人和稅務機關簽字蓋章後方為有效。

納稅人以其所擁有的未設置抵押權的財產作納稅擔保的，應當填寫作為納稅擔保的財產清單，並寫明擔保財產的價值以及其他有關事項。納稅擔保財產清單須經納稅人和稅務機關簽字蓋章後方為有效。

第四十六條：稅務機關執行扣押、查封商品，貨物或者其他財產時，必須由兩名以上稅務人員執行，並通知被執行人。被執行人是公民的，應當通知被執行人本人或其成年家屬到場，被執行人是法人或者其他組織的，應當通知其法定代表人或者主要負責人到場，拒不到場的，不影響執行。

第四十七條：稅務機關將扣押、查封的商品、貨物或者其他財產變價抵繳稅款時，應當交由依法成立的拍賣機構拍賣或者交由商業企業按市場價格收購。國家禁止自由買賣的物品，應當交由有關單位按照國家規定的價格收購。

第四十八條：稅收徵管法第二十六條第三款所稱賠償責任，是指因稅務機關採取稅收保全措施不當，使納稅人的合法利益遭受的實際經濟損失。

第四十九條：稅收徵管法第二十六條、第二十七條所稱其他金融機構，是指信託投資公司、農村信用合作社、城市信用合作社以及經中國人民銀行批准設立的其他金融機構。

第五十條：稅收徵管法第二十六條、第二十七條所稱存款，包括從事生產、經營的個體工商戶的儲蓄存款。

第五十一條：從事生產、經營的納稅人、扣繳義務人，未按照規定的期限繳納或者解繳稅款，納稅擔保人未按照規定的期限繳納所擔保的稅款的，由稅務機關發出催繳稅款通知書，責令限期繳納或者解繳稅款，但是最長期限為15日。

第五十二條：欠繳稅款的納稅人在出境前未按照規定結清應納稅款或者提供納稅擔保的，稅務機關可以通知出入境管理機關阻止其出境。阻止出境的具體辦法，由國家稅務總局會同公安部制定。

第五十三條：稅收徵管法第二十條第二款規定的加收稅款滯納金的起止時間，爲法律、行政法規規定或者稅務機關依照法律、行政法規的規定確定的稅款繳納期限屆滿次日起至納稅人、扣繳義務人實際繳納或者解繳稅款之日止。

第五十四條：稅收徵管法第三十一條第二款所稱特殊情況，是指納稅人或者扣繳義務人因計算錯誤等失誤，未繳或者少繳、未扣或者少扣、未收或者少收稅款，數額在10萬元以上的。

第五十五條：納稅人、扣繳義務人和其他當事人因逃稅未繳或者少繳的稅款或者騙取的退稅款，稅務機關可以無限期追徵。

第五十六條：稅收徵管法第三十一條規定的補繳和追徵稅款的期限，自納稅人、扣繳義務人應繳未繳或者少繳稅款之日起計算。

第六章　稅務檢查

第五十七條：稅務機關行使稅收徵管法第三十二條第1項職權時，可以在納稅人、扣繳義務人的業務場所進行；必要時，經縣以上稅務局（分局）局長批准，也可以將納稅人、扣繳義務人以前會計年度的帳簿、記帳憑證、報表和其他有關資料調回稅務機關檢查，但是稅務機關必須向納稅人、扣繳義務人並付清單，並在3個月內完整退還。

第五十八條：稅務機關行使稅收徵管法第三十二條第6項職權時，應當指定專人負責，憑全國統一格式的檢查存款帳戶許可證明進行，並有責任爲被檢查人保守秘密，檢查存款帳戶許可證明，由國家稅務總局製定。

第五十九條：稅務機關發現納稅人稅務登記的內容與實際情況不符的，可以責令其糾正，並按照實際情況徵收稅款。

第六十條：稅務機關和稅務人員必須依稅收徵管法及本細則的規定行使稅務檢查職權。稅務人員進行稅務檢查時，必須出示稅務檢查證，無稅務檢查證的，納稅人、扣繳義務人及其他當事人有權拒絕檢查。稅務檢查證的式樣，由國家稅務總局製定。

第七章　法律責任

第六十一條：納稅人未按照規定的期限申報辦理稅務登記、變更或者註銷登記的，稅務機關應當向納稅人發出責令限期改正通知書。逾期不改正的，依照稅收徵管法第三十七條的規定處罰。

第六十二條：納稅人未按照規定設置帳簿的，稅務機關自檢查發現之日起3日內向納稅人發出責令限期改正通知書。逾期不改正的，依照稅收徵管法第三十七條的規定處罰。

納稅人違反稅收徵管法和本細則規定，在規定的保存期限以前擅自損毀帳簿、記帳憑證和有關資料的，稅務機關可以處以2,000元以上10,000元以下的罰款，情節嚴重，構成犯罪的，移送司法機關依法追究刑事責任。

第六十三條：未按照規定使用稅務登記證件，或者轉借、塗改、損毀、買賣、偽造稅務登記證件的，依照稅收徵管法第三十七條的規定處理。

第六十四條：為納稅人、扣繳義務人非法提供銀行帳戶、發票、證明或者其他方便，導致未繳、少繳稅款或者騙取國家出口退稅款的，稅務機關除沒收其非法所得外，並可以處以未繳、少繳或者騙取的稅款1倍以下的罰款。

第六十五條：納稅人有稅收徵管法第三十七條或者扣繳義務人有稅收徵管法第三十八條所列兩種以上行為的，稅務機關可以

分別處罰。

第六十六條：稅務代理人超越代理權限，違反稅收法律、行政法規，造成納稅人未繳者或者少繳稅款的，除由納稅人繳納或者補繳應納稅款、滯納金外，對稅務代理人處以2,000元以下的罰款。

第六十七條：納稅人、扣繳義務人、納稅擔保人與稅務機關在納稅上發生爭議時，必須先依照稅務機關根據法律、行政法規確定的稅額繳納或者解繳稅款及滯納金。

第六十八條：稅務機關查處稅務案件，應當製作稅務處理決定書，通知有關納稅人、扣繳義務人及其他當事人，並註明有關行政複議和行政訴訟的事項。

第六十九條：稅務機關對納稅人、扣繳義務人及其他當事人處以罰款或者沒收非法所得時，應當並付收據，未並付收據的，納稅人、扣繳義務人及其他當事人有權拒絕給付。

第七十條：稅務人員私分所扣押、查封的商品、貨物或者其他財產的，必須責令退回並給予行政處分，情節嚴重，構成犯罪的，移送司法機關依法追究刑事責任。

第七十一條：稅收徵管法實施前發生的稅務違法行為，依照當時有效的法律、行政法規的規定執行。

第八章　文書送達

第七十二條：稅務機關送達稅務文書，應當直接送交受送達人。受送達人是公民的，應當由本人直接簽收，本人不在的，交其同住成年家屬簽收。受送達人是法人或者其他組織的，應當由法人的法定代表人，其他組織的主要負責人或者該法人、組織負責收件的人簽收。受送達人有代理人，可以送交其代理人簽收。

第七十三條：送達稅務文書必須有送達回證，並由受送達人或者本細則第七十二條規定的其他簽收人在送達日證上記明收到日期、簽名或者蓋章，即爲送達。

第七十四條：受送達人或者本細則第七十二條規定的其他簽收人拒絕簽收稅務文書的，送達人應當在送達回證上記明拒收理由和日期，並由送達人和見證人簽名或者蓋章，將稅務文書留在受送達人處，即視爲送達。

第七十五條：直接送達稅務文書有困難的，可以委託有關機關或者其他單位代爲送達或者郵寄送達。

第七十六條：直接或者委託送達稅務文書的，以簽收人或者見證人在送達回證上的簽收或者註明的收件日期爲送達日期；郵寄送達的，以掛號函件回執上註明的收件日期爲送達日期，並視爲已送達。

第七十七條：有下列情形之一的，稅務機關可以公告送達稅務文書，自公告之日起滿30日，即視爲送達：

1.同一送達事項的受達人衆多。

2.採用本章規定的其他送達方式無法送達。

第七十八條：本細則所稱稅務文書包括：

1.納稅通知書。

2.責令限期改正通知書。

3.催繳稅款通知書。

4.扣繳稅款通知書。

5.暫停支付存款通知書。

6.扣押、查封商品、貨物及其他財產清單。

7.稅務處理決定書。

8.行政複議決定書。

9.其他稅務文書。

第九章 附 則

第七十九條：稅收徵管法及本細則所稱「以上」、「以下」、「日內」、「屆滿」均含本數。

第八十條：稅收徵管法及本細則所規定的期限的最後一日是星期日或者其他法定休假日，以休假日的次日為期限的最後一日。

第八十一條：對於檢舉違反稅收法律、行政法規行為的有功人員，稅務機關應當為其保密，並可以根據舉報人的貢獻大小給予相應獎勵。前款的獎勵規定不適用於稅務人員及財政、審計、檢察等國家機關的工作人員。獎給舉報人的獎金從稅收罰款中提取。

第八十二條：稅收徵管法第十九條第三款規定的代扣、代收手續費，從代扣、代收稅款中提取。

第八十三條：納稅人、扣繳義務人委託稅務代理人代為辦理稅務事宜的辦法，由國家稅務總局規定。

第八十四條：農業稅、牧業稅、耕地占用稅、契稅的徵收管理，參照稅收徵管法有關規定執行，具體徵收辦法另行規定。

第八十五條：本細則由財政部、國家稅務總局負責解釋。

第八十六條：本細則自發布之日起施行。

附錄四十：
全國人民代表大會常務委員會關於懲治逃稅、抗稅犯罪的補充規定

1992年9月4日第七屆全國人民代表大會常務委員會第二十七次會議通過

為了懲治逃稅、抗稅的犯罪行為，對刑法作如下補充規定：

1. 納稅人採取偽造、變造、隱匿、擅自銷毀帳簿、記帳憑證，在帳簿多列支出或者不列、少列收入，或是進行虛假的納稅申報的手段，不繳或者少繳應納稅款的是逃稅。逃稅數額占應納稅額的10%以上並且逃稅數額在1萬元以上的，或者因逃稅被稅務機關給予2次行政處罰又逃稅的，處3年以下有期徒刑或者拘役，並處逃稅數額5倍以下的罰金；逃稅數額占應納稅額30%以上並且逃稅數額在10萬元以上的，處3年以上7年以下有期徒刑，並處逃稅數額5倍以下的罰金。

   扣繳義務人採取前款所列手段，不繳或者少繳已扣、已收稅款，數額占應繳稅額的10%以上並且數額在1萬元以上的，依照前款規定處罰。對多次犯有前兩款規定的違法行為未經處罰的，按照累計數額計算。

2. 納稅人欠繳應納稅款，採取轉移或者隱匿財產的手段，致使稅務機關無法追繳欠繳的稅款，數額在1萬元以上不滿10萬元的，處3年以下有期徒刑或者拘役，並處欠繳稅款5倍以下的罰金；數額在10萬元以上的，處3年以上7年以下有期徒刑，並處欠繳稅款5倍以下的罰金。

3.企業事業單位犯第一條、第二條罪的，依照第一條、第二條的規定，判處罰金，並對負有直接責任的主管人員和其他直接責任人員，處3年以下有期徒刑或者拘役。

4.納稅人向稅務人員行賄，不繳或者少繳應納稅款的，按照行賄罪追究刑事責任，並處不繳或者少繳的稅款5倍以下的罰金。

5.企業事業單位採取對所生產或者經營的商品假報出口等欺騙手段，騙取國家出口退稅款，數額在1萬元以上的，處騙取稅款5倍以下的罰金，並對負有直接責任的主管人員和其他直接責任人員，處3年以下有期徒刑或者拘役。

前款規定以外的單位或者個人騙取國家出口退稅款的，按照詐騙罪追究刑事責任，並處騙取稅款5倍以下的罰金；單位犯本款罪的，除處以罰金外，對負有直接責任的主管人員和其他直接責任人員，按照詐騙罪追究刑事責任。

6.以暴力、威脅方法拒不繳納稅款的是抗稅，處3年以下有期徒刑或者拘役，並處拒繳稅款5倍以下的罰金；情節嚴重的，處3年以上7年以下有期徒刑，並處拒繳稅款5倍以下的罰金。

以暴力方法抗稅，致人重傷或者死亡的，按照傷害罪、殺人罪從重處罰，並依照前款規定處以罰金。

7.對犯本規定之罪的，由稅務機關追繳不繳、少繳、欠繳、拒繳或者騙取的稅款。對依法免予刑事處罰的，除由稅務機關追繳不繳、少繳、欠繳、拒繳或者騙取的稅款外，處不繳、少繳、欠繳、拒繳或者騙取的稅款5倍以下的罰款。

8.本規定自1993年1月1日起施行。

大陸經濟法的理論與實務　　　揚智叢刊15

著　　　者／陳豐明

出　版　者／揚智文化事業股份有限公司

登　記　證／局版臺業字第4799號

發　行　人／林智堅

副　總　編　輯／葉忠賢

責　任　編　輯／賴筱彌

執　行　編　輯／鄭美珠

地　　　址／台北市新生南路三段88號5樓之6

電　　　話／(02)366-0309　366-0313

傳　　　眞／(02)366-0310

印　　　刷／偉勵彩色印刷股份有限公司

法　律　顧　問／聲威法律事務所　陳慶尙律師

初　版　一　刷／1995年9月

Ｉ　Ｓ　Ｂ　Ｎ／957-9272-03-4

定　　　價／500元

南 區 總 經 銷／昱弘圖書有限公司

地　　　址／嘉義市通化四街45號

電　　　話／(05)231-1949　231-1572

傳　　　眞／(05)231-1002

國立中央圖書館出版品預行編目資料

大陸經濟法的理論與實務／陳豐明著，－－初版
臺北市：揚智文化，*1995*〔民*84*〕
面；公分，－－（揚智叢刊；15）
ISBN 957-9272-03-4（平裝）

1.經濟——中國大陸——法令，規則等

553.4   *81006773*